U0829704

依法合规管项目

施工企业项目部法律风险应对手册

宋宝华 主编

天津大学出版社
TIANJIN UNIVERSITY PRESS

图书在版编目(CIP)数据

依法合规管项目：施工企业项目部法律风险应对手册 / 宋宝华主编. -- 天津：天津大学出版社, 2023.1
ISBN 978-7-5618-7393-9

Ⅰ. ①依… Ⅱ. ①宋… Ⅲ. ①建筑法－中国－手册
Ⅳ. ①D922.297-62

中国国家版本馆CIP数据核字(2023)第006629号

YIFA HEGUI GUAN XIANGMU
SHIGONG QIYE XIANGMUBU FALÜ FENGXIAN YINGDUI SHOUCE

出版发行　天津大学出版社
地　　址　天津市卫津路92号天津大学内（邮编：300072）
电　　话　发行部：022-27403647
网　　址　www.tjupress.com.cn
印　　刷　北京盛通印刷股份有限公司
经　　销　全国各地新华书店
开　　本　787mm×1092mm　1/16
印　　张　18
字　　数　393千
版　　次　2023年1月第1版
印　　次　2023年1月第1次
定　　价　58.00元

凡购本书，如有缺页、倒页、脱页等质量问题，烦请与我社发行部门联系调换
版权所有　侵权必究

编委会

主　　编：

宋宝华

副 主 编：

苗金刚　中铁隧道局集团有限公司财务部财务科科长，高级会计师

相　兵　中铁隧道局集团建设有限公司总会计师、总法律顾问，高级会计师

吕　菁　中铁隧道局集团路桥工程有限公司人力资源部主任部员，高级经济师

执行主编：

殷庆武　中铁隧道局集团有限公司法律合规专家，正高级经济师

编　　委：（以撰写专题先后为序）

田金龙　中铁隧道局集团有限公司法律合规专家，高级经济师，执业律师

王　林　北京恒都律师事务所合伙人，企事业单位法律顾问

方　晶　上海君悦律师事务所合伙人，太极实业独立董事，兼职教授

卢文杰　华东政法大学民商法硕士，美国乔治华盛顿大学法学博士

段和杰　中化学南方建设投资有限公司法律合规部部长，高级经济师

颜国栋　中化学南方建设投资有限公司法律顾问，公司律师

李声深　中化学南方建投（江西）有限公司法律合规部负责人，合规师

秦瑞冬　中铁隧道局集团路桥工程有限公司法律合规部副部长，经济师

谢世有　北京市炜衡（西安）律师事务所高级合伙人，执业律师

郭兰英　山西省政法管理干部学院法学副教授，兼职律师

李克东　北京市炜衡（天津）律师事务所高级合伙人，执业律师

李　苒　中铁隧道局集团路桥工程有限公司法律合规部主任部员，高级经济师

范春开　中铁隧道局集团路桥工程有限公司审计部部长，高级会计师

宋红科　北京市炜衡（西安）律师事务所高级合伙人，执业律师

杨云涛　北京市炜衡（西安）律师事务所高级合伙人，执业律师

李教伦　北京市炜衡（西安）律师事务所高级合伙人，执业律师

冀　瑢　北京市炜衡（西安）律师事务所专职律师，执业律师

厉行法治，为管好项目保驾护航（代序）

法律是治国之重器，法治是国家治理体系和治理能力的重要依托。全面推进依法治国，是解决党和国家事业发展面临的一系列重大问题、释放和增强社会活力、促进社会公平正义、维护社会和谐稳定、确保党和国家长治久安的根本要求。要推动我国经济社会持续健康发展，不断开拓中国特色社会主义事业更加广阔的发展前景，就必须全面推进社会主义法治建设，从法治上提供制度化方案。

中央企业实现依法治企，是落实全面依法治国战略的重要组成部分，是推动中央企业战略升级和改革发展的重要保障。随着市场竞争日益激烈和“走出去”战略的进一步推进，中央企业面临的法律环境更加复杂，形势更加多变。为适应市场化、现代化、国际化发展的需要，谋求企业长远发展，推进法治建设成为中央企业提高竞争力的必由之路。

施工企业的根基在项目，项目是企业的基本单元和细胞，项目兴则企业兴、项目弱则企业弱。企业的效益和风险均源于项目，企业法律风险防控能力、管理法治化水平的提升，是确保项目取得良好效益的核心工作。项目是法律风险防控的前线阵地，是最先能够听到“炮火声”的地方。在中国铁路工程集团有限公司等中央企业推行大商务管理的契机下，施工企业应坚持贯彻“一切工作到项目”的工作导向，聚焦“价值创造和效益提升”，充分运用法律手段保障建设项目取得丰硕成果。

中国特色社会主义进入新时代，我们更有信心、更有能力在党的领导下坚定不移地推进全面依法治国、坚持厉行法治、促进社会公平正义、维护社会和谐稳定、确保党和国家长治久安。

唯奉法者强，唯明法者进。让我们用法治思维武装头脑，坚持办事依法、遇事找法、解决问题用法、化解矛盾靠法的工作思路，依法合规管好在建项目，推动法治央企建设工作取得新突破、再上新台阶，为企业高质量发展保驾护航。

是为序。

2023年1月

编写说明

项目管理过程中需要协调大量事务、处理方方面面的问题、解决各种矛盾纠纷，运用法律手段解决矛盾纠纷是项目管理者的明智选择。为广大施工企业的项目管理人员编写一本实用的法律工具书，是笔者多年的梦想，也是法律工作者工作的意义和价值所在，更是“一切工作到项目”管理思路的贯彻落实和具体体现。

在本书主编的统筹、策划下，一大批志同道合的国企优秀法律顾问、精英律师和企业高管共同编写了这部面向基层项目管理者的法律手册。本书在编写过程中得到了广大基层项目管理者的大力支持，许多项目经理亲自把遇到过和当前面临的法律问题汇集起来发给编委，使得本书内容不断丰富、完善。山西大学法学院副院长、山西商法学会会长刘丽萍在百忙之中审阅本书，在此一并致谢！

因本书面向工程项目管理者和技术人员，文稿尽量不用晦涩难懂的“法言法语”，而以问题解读的形式，用讲故事的方式直面问题。本书就基建行业基层项目管理者普遍关心的热点法律问题进行分析与解读，既有理论也有实务，使读者既能迅速找到“答案”，也能找到法律依据，从而达到“知其所以然”的目的。尽管有些问题不属于法律问题，但编者还是尽量从法律的角度来分析、解读，培养读者的法律思维，给读者以启示和为其提供解决问题的思路。

鉴于本书所引用的法律法规文件全部为国内法，为方便读者阅读，我们在编写过程中对法律文件名称进行了简化处理，如:《中华人民共和国民法典》简称《民法典》；法条编号“第一百三十四条”直接以“第 134 条”表示；国家及地方政府机构的简称，参照《国务院办公厅秘书局关于印发国务院机构简称的通知》等文件中的标准简称，如中华人民共和国住房和城乡建设部，简称住房城乡建设部。书中所涉工程技术名词按有关行业规范术语或工程习惯用语表示。

本书具体的编写分工：专题一的问题 1~26 由田金龙编写，问题 27~29 由田金龙、王林编写，问题 30~35 由王林编写，问题 36~45 由方晶、卢文杰编写，问题 46~66 由段和杰、颜国栋、李声深编写；专题二的问题 67~79 由秦瑞冬编写，问题 80、81 由谢世有编写，问题 82~94 由吕菁编写；专题三的问题 95~107、109、110 由殷庆武编写，问题 108 由郭兰英编写，问题 111、112 由李克东编写；专题四的问题 113~127 由李苒编写，问题 128~130、134~138、146 由郭兰英编写，问题 131~133 由殷庆武编写，问题 139~145 由范春开编写；专题五的问题 147、149、158、162、163 由宋红科编写，问题 148、157、

160、161由杨云涛编写，问题150、159、164由谢世有编写，问题151~156由李教伦、冀瑢编写，问题165~170由殷庆武编写；专题六的案例一至十八由田金龙编写，其他由前述作者提供。全书由主编、副主编审阅、定稿。

尽管我们已最大限度地把基层项目面临的常见法律问题罗列出来，但由于时间紧、任务重，仍有许多项目管理中涉及的法律问题未能编入。书中若存在不妥甚至谬误之处，恳请广大读者不吝赐教，同时也可将管理项目过程中遇到的其他法律问题一并向我们反馈，我们一定会进一步修正和完善本书。请将有关意见和建议发送至电子信箱 yinqingwu@foxmail.com。

最后，希望本书能为法治中国建设添砖加瓦，让我们沿着法治中国建设之路砥砺前行！

编者

2022年9月12日

目　录

专题一　项目合同管理

企业的经济往来主要以合约形式进行，一个项目的成败与合同管理的好坏密不可分。“财富的一半来自合同”，合同管理是项目管理的关键，对于干好工程项目，确保圆满履约，提升项目效益，具有重大意义。

项目部如何管好合同？首先，合同是最有效的法律依据。建设单位、设计单位、监理工程师、施工单位、分包单位以及供应商之间的约定都应以书面形式或最终以书面形式呈现，书证是调解双方争执的重要依据。其次，要树立风险意识。合同是效益的源泉，也是经济损失的源头，最大限度地防范合同法律风险，也就抓住了提升项目效益的关键。最后，要树立合规意识。合同是市场交易的载体，企业的商业目标主要通过合同来实现，合同是合规管理的重要内容。合规既是合同管理的要求，也是经济法律的要求，更是企业管理的需要。

合同管理贯穿项目全过程，是项目成功的关键因素。企业的持续健康发展需要更多、更好的项目的支撑，项目合同管理是项目管理的核心工作。

1. 如何选用优质合格的分包方和供应商?

专家解读

对施工项目而言，分包方和供应商的选择至关重要。这些合作伙伴的选择，对项目的施工质量、施工进度、安全生产和成本效益等有直接的影响。分包方和供应商的选择，不仅关系到项目的结果，甚至关系到整个企业的生存和发展。因此，选好、用好分包方和供应商是项目实施的重要环节。选用优质的分包方和供应商，先要根据工程项目的性质、规模、发包方和企业内部的要求，判断是否要通过招标来选择。如果属于必须招标的情形，则应当切实严格履行招标投标程序，按照招标投标要求筛选分包方和供应商；如果属于可以不招标的情形，则可以自行选择。不管是否进行招标，选用分包方和供应商都要重点做好以下工作。

一要注重审查主体资格。主体资格是合同生效的重要条件，主体资格有缺失或瑕疵，将导致合同无效等一系列严重后果。因此，要从形式上严格审核分包方和供应商的营业执照、资质证书等资格信息，并通过国家企业信用信息公示系统、住房城乡建设部网站等核实有关企业的资质信息，审核其提供的资料。对于分包方，着重审查营业执照、资质证书、安全资格证书、岗位证书、特殊工种人员资格证书、分包负责人身份证原件等，尤其要注意审查分包方的资质与拟分包的工程内容是否相符。如果分包方没有资质或资质不符合要求，可能导致违法分包进而产生一系列严重后果。对于供应商，除了审查有关证照原件，还要审查其营业范围、质量管理体系认证证书、销售许可证等与供货主体资格有关的文件。

二要核实授权委托手续。核实授权委托手续是合同生效、履约过程中非常重要，但又很容易被忽略的一个环节。如果授权委托程序出了问题，则会导致合同无效等严重后果。在笔者经历的一个案例中，分包方的项目负责人履行了分包方的全套手续，但在工程施工结束后却发生诉讼纠纷。经法院审查，该分包方的项目负责人是挂靠的，分包方并未参与分包工程的管理。最终法院认定分包合同因存在挂靠关系而无效。因此，在筛选分包方和供应商时，要让委托代理人提供分包方的授权委托书，详细审查其授权范围是否明确具体，委托代理人是否具有签订合同、代表分包方履行合同的相应资格。必要时，可通过查询委托代理人的社会保险关系、联系分包方、到分包方办公地点进行现场考察等方式对分包方和代理人的身份进行核实。同时，还可以让分包方签署书面承诺，承诺分包方与代理人之间不存在内部承包等劳动合同之外的任何关系，否则由此造成的一切后果均由分包方承担。

三要调查守信履约能力。分包方和供应商是否诚信守约，对项目能否顺利进行有着重要影响。可借助第三方网站，查询分包方和供应商的行政处罚记录、被强制执行记录、失信被执行人记录等信息，了解分包方和供应商的社会信用记录。必要时，也可通过联系其他单位等途径，了解分包方和供应商的过往业绩和守约情况，看其是否有中途退场、恶意违约等不良行为，慎重选择有不良行为记录的分包方和供应商。此外，还可按要求让分包方和供应商提供履约保函或其他履约保证，确保履约过程管控到位。

四要做好合同签订工作。签订合同是分包方和供应商选用的重要一步。施工企业可在公司有关部门的协助下，合理拟订合同条款，确保不发生合同无效等严重后果；也可根据公司要求，选用合同示范文本，降低合同签订的法律风险。在签订合同时，对于合同标的、数量、质量、价款或者报酬、履行期限、履行地点和方式、违约责任和解决争议方法等实质性条款要高度重视，在确保合法的前提下合理界定双方的权利和义务，选择对施工项目更有利的约定方式。

五要加强履约过程管控。在合同的实施过程中，如果未对分包方和供应商进行合理管控，则即使前期的各项工作再完善，也会产生严重后果。对于分包方：一要防止其出现再次分包和将工程转包给个人等严重违规行为；二要管控施工进度，确保工期可控；三要管控分包方对工人的管理，防止工伤、工资等纠纷波及施工项目。对于供应商：一要管控供货的及时性和数量，防止发生停工待料的情况；二要管控产品质量，防止材料质量问题导致工程不合格；三要管控供应商的行为，坚决杜绝“吃回扣”、行贿受贿等违法行为。此外，在分包方和供应商的履约管控中，要尤其注重证据的收集，所有签证、函件等均应以书面形式保存，协商、履约记录也要保管好，防止发生纠纷时因举证问题产生不良后果。

对施工项目而言，优质的分包方和供应商至少应具备以下潜质：一是理解信任、鼎力支持；二是表现优异、脱颖而出；三是完美履约、稳健运营；四是融合协作、互利共赢。

施工项目要结合上述注意事项，选择优质的分包方和供应商。

相关案例：

K 劳务公司向法院起诉，要求某项目承包方某省城投公司（以下简称 J 公司）退还其保证金 50 万元。其理由是：2019 年 11 月 1 日，K 劳务公司股东黄某与 J 公司商定，将双方之间就 S468 线公路改建工程的保证金 50 万元支付到其指定账户。2020 年 3 月 16 日，K 劳务公司与 J 公司签订“S468 线公路改建工程劳务合同”及补充协议，约定保证金在第一次工程计量时退还。

庭审中 J 公司提出，其未与原告签订过合同，也未履行过任何施工事项。根据 K 劳务公司提供的“S468 线公路改建工程劳务合同”，各项约定均是一边倒地偏向原告（K 劳务公司）。而 J 公司作为某省城投企业有大量可供选择的优质分包方，没有任何理由签订这样一份完全对己不利的合同。此外鉴于该合同还存在大量疑点，申请对合同上的公章进行鉴定。

法院审查认为，一是K劳务公司提供的“S468线公路改建工程劳务合同”及补充协议系复印件，无原件以比对其真实性；二是发包方主体与盖章方主体不一致；三是K劳务公司未提供证据证明代表合同甲方的签字人系受合同甲方当事人委托的事实，也无法确认K劳务公司与J公司存在签订案涉“S468线公路改建工程劳务合同”及补充协议并已履行等事实……综合本案庭审情况及对原告证据的分析，K劳务公司举证拟证明的事实疑点重重，严重违背常理常规，在一定程度上超出了理性人通常理解的范畴，难以让人信服。故判决驳回原告K劳务公司的起诉。

2. 法律法规和企业对工程分包方、供应商的资质有何要求？

专家解读

《建筑法》第29条规定：“建筑工程总承包单位可以将承包工程中的部分工程发包给具有相应资质条件的分包单位；但是，除总承包合同中约定的分包外，必须经建设单位认可。施工总承包的，建筑工程主体结构的施工必须由总承包单位自行完成。建筑工程总承包单位按照总承包合同的约定对建设单位负责；分包单位按照分包合同的约定对总承包单位负责。总承包单位和分包单位就分包工程对建设单位承担连带责任。禁止总承包单位将工程分包给不具备相应资质条件的单位。禁止分包单位将其承包的工程再分包。”

建设工程分包分为专业分包和劳务分包。专业分包，是指施工总承包企业将其所承包工程中的专业工程发包给具有相应资质的其他建筑业企业完成的活动。专业分包需要相应资质，其依据主要是住房城乡建设部发布的《建筑业企业资质标准》。《建筑业企业资质标准》对专业承包序列共设地基基础工程专业承包、桥梁工程专业承包、隧道工程专业承包、钢结构工程专业承包、模板脚手架专业承包、建筑装修装饰工程专业承包、建筑机电安装工程专业承包等36个类别。劳务分包，是指施工总承包企业或者专业承包企业将其承包工程中的劳务作业发包给劳务分包企业完成的活动。目前，劳务分包对企业没有硬性资质要求。

目前，住房城乡建设部正在对《建筑业企业资质标准》进行改革，根据《建筑业企业资质标准（征求意见稿）》，建筑业企业资质分为施工综合资质、施工总承包资质、专业承包资质、专业作业资质4个序列。其中施工综合资质不分类别与等级；施工总承包资质设有13个类别，分为2个等级（甲级、乙级）；专业承包资质设有18个类别，一般分为2个等级（甲级、乙级，部分专业不分等级）；专业作业资质不分类别与等级。

对于施工项目的供应商，法律法规并没有明确要求。在物资采购招标时，应根据建设单位、招标机构等的要求，对供应商设置合理的准入门槛，以便择优筛选优质供应商。

相关案例：

某市南山苑项目主体工程，建设单位为A科技公司，施工单位为B集团公司。B集团公司将该项目的北区1号楼和2号楼的楼基础工程、地下室主体建筑工程、结构工程土建劳务分包给C劳务公司。C劳务公司除计取劳务作业费用外，还计取主要建筑材料款和大中型施工机械设备、主要周转材料费用。2019年，某市住房和建设局发现该项目承包单位涉嫌将专业工程违法分包给未取得专业资质的企业，依法对B集团公司违法分包行为受理立案。经询问及调查取证，查实C劳务公司为劳务分包单位，除计取劳务作业费用外，还计取主要建筑材料款和大中型施工机械设备、主要周转材料费用。因C劳务公司不具备承揽专业工程的资质，依据《建设工程质量管理条例》第62条和《××省住房和城乡建设系统行政处罚自由裁量权基准（工程建设与建筑业类）》的规定，对B集团公司处罚款24万元。

3. 项目部签订合同时有哪些注意事项？

专家解读

对项目部而言，在项目施工的过程中要签订各种各样的合同，不同的合同有不同的侧重点。本书的后续章节，会对分包、买卖等不同种类合同的风险点做较为详细的分析，这里只对签订合同的一些共性问题进行提示。在签订合同时，推荐使用合同示范文本，但不管用不用合同示范文本，都要注意以下方面。

一要注意合同形式的选择。《民法典》第469条规定："当事人订立合同，可以采用书面形式、口头形式或者其他形式。书面形式是合同书、信件、电报、电传、传真等可以有形地表现所载内容的形式。以电子数据交换、电子邮件等方式能够有形地表现所载内容，并可以随时调取查用的数据电文，视为书面形式。"因此，必须认识到并非白纸黑字签的才叫合同，一些临时的、口头的协议也可以作为合同。除了注意合同尽量采用书面形式，还要意识到往来函件、传真、电子邮件等都可能是合同的一部分，在发生争议时可能成为关键证据。

二要注意合同当事人的主体资格。合同的相对人应具备相应的资质和能力，能够独立承担民事责任。分公司、办事处、指挥部等分支机构和临时机构不具备独立的法人资格，一般情况下不应作为合同的主体。在分包等合同中，要着重核查分包方是否具备相应资格，是否存在挂靠等违法行为，如果合同主体存在问题，则可能导致合同无效等严重后果。此外，还要仔细审核合同签订方的名称与印章上的名称是否一致，授权委托是否完整，防止无权代理、越权代理等情况。

三要注意合同的关键条款。《民法典》第488条规定："……有关合同标的、数量、质量、价款或者报酬、履行期限、履行地点和方式、违约责任和解决争议方法等的变更，是对要约内容的实质性变更。"因此，关于合同标的、数量、质量、价款或者报酬、履行期限、履行地点和方式、违约责任和解决争议方法等内容，务必约定清晰、具体、无歧义，如果约定不明，就可能造成权利、义务的改变，进而影响合同目的的实现。

四要防止出现合同效力瑕疵。依据《民法典》等法律法规规定，如果合同的订立存在重大误解、欺诈、胁迫、乘人之危、显失公平等情形，当事人可以请求人民法院或仲裁机构撤销合同。签订合同是严肃的事情，应当建立在诚实守信的基础上，避免产生无效或可撤销风险。

五要高度重视违约责任的约定。违约责任条款是合同的灵魂，是约束合同各方、确保合同履行的必备条件。违约责任条款直接影响合同的履行效率和合同目的的实现。在约定违约责任时，要根据合同当事人的地位和施工项目的实际情况，选择合适的违约责任方式。注意不要约定过高的违约金，否则违约方可以请求法院酌情减少。

六要注意慎重签订补充协议。施工项目应科学合理地确定合同的数量、单价和金额，加强合同签订前的审核工作，尽量避免签订补充协议，特别是资金支付类补充协议。如果必须通过签补充协议的方式来变更合同，应当严格审核，特别是查看资金支付方式、违约责任等条款与主合同是否一致，防止因签订补充协议而丧失合同优势地位。

相关案例：

2020年3月，某外贸公司为出口化工原料，到某化工厂采购化工原料400吨。某外贸公司到化工厂看了样品、包装样品及产品说明书，双方口头商定：由某化工厂于2020年5月20日前将400吨化工原料托运到某外贸公司仓库，产品质量达到国家标准，每吨价格为2 000元。付款结算办法为先由某化工厂发货，然后由某化工厂凭本厂发票和铁路托运单到某外贸公司结算，发一批货，结一笔款项。两天后，某外贸公司给某化工厂打来电话称："将原采购量400吨改为600吨，质量、价格、到站地点与原商定一样，无变化。"后来由于某外贸公司未与外商正式签订合同，外商改变了从中国进口此货的计划。在此情况下，某外贸公司既未告知某化工厂停止发货，也未从某仓库将货物取走或转为内销。2020年11月，某外贸公司发现此化工原料已经变质，于是找到某化工厂要求其处理此货。此时，某化工厂与某外贸公司已结算了全部货款。某化工厂以合同已经履行完毕，该化工原料已超过保质期为由拒绝处理。

双方协商不成，某外贸公司以双方口头约定不明确、产品质量有问题为由，将某化工厂起诉至法院，要求其退货并承担一切损失。

法院认为，当事人订立合同，可以采取书面形式、口头形式和其他形式，一般情况下，可由当事人自行决定。根据《合同法》第36条规定："法律、行政法规规定或者当事人约定采用书面形式订立合同，当事人未采用书面形式但一方已经履行主要义务，对方接受的，该合同成立。"根据本案合同履行的实际情况：某化工厂托运以后，凭厂方发票和铁路托运单结算，发一批货，结一笔款项，某外贸公司已经全部付清货款。因此，本案合同的履行情况实际上是即时清结的，可以不要求采用书面形式而且合同主要义务已经履行完毕，该口头合同有效。故法院驳回某外贸公司要求退货给某化工厂，并由对方承担一切损失的诉讼请求。

4. 什么是合同的实质性条款？

专家解读

一般而言，实质性条款是指合同中对合同各方当事人的权利、义务、责任产生实际性影响的条款。在不同的合同中，实质性条款的内容和范围也不同。《民法典》第488条规定："承诺的内容应当与要约的内容一致。受要约人对要约的内容作出实质性变更的，为新要约。有关合同标的、数量、质量、价款或者报酬、履行期限、履行地点和方式、违约责任和解决争议方法等的变更，是对要约内容的实质性变更。"由此可见，在一般的合同中，有关合同标的、数量、质量、价款或者报酬、履行期限、履行地点和方式、违约责任和解决争议方法等的条款，就是合同的实质性条款。这些条款的变更会对合同各方当事人的权利、义务产生实质性的影响，进而影响合同的生效、履行和违约责任的承担。

在建设工程领域，合同实质性条款的范围主要包括工程范围、建设工期、工程质量、工程价款等。《最高人民法院关于审理建设工程施工合同纠纷案件适用法律问题的解释（一）》（法释〔2020〕25号）第2条规定："招标人和中标人另行签订的建设工程施工合同约定的工程范围、建设工期、工程质量、工程价款等实质性内容，与中标合同不一致，一方当事人请求按照中标合同确定权利义务的，人民法院应予支持。招标人和中标人在中标合同之外就明显高于市场价格购买承建房产、无偿建设住房配套设施、让利、向建设单位捐赠财物等另行签订合同，变相降低工程价款，一方当事人以该合同背离中标合同实质性内容为由请求确认无效的，人民法院应予支持。"因此，在建设工程施工合同中，涉及工程范围、建设工期、工程质量、工程价款、工程项目性质的条款均属于合同实质性内容，变更上述合同条款，或变相变更上述合同条款（包括但不限于以明显高于市场价格购买承建房产、无偿建设住房配套设施、让利、向建设单位捐赠财物等），都属于变更了中标合同实质性内容，可能导致合同无效。在“（2022）最高法民申262号”案例中，最高人民法院就认为，确定是否对中标合同实质性内容进行变更，应考虑以下两个方面。第一，是否足以影响其他竞标人能够中标或者以何种条件中标。发包人与承包人的补充或变更协议的内容排除其他竞标人中标的可能或其他竞标人中标条件的，构成对中标合同实质性内容的变更。第二，是否对招标人与中标人的权利、义务产生较大影响。发包人与承包人另行订立的补充或变更协议较大地改变了双方的权利、义务关系，导致双方利益严重失衡的，背离了中标合同的实质性内容。

合同的实质性条款对合同的生效和履行有着关键性的影响，在签订各类合同时都应当高度关注实质性条款的内容，以免导致合同无效或在合同履行过程中产生新的法律风险。

相关案例：

Z公司中标承建某政府工程，对于工程款结算，招标文件规定以审计结论为准，Z公司在投标承诺中予以响应。在办理合同备案时，经备案的中标合同却增加约定“逾期未完成审计，按承包人的报请价结算工程款”。这个工程竣工后，双方因合同结算问题诉至法院，主要争议即备案合同中增加的条款效力问题。

法院审理后认为，招标、投标文件是双方订立中标合同的基础和依据，工程价款条款属于建设工程施工合同的实质性条款，也自然属于招标、投标文件的实质性内容。《招标投标法》第46条规定：“招标人和中标人应当自中标通知书发出之日起三十日内，按照招标文件和中标人的投标文件订立书面合同。招标人和中标人不得再行订立背离合同实质性内容的其他协议。”中标合同自中标通知书送达中标人时即已成立，双方嗣后签订的书面合同，只不过是招标人与中标人对缔约过程中的真实意思表示以及招标、投标文件内容等进行书面形式的固化。因此，中标合同本身不与招标、投标文件相冲突。本案中，某政府工程属于法定招标项目，当事人在沿袭招标、投标文件确定的工程款计价方法外，又增加选择性条款，应当认定该增加约定是对招标、投标文件实质性内容的变更，当属无效，双方结算仍应以招标文件中的规定为准。

5. 合同约定送达信息是否有必要填写？如何填写对己方最有利？

专家解读

应当明确的是，合同中的送达地址条款并非合同的必备条款，不约定送达地址不会对合同的生效和履行产生实际影响。约定送达地址的主要目的是当发生合同纠纷时，为诉讼阶段的法律文书送达提供便利，防止一方当事人恶意逃避送达、拖延诉讼，从而缩短法律文书的送达时间，降低送达不能产生的法律风险。

2016年，《最高人民法院关于进一步推进案件繁简分流优化司法资源配置的若干意见》（法发〔2016〕21号）规定："当事人在纠纷发生之前约定送达地址的，人民法院可以将该地址作为送达诉讼文书的确认地址。"2017年，最高人民法院发布的《关于进一步加强民事送达工作的若干意见》（法发〔2017〕19号）规定："当事人拒绝确认送达地址或以拒绝应诉、拒接电话、避而不见送达人员、搬离原住所等躲避、规避送达，人民法院不能或无法要求其确认送达地址的，可以分别以下列情形处理：（一）当事人在诉讼所涉及的合同、往来函件中对送达地址有明确约定的，以约定的地址为送达地址；（二）没有约定的，以当事人在诉讼中提交的书面材料中载明的自己的地址为送达地址……"

在司法实践中，如果当事人在合同中明确约定了送达地址，那么法院将向约定的地址送达法律文书，即使当事人不予签收、规避送达，相应的文书仍可以视为送达并产生法律效力。关于送达地址的具体约定方式建议如下。

合同各方一致确认以下通信地址和联系方式为各方履行合同、解决合同争议时向接收其他方商业文件信函或司法机关（法院、仲裁机构）诉讼、仲裁文书的送达地址和联系方式。

甲方送达地址和联系方式为：

乙方送达地址和联系方式为：

上述通信地址和联系方式适用至本合同履行完毕或争议经过一审、二审至案件执行终结时止，任何一方通信地址和联系方式需要变更的，应提前五个工作日向合同其他方和司法机关送交书面变更告知书（若争议已经进入司法程序解决）。

合同各方均承诺：上述确认的通信地址和联系方式真实有效，如有错误，导致的商业信函和诉讼文书送达不能的法律后果由自己承担。

合同各方均明知：因各方提供或者确认的送达地址和联系方式不准确，或者送达地址变更后未及时依程序告知对方和司法机关，或者当事人和指定接收人拒绝签收等原因，导致诉讼文书未能被当事人实际接收、邮寄送达的，将文书退回之日视为送达之日；直接送达的，将送达人当场在送达回证上记明情况之日视为送达之日。

此外，由于施工项目部是临时机构，不具备法人资格，一般也不具备诉讼主体资格，因此施工项目如果要在合同中约定送达地址，应当与公司有关管理部门确认，在符合公司内部规定的前提下约定送达地址。确需约定送达地址的，建议将送达地址约定为公司法人住所地，以防止因项目部的搬迁或撤并导致在送达中产生不利后果。

相关案例：

“（2019）最高法民申1000号”案中，最高人民法院就认为，潘某在“委托贷款质押合同”第20条明确其联系地址为“南宁市青秀区金洲路11号金旺角商住楼××层××号”，送达方式约定为“以邮政信函递交，寄出后满七日视为送达”，在其递交的“民事上诉状”中确认的地址也是“南宁市青秀区金洲路11号金旺角商住楼××层××号”。一、二审法院按照潘某在“委托贷款质押合同”中约定的送达地址送达诉讼文书，符合法律规定。一、二审法院向潘某送达诉讼文书的程序合法。

6. 合同约定的争议解决方式有何意义？如何约定对己方最有利？

专家解读

争议解决条款是合同中的一个重要条款，其约定的是合同各方当事人发生争议，无法通过自行协商等方式解决时，应通过何种途径解决争议的内容。《民法典》第470条规定：“合同的内容由当事人约定，一般包括下列条款：……（八）解决争议的方法。”争议解决条款具有相对独立性，即使主合同无效，争议解决条款仍可能有效。《民法典》第507条规定：“合同不生效、无效、被撤销或者终止的，不影响合同中有关解决争议方法的条款的效力。”

约定争议解决方式的目的是在合同履行发生争议时，可以按照合同约定的方式来解决争议，从而提高争议解决的效率，节省一方或各方当事人解决争议的成本。常用的争议解决方式有诉讼和仲裁两种。诉讼即通过法院来解决争议；仲裁则通过仲裁委员会等仲裁机构来解决争议。诉讼与仲裁有很多不同，如启动条件、管辖方式、处理程序等，但最主要的不同有两点。一是启动方式，诉讼不需要被告同意，原告可以直接向法院提起；而仲裁必须双方达成仲裁合意方可申请；二是裁决制度，我国的民事诉讼实行两审终审制，对一审裁判不服，可以依法向上一级人民法院提起上诉；而仲裁实行一裁终局制，除非仲裁裁决被撤销，否则不可就同一纠纷再次申请仲裁或起诉。

对诉讼来说，约定争议解决方式主要是选择管辖法院。《民事诉讼法》第35条规定：“合同或者其他财产权益纠纷的当事人可以书面协议选择被告住所地、合同履行地、合同签订地、原告住所地、标的物所在地等与争议有实际联系的地点的人民法院管辖，但不得违反本法对级别管辖和专属管辖的规定。”根据此规定，如果通过合同约定改变管辖地点，应当在被告住所地、合同履行地、合同签订地、原告住所地、标的物所在地这五种情况中选择其一。一般而言，被告住所地、合同履行地、原告住所地、标的物所在地都是比较固定的地址，很难通过合同约定改变；而合同签订地的约定相对比较容易，也能够满足施工企业项目部的需求。比如，项目部采购一批物资，如果想通过合同把管辖法院约定在公司住所地，则可以通过在合同里明文约定“提交合同签订地人民法院进行诉讼”，并且在合同中写明合同签订地点。约定管辖法院需要注意以下几点。一是约定管辖法院不得违反法律对级别管辖和专属管辖的规定，否则约定无效。比如建设工程施工合同纠纷，按照法律及有关司法解释的规定，应当由工程所在地法院管辖，在施工合同中约定由其他法院管辖是无效的。二是争议解决条款约定的管辖法院应与争议有实际联系，否则约定无效。三是根据争议解决条款的约定应当在起诉时能够确定具体的法院，可以在合同中写明管辖法院的名称，若在争议解决条款中没有写明具体法院名称，但在起诉时结合起诉主体、诉讼标的额能够指向与争议有实际联系的、级别和地域均明确的法院也是可以的。约定管辖法院的建议条款为：甲乙双方在履行合同时发生争议的，应协商解决。协商不成的，提交合同签订地人民法院进行诉讼（本合同签订地：×× 省 ×× 市 ×× 区）。

对仲裁来说，约定争议解决方式主要是选择具体管辖争议的仲裁委员会。仲裁不受地域管辖和级别管辖限制，合同各方可以选择一个跟合同毫无关系的仲裁委员会来进行仲裁。《仲裁法》第 2 条规定：“平等主体的公民、法人和其他组织之间发生的合同纠纷和其他财产权益纠纷，可以仲裁。”也就是说，只有合同和财产权益纠纷可以申请仲裁，其他纠纷诸如婚姻、收养、监护、扶养、继承、行政争议等都不能申请仲裁。要申请仲裁必须要有仲裁协议，仲裁协议可以是单独的一份协议，也可以是合同中的条款，但不论何种形式，仲裁协议应当包括下列内容：一是仲裁的意思表示，如“双方同意提交仲裁”；二是仲裁事项，如“履行本合同中的争议”；三是选定的仲裁委员会。选定的仲裁委员会必须明确具体，即根据合同应当能确定某个具体的仲裁委员会，且仲裁委员会的名称一定要准确无误，不能是选择性的。《最高人民法院关于适用〈中华人民共和国仲裁法〉若干问题的解释》（法释〔2006〕7 号）第 7 条规定：“当事人约定争议可以向仲裁机构申请仲裁也可以向人民法院起诉的，仲裁协议无效。”约定仲裁的建议约条款为：凡因本合同引起的或与本合同有关的任何争议，均提请广州仲裁委员会按照该会现行仲裁规则进行仲裁。仲裁裁决是终局的，对双方均有约束力。

最后需要注意的是，在签订合同时，建议综合考虑合同各方的谈判地位、企业性质、项目的保密性、拟确定主管机构所在地司法环境和裁判结果的影响等各种因素，再确定选择诉讼或者仲裁方式解决纠纷，以最大限度地防范争议解决方式的不同所带来的风险。

相关案例：

2020 年 10 月，S 公司因向 A 公司结算材料款不及时，被 A 公司诉至洛阳市某区人民法院。A 公司诉称，要求 S 公司支付其货款 212.13 万元，并按全国银行间同业拆借中心公布的贷款市场报价利率（约 3.85%），从起诉之日起计算违约金。庭审中，双方对签订的合同、付款的次数和时间、欠款的金额等均无争议，仅对违约金的计算有争议。法院经审理查明，双方签订的买卖合同约定的违约金计算方式为：违约金按中国人民银行同期活期存款利率计算，计算的基数以甲方（S公司）最后一笔付款时剩余欠款金额为准，不包括前期逾期但现已支付部分的货款，违约金最高不得超过本合同项下双方结算价款（不含增值税）的1%。最终，法院判决S公司于判决生效之日起十五日内支付原告A公司货款202.13万元，并按中国人民银行同期活期存款年利率0.3%的标准支付逾期付款违约金，违约金金额最高不超过双方结算价款的1%。

7. 合同相对方在合同文本空白部分填写的相应内容是否合法有效？

专家解读

《民法典》第469条规定："当事人订立合同，可以采用书面形式、口头形式或者其他形式。书面形式是合同书、信件、电报、电传、传真等可以有形地表现所载内容的形式。以电子数据交换、电子邮件等方式能够有形地表现所载内容，并可以随时调取查用的数据电文，视为书面形式。"从法律规定看，书面形式的合同有很多种，在纸质的合同上打印或者手写相关内容，都是书面形式的一种。只要双方达成一致，合同内容不违反法律规定，合同即可生效。实践中，合同中部分条款是空白的，需要手写补充完整的情况非常普遍，特别是对于格式合同，经常需要填写有关内容才能将合同补充完整。在合同各方没有争议的情况下，手写形式的合同也是合法有效的。

在司法实践中，不管是在空白合同上盖章，还是将未补充完整的合同交给他人，一般都被认定为概括性授权或无限授权，会带来巨大的法律风险。对施工项目来说，将合同委托给他人持有前，应对合同内容进行仔细审核，避免文本中留有空白待填写区域。要尽可能减少合同中的手写内容，尽量使用打印文本。在条件具备的情况下，合同各方应采取面签的方式，或采取录音录像方式保留合同签署的相关证据。

相关案例：

在"（2020）豫民申2221号"案中，法院认为，尽管王某主张其签订的借款合同系空白合同，实际借款系由银行原工作人员何某操办等，但其在原审中，认可其在上述一系列合同及文件上签名的真实性，且未能提供证据证实其主张；银行对王某的上述主张亦不予认可，王某作为完全民事行为能力人，其应对在空白借款合同等文件上签字的行为所可能承担的责任有所判断和预期，原审以此为由未支持王某的抗辩主张，并无不当。

在"（2020）苏民申7779号"案中，法院认为，H公司主张系将留有空白内容的合同交予法律服务所结案归档，合同中第 7 条内容系法律服务所擅自添加，并非双方合意……，H 公司作为理性商主体，为了追求利益最大化应当对商事交往中的行为尽到谨慎注意义务，其将盖有公章的空白合同交予合同相对方，此放任行为产生的商业风险应由其自行承担。

在“(2020) 最高法民申 1111 号”案中，法院认为，李某新作为完全民事行为能力人，其在空白借款合同上签字的行为应视为其清楚、理解合同内容，同时也表明其放弃核实债权人身份信息的权利，并愿意承担由此带来的法律后果，主观上具有与不特定的债权人成立借款关系的意思表示，空白借款合同的相关内容被明确后，对 H 酒店理应具有约束力。二审认定李某新曾将盖有 H 酒店公章的空白借款合同提供给案外人委托其代为借款，H 酒店将留有空白内容的合同交予合同相对方，其行为应视为对合同内容的概括性授权，并无不当。

8. 何为合同中的不可抗力？台风属于不可抗力吗？

专家解读

《民法典》第 180 条规定：“因不可抗力不能履行民事义务的，不承担民事责任。法律另有规定的，依照其规定。不可抗力是不能预见、不能避免且不能克服的客观情况。”一般而言，不可抗力主要包括三种情况：一是自然灾害，如水灾、地震、台风、海啸等；二是政府行为，如政府发布新的法律法规，导致合同客观上不能履行；三是社会突发事件，如战争、瘟疫等。

关于不可抗力的后果，《民法典》第 563 条规定，因不可抗力致使不能实现合同目的，当事人可以解除合同。《民法典》第 590 条规定：“当事人一方因不可抗力不能履行合同的，根据不可抗力的影响，部分或者全部免除责任，但是法律另有规定的除外。因不可抗力不能履行合同的，应当及时通知对方，以减轻可能给对方造成的损失，并应当在合理期限内提供证明。当事人迟延履行后发生不可抗力的，不免除其违约责任。”

需要特别注意的是，不可抗力并不必然导致免责，需要根据具体情况进行具体分析。根据最高人民法院的观点，只有尽到了应有的注意义务而仍不能预见，才具备不可抗力的主观要件；如果当事人可以预见，只因疏忽大意或其他原因没有预见，则不能构成不可抗力。此外，不可抗力是当事人不可避免并不能克服的事件，如果事件的发生能够避免，或者虽不可避免但可克服，也不构成不可抗力。不可抗力作为民事责任的免责事由，必须是在不可抗力作为损害后果发生的唯一原因时方能成立。如果当事人的行为与损害事件的发生和扩大有因果关系，就应当进一步查清不可抗力与损害结果之间的关系，确定当事人的活动在发生不可抗力条件下对其所造成的损害结果的作用，在当事人对损害事件的发生也有过错，或者在不可抗力条件下造成损害事件后，因当事人的过错致使损害结果扩大的，当事人应就自己的过错承担相应的民事责任。

那么台风属于不可抗力吗？一般情况下，台风属于不可抗力，但是仍要综合台风的影响、合同约定的条件、政府部门和建设单位的要求等因素，判定台风在特定工程中是否为不可抗力。对于台风并未发生在工程所在地，或工程施工未受台风影响，或所受影响不足以阻碍工程正常施工的，台风不能成为法律意义上的不可抗力。

对施工项目而言，在台风到来前，要根据天气预报和建设单位指示，及时采取台风防范措施，尽到工地的看护义务，防止因防范台风不力、看护不到位而导致损失。在台风结束后，及时梳理项目损失情况，固定证据，根据合同约定及时报送索赔函，明确责任的承担主体。此外，还要充分研究保险合同条款，及时进行保险索赔，以降低台风造成的损失。

相关案例：

2014 年 7 月 18 日，第 9 号强台风“威马逊”登陆海南文昌、海口等地，同时带来长时间强降雨。A 酒店的主楼东侧工地靠近泰华路一侧的围墙在台风中发生了倒塌，导致路面积水进入 A 酒店工地现场，大水冲垮沙墙并通过地下停车场进入负一层和负二层。之后，水通过 A 酒店负二层的通风口进入 B 公司的商场地下室，造成 B 公司已安装的机电设备及配套设备全部被水淹没。第 9 号强台风“威马逊”过后，B 公司就遭受的损失将 A 酒店诉至法院。

庭审中，A 酒店提出台风属于不可抗力，不应当对 B 公司的损失承担赔偿责任。法院认为：判断是否为不可抗力事件，应综合考虑自然灾害和重大的社会非正常事件本身的强度、持续时间的长短、是否具有可预见性，以及人类能够依主观能动性采取防范措施可减少、避免损失发生等因素。具体到本案，在第 9 号强台风“威马逊”登陆海南前几天，中央和地方的气象部门及各类媒体均发布了预告及预警。因此，第 9 号强台风“威马逊”登陆海南是具有可预见性的，其带来的直接灾害是强风吹袭造成的损害结果，次生灾害是强降雨。第 9 号强台风“威马逊”带来的强降雨致部分流水从 A 酒店一侧进入 B 公司一侧，导致 B 公司的财产遭受损失。B 公司的财产损失是由第 9 号强台风“威马逊”带来的强降雨积水造成的，不是其直接吹袭造成的。A 酒店作为整个建筑物的建设者及物业管理者，有及时采取有效充分合理的防范措施防止流水从其所在一侧进入 B 公司一侧而导致对方损失的义务，加固已存在的围墙是其履行防止流水涌入地下室进而给 B 公司造成损失的一种义务，而 A 酒店未尽到该义务。因此，A 酒店的不作为行为存在过错，应对 B 公司的财产损失承担相应的赔偿责任。由于 A 酒店为防止损害事件的发生及扩大，采取了部分措施，因此应该适当减轻其过错责任。B公司安装的机电设备与民用建设电器设计规范不相符合，且未在第9号强台风“威马逊”来临前将设备转移至安全区域，故属于未尽到妥善保管的义务。B公司应对此次损害的结果承担部分责任。综上，判决A酒店承担40%的赔偿责任，赔偿B公司385万余元。

9. 新冠肺炎疫情是否属于不可抗力？所致工期延误责任由谁承担？

专家解读

2020年以来，新型冠状病毒肺炎疫情（以下简称新冠肺炎疫情）持续肆虐，对整个社会的生产产生了广泛深远的影响。从形式上看，新冠肺炎疫情属于不能预见、不能避免、不能克服的客观情况，因此，新冠肺炎疫情毫无疑问属于不可抗力。2020年2月26日，住房城乡建设部办公厅发布《关于加强新冠肺炎疫情防控有序推动企业开复工工作的通知》（建办市〔2020〕5号），通知中特别强调：“疫情防控导致工期延误，属于合同约定的不可抗力情形。地方各级住房和城乡建设主管部门要引导企业加强合同工期管理，根据实际情况依法与建设单位协商合理顺延合同工期。停工期间增加的费用，由发承包双方按照有关规定协商分担。因疫情防控增加的防疫费用，可计入工程造价；因疫情造成的人工、建材价格上涨等成本，发承包双方要加强协商沟通，按照合同约定的调价方法调整合同价款。地方各级住房和城乡建设主管部门要及时做好跟踪测算和指导工作。”除此之外，多个省份和地区的主管部门也出台文件，对新冠肺炎疫情构成不可抗力和处理方法进行明确。总体看来，各地对新冠肺炎疫情属于不可抗力基本没有争议。

因新冠肺炎疫情导致的工期延误，应当根据合同处理，合同有明确约定的按合同约定执行；合同未约定但工程所在地或主管部门有行政规定的，应当按照规定执行；既没有合同约定也没有行政规定的，应当按照公平原则协商解决，协商不成的应当固定好有关证据，及时采取法律措施进行索赔。在“（2021）浙民终1112号”案中，法院认为，因工程施工期间暴发新冠肺炎疫情，该公共突发卫生事件属于不可抗力，因新冠肺炎疫情影响导致案涉建设工程施工合同无法正常履行，工期亦应相应顺延。另考虑到新城公司除分包的土方工程外对案涉工程工期迟延的其他影响因素，酌情确定案涉工程工期顺延至2020年7月31日。

需要注意的是，不可抗力的情形一般不构成违约，但要求顺延工期、免除违约责任仍要按照合同约定履行相关手续。在“（2021）粤01民终7334号”案件中，法院就认为，李某上诉认为施工过程处于新冠肺炎疫情防控期间，符合工期顺延的条件，但双方的合同明确约定，在不可抗力条件下，亦必须报请批准才能延长工期，李某并未提交证据证实其曾要求延长工期并经 A 公司批准，其称工期顺延，不能成立。

在新冠肺炎疫情常态化防控背景下，因新冠肺炎疫情防控导致的索赔条件可能会越来越严格。对施工单位而言，要注意提高证据意识，注意及时收集、组织和梳理必要的记录和证明材料，如停工、复工通知，相关会议纪要，有关工程的往来函件、指令文件等，并严格按照合同约定的程序和期限提交有关申请、签证，以便在发生纠纷时最大限度维护施工方权益。

10. 如何依法合规解除合同?

专家解读

《民法典》第 562 条规定："当事人协商一致，可以解除合同。当事人可以约定一方解除合同的事由。解除合同的事由发生时，解除权人可以解除合同。"由此可见，解除合同的方式有两种：一种是双方协商一致解除；另一种是单方解除。实践中，双方协商一致解除合同一般没有争议，容易出现争议的是单方解除的情形。

《民法典》第 563 条规定："有下列情形之一的，当事人可以解除合同：(一)因不可抗力致使不能实现合同目的；(二)在履行期限届满前，当事人一方明确表示或者以自己的行为表明不履行主要债务；(三)当事人一方迟延履行主要债务，经催告后在合理期限内仍未履行；(四)当事人一方迟延履行债务或者有其他违约行为致使不能实现合同目的；(五)法律规定的其他情形。"以持续履行的债务为内容的不定期合同，当事人可以随时解除合同，但是应当在合理期限之前通知对方。

当事人一方依法主张解除合同的，必须通知对方，合同自通知到达对方时解除，否则不发生合同解除的法律效力。通知载明债务人在一定期限内不履行债务则合同自动解除，债务人在该期限内未履行债务的，合同自通知载明的期限届满时解除。如果对方对解除合同有异议，可以请求人民法院或者仲裁机构确认解除行为的效力。

施工项目部在解除合同时应当注意以下几点。

一是合同解除权必须在法律规定的期间内行使。《民法典》第 564 条规定："法律规定或者当事人约定解除权行使期限，期限届满当事人不行使的，该权利消灭。法律没有规定或者当事人没有约定解除权行使期限，自解除权人知道或者应当知道解除事由之日起一年内不行使，或者经对方催告后在合理期限内不行使的，该权利消灭。"从这条规定可以看出，解除权的行使是法律赋予当事人保护自己合法权益的手段，但解除权利的行使并非毫无限制。解除权应在法律规定或者当事人约定的解除权行使期限内行使。如果法律没有规定或者当事人没有约定解除权行使期限的，解除权人应当基于诚实信用原则在合理期限内行使，未在合理期限内行使的，解除权消灭。

二是只有守约方才有权解除合同。根据法律规定和司法实践，解除合同的情形除了因不可抗力致使合同目的无法实现和法律规定的其他情形，还存在于违约方不履行合同主要义务，或者导致合同目的不能实现时，守约方方可行使解除权。对于约定解除权的行使亦应遵循相同原则。

三是如果要单方通知向对方解除合同，需要明确单方解除合同的依据，并确保已通知对方，保存好通知对方的证据。如果合同相对方不同意解除合同，须通过司法途径请求确认合同是否解除。如果收到对方解除合同的通知，对解除合同持有异议，则应当在约定期限或法定期限内提起诉讼或仲裁，诉请确认解除合同的效力。

四是合同解除不影响请求相对方承担违约责任。合同因违约解除的，解除权人可以请求违约方承担违约责任。合同中的权利、义务关系终止，不影响合同中结算和清理条款的效力。

相关案例：

2011 年 1 月，D 公司作为甲方，X 公司作为乙方签订了“商业用房租赁合同”一份。2011 年至 2012 年，D 公司陆续取得了建设用地规划许可证和建筑工程施工许可证。在履行合同过程中，双方通过电子邮件的形式，X 公司提出了其对租赁标的物的建筑设计要求，D 公司对原设计方案进行了修改，将原“商业内街模式”改为“裙楼模式”，对建筑设计图纸进行修改并经某建筑设计研究院有限公司审查中心审查合格。2013 年 4 月，项目地基与基础、裙房结构等先后通过验收。之后，因案涉项目的装修和消防验收等问题，双方多次互相发函。D 公司称租赁标的物已经具备进场装修条件，要求 X 公司尽快进场装修。X 公司认为租赁标的物不符合进场装修条件，要求尽快完善消防报审报验及相关建筑工作，并通知 X 公司进行验收。

2014 年 8 月 14 日，X 公司向 D 公司送达了解除合同函，8 月 26 日 X 公司通过公证方式向 D 公司发出解除“商业用房租赁合同”的通知。2014 年 8 月 27 日，D 公司向 X 公司出具关于解除“商业用房租赁合同”通知的复函，不同意解除合同，要求 X 公司继续履行合同。后因合同的履行和赔偿问题，D 公司向法院起诉，要求 X 公司继续履行“商业用房租赁合同”并赔偿损失。

法院审理如下。首先，双方签订的“商业用房租赁合同”是双方真实意思表示，合同内容未违反法律、行政法规的强制性规定，合同合法有效。本案中，“商业用房租赁合同”所涉工程项目主体 2013 年已经完成，现有证据不能证明 D 公司在履行合同过程中构成根本违约，X 公司发出的解除“商业用房租赁合同”的通知不符合《合同法》第 93 条、第 94 条（对应《民法典》第 562、第 563 条）的规定，不产生解除合同的效力。其次，合同约定X公司的室内装修方案由X公司设计后合并进D公司总设计中，由D公司负责统一报送消防部门审批、验收。X公司于2013年11月7日才将其装修、消防图纸报审图中心审核，迟延报审违反了合同中关于D公司负责统一报送消防部门审批、验收的约定；2014年8月，X公司向D公司发出解除合同函，明确表示不继续履行合同。根据《合同法》第107条（对应《民法典》第584条）规定：当事人一方不履行合同义务或者履行合同义务不符合约定的，应当承担继续履行、采取补救措施或者赔偿损失等违约责任。X公司应当承担相应违约责任，故对D公司主张继续履行合同的诉讼请求予以支持。

11. 合同转让与债权转让有何区别与联系？项目部如何防范其中的法律风险？

专家解读

《民法典》第555条规定："当事人一方经对方同意，可以将自己在合同中的权利和义务一并转让给第三人。"《民法典》第556条规定："合同的权利和义务一并转让的，适用债权转让、债务转移的有关规定。"因此，合同转让一般是指权利和义务一并转让，即更换了合同的一方当事人，新加入的当事人享有原合同当事人的所有权利，并承担其所有义务。而债权转让的标的仅仅是债权，可以是合同之债权，也可以是其他债权；可以是金钱之债，也可以是非金钱之债。从这个意义上讲，合同转让需要同时满足法律规定的债权转让和债务转移的有关规定，而债权转让满足法律规定的债权转让要素即可。

对施工项目部来说，合同转让相对风险较小，因为合同转让相当于与新的当事人达成了新的合同，没有原合同各方的一致同意是无法完成的。而债权转让不需要债务方同意，只需通知债务方即可发生法律效力。《民法典》第545条规定："债权人可以将债权的全部或者部分转让给第三人，但是有下列情形之一的除外：（一）根据债权性质不得转让；（二）按照当事人约定不得转让；（三）依照法律规定不得转让。当事人约定非金钱债权不得转让的，不得对抗善意第三人。当事人约定金钱债权不得转让的，不得对抗第三人。"也就是说，即使当事人约定了债权不得转让，但这个约定仅限约束合同当事人，对第三人并不产生效力。如果合同当事人将债权转让，则转让行为依然有效，只不过另一方可以根据合同约定追究债权转让人的违约责任。

防范债权转让的法律风险，可以从以下方面入手。一是通过合同约定掌握债权转让的控制权。可以视情况在合同中约定未经债务方同意，债权人不得将本合同的任何权利、义务转让给任何第三人，否则债权人应当向债务人支付本合同价款20%的违约金，且债务人有权单方解除合同。二是如果必须转让，最好以签订三方协议的形式确定债权转让的权利、义务，防止后期产生其他法律风险。三是要严格审核“债权转让协议”及其通知的真实性，如有异议应当及时提出。

相关案例：

2017 年 11 月 18 日，王某与骏某投资平台签订借款合同，约定王某向骏某投资平台出借 47 万元，借款期限为 12 个月，年利率为 10%，起息日 2017 年 11 月 21 日，最后还款日 2018 年 11 月 21 日，每月利息 3 916 元，王某授权第三方支付公司归集借款资金；合同各方均委托第三方支付公司进行资金划拨与托管；合同中的债权和债务均不得转让。借款合同签订后，骏某投资平台每月向王某支付 3 916 元利息，直至 2018 年 8 月骏某投资平台出现兑付困难。

2018 年 8 月 11 日，王某、张某签订了债权转让协议一份，约定：王某将前述借款合同项下对债务人的所有债权转让给张某；债权转让价款为 47 万元，张某应于 2019 年 12 月 31 日前向王某付清债权转让价款；王某应于协议签订之日起两日内，向张某交付其所掌握的债权证明文件。如张某发生逾期付款的违约行为，则王某有权分别或同时采取下列措施：要求张某继续履行协议并支付逾期利息，逾期利息以张某逾期付款额为基数，按中国人民银行公布的逾期贷款利率计算；要求张某赔偿王某为主张权利而付出的必要费用，包括但不限于鉴定费、评估费、拍卖费、调查费以及聘请律师的费用。协议还对其他事项进行了约定。

后因债权转让款支付的问题，王某将张某诉至法院，要求张某支付转让价款 47 万元，支付逾期付款违约金，承担律师费。但张某认为，借款合同中明确约定债权、债务不得转让，故债权转让协议无效。

法院审理后认为，债权转让协议有效，张某不得据此对抗作为债权让与人的王某。从合同效力的有关规定来看，除了《合同法》第 52 条列举的情形可导致合同无效外，并无违反约定可导致他人之间合同无效的法律规范。就债权转让协议而言，债权转让是让与人和受让人双方自愿协商的真实意思表示，且债权转让协议的内容也不违反法律、行政法规的强制性规定，故难以认定债权转让协议无效，协议双方均应按照约定履行。从债的相对性角度看，因借款合同的双方当事人是原债权人和债务人，而债权转让协议的双方当事人是债权的让与人和受让人，即便主张债权不得转让，其主体也应当是借款合同中的债务人，而不应当是债权转让协议中的受让人。不得转让债权的约定对于债务人而言是其基于借款合同所享有的债权的内容之一，作为债权转让协议中受让人的张某并不享有此权利。同时，借款合同中不得转让债权的约定虽不能约束债权的受让人，但此约定同样能够产生一定的法律后果，可以约束原债权人和债务人。如果债权人违反不得转让的约定向第三人转让了债权，则债务人可向原债权人主张违约责任。因此，判令张某向原告王某支付债权转让款 47 万元，并支付逾期付款利息。

12. 以行贿手段促成的合同是否有效？合同中的廉洁条款是否会得到法官支持？

专家解读

关于民事法律行为和合同效力的问题，《民法典》有明确的规定。《民法典》第 153 条规定：“违反法律、行政法规的强制性规定的民事法律行为无效。但是，该强制性规定不导致该民事法律行为无效的除外。”第 154 条规定：“行为人与相对人恶意串通，损害他人合法权益的民事法律行为无效。”在具体的司法实践中，以贿赂手段促成的合同是否有效，应结合案件具体情况，统筹考虑贿赂行为对当事人获取缔约机会起到的作用、是否存在恶意串通损害他人合法权益等情形，进而判断合同的效力问题。

在“（2017）最高法民终 400 号”案中，法院就认为合同有效，其理由是：F 公司主张 H 公司因巨额贿赂 F 公司前法定代表人曾某，才与之签订“合作开发合同书”，故合同应属无效。对此，F 公司仅提交了从网页上下载打印的新闻报道，并未提交生效的法院裁判文书证明该事实。即使存在 F 公司前法定代表人曾某收受贿赂接受刑事处罚的事实，也不能因此认定其担任 F 公司法定代表人期间，F 公司对外作出的所有民事行为无效。涉案“合作开发合同书”系 H 公司与 F 公司签订的，并非与曾某个人签订的，因此 F 公司的主张缺乏事实和法律依据，不能成立……“合作开发合同书”系双方当事人真实意思表示，且不违反法律、行政法规的强制性规定，为有效合同，双方当事人均应恪守履行。

但在广州中院的一个案例中，最终认定为合同无效。法院认为：合议庭通过全面审查所涉刑事民事案件的相关证据材料，认定程某与刘某合意低价租赁物业，且程某介入并影响涉案合同的实质性条款，最终认定贿赂行为确实属于主观上“恶意串通”。经对涉案物业的市场租金进行司法评估，涉案合同所约定的租金价格仅为同时期市场价格的 43%，据此认定涉案合同约定的物业租赁价格明显低于同时期市场价格。综上，本案双方行贿受贿后签订的租赁合同，属于恶意串通，且对合同损失产生决定性影响，符合《民法典》第 154 条“行为人与相对人恶意串通，损害他人合法权益的民事法律行为无效”的相关规定，故二审判决该租赁合同无效。

关于合同中廉洁条款的效力问题，如果不存在法律规定的无效情形，就应当被认定为有效。如果要约定廉洁条款，则应当约定清楚何种情形下属于违反廉洁义务及违约方应当承担的违约责任。在“（2019）京 02 民终 5416 号”案中，法院即认定某供货商 L 公司业务人员向 J 公司管理人员转账 1 000 元属于商业贿赂，根据双方签订的“反商业贿赂协议”廉洁条款，判令L公司支付J公司违约金10万元。

贿赂行为不仅可能导致民事合同无效，还可能被追究刑事责任，甚至危害正常的市场经济秩序。近年来，国家有关部门出台了一系列关于打击职务犯罪和企业合规管理方面的法律法规，对有关贿赂行为的打击力度也逐渐加大。对施工项目来说，应当加强贿赂行为的防范，特别是在招标投标、工程变更、材料采购、工程预决算、竣工验收等重要环节，要采取强有力的措施，及时发现并预防腐败风险，加强对关键岗位的监督和制约，防止给企业、项目、员工带来严重后果。

13. 专业分包合同与劳务分包合同有何区别?

专家解读

专业分包是指施工总承包企业将其所承包工程中的专业工程发包给具有相应资质的分包企业完成的活动。劳务分包是指施工总承包企业或者专业承包企业将其承包工程中的劳务作业发包给劳务分包企业完成的活动。

专业分包与劳务分包的主要区别如下。

一是合同标的不同。专业分包合同的标的是建设工程中非主体、非关键性部分的工程；劳务分包合同的标的是劳务作业。

二是施工内容不同。专业分包需要分包人以自己的设备、材料、劳动力、技术等独立完成工程；劳务分包中分包人仅提供劳动力，发包人或承包人提供技术和建筑材料，双方结合才能完成建设工程。

三是分包程序不同。专业分包除了施工总承包合同中有约定的情况，必须经过发包人批准，否则属于法律法规所禁止的无效行为；而劳务分包无须经发包人同意，除非发包人与承包人另有约定。

四是承担责任的方式不同。《民法典》第791条规定：“总承包人或者勘察、设计、施工承包人经发包人同意，可以将自己承包的部分工作交由第三人完成。第三人就其完成的工作成果与总承包人或者勘察、设计、施工承包人向发包人承担连带责任。”而劳务分包提供的仅是劳务，劳务作业验收合格即可。

五是结算的款项不同。专业分包的对象是工程，总承包人向分包人结算的是工程款，由直接费、间接费、税金和利润组成。劳务分包的对象是劳务作业，发包人或总承包人向分包人结算的是人工费以及相应的管理费。

正是由于有这些不同，才需要区分专业分包和劳务分包，以保证施工安全、建设工程市场秩序和工程质量。随着建筑劳务市场的发展，有的施工总承包企业、专业分包企业为掩盖违法分包的事实，故意混淆专业分包与劳务分包，以劳务分包为名，行专业分包之实，严重违反法律法规的规定。正确区分专业分包与劳务分包，一方面有助于施工企业规范自身分包行为，避免违法分包行为的产生，防范相关法律风险；另一方面有助于正确认识建设工程合同的性质和效力，正确判断所签订的分包合同究竟是专业分包合同还是劳务分包合同，以及分包合同是否有效。

相关案例：

2006 年 2 月 9 日，Q 高速公路与 T 公司签订合同，约定由 T 公司承包建设 Q 高速公路工程。2006 年 6 月 12 日，T 公司项目经理部（甲方）与黄某（乙方）签订“工程施工劳务承包合同”，约定将合同段、土石方、涵洞、防护排水工程交由黄某承包。此后，双方签订了多份劳务承包合同及补充协议对承包的范围及内容作出约定。2009 年 3 月 15 日，工程交付使用，后因工程结算和支付的问题，黄某向法院提起诉讼。

法院审理后认为，黄某为案涉“工程施工劳务承包合同”的承包人，T 公司为发包人。T 公司与黄某先后签订的两份“工程施工劳务承包合同”约定的主要内容是 T 公司将 Q 高速公路工程的路基、土石方、涵洞、防护排水工程交给黄某施工。双方按照中标单价下浮一定比例结算工程价款。上述合同约定的内容符合工程分包合同的法律特征，一审判决将其认定为工程分包合同，并以黄某不具备相应资质承揽工程违反法律禁止性规定为由，认定合同无效。

14. 劳务分包合同中约定的承包范围是劳务加自带小型机具和辅材，此合同能被认定为劳务分包合同吗？

专家解读

在实践中，劳务分包单位自带小型机具和辅材的情况较为普遍，关于这方面的纠纷也很常见。但一般而言，在分包合同中约定承包范围是劳务加自带小型机具和辅材，并不违反法律规定，应当被认定为有效。

关于这个问题，目前尚没有明确的法律规定，但部分地区的法院出台了一些指导性的意见，对签订劳务分包合同很有借鉴意义。比如，北京市高级人民法院发布的《关于审理建设工程施工合同纠纷案件若干疑难问题的解答》（京高法发〔2012〕245 号）中就指出：“同时符合下列情形的，所签订的劳务分包合同有效：……承包方式为提供劳务及小型机具和辅料。”除此之外，住房城乡建设部发布的《建筑工程施工发包与承包违法行为认定查处管理办法》（建市规〔2019〕1 号）规定：“存在下列情形之一的，属于违法分包：……（六）专业作业承包人除计取劳务作业费用外，还计取主要建筑材料款和大中型施工机械设备、主要周转材料费用的。”这也从侧面说明，劳务分包计取大中型施工机械设备、主要周转材料等费用的属于违法分包。而自带小型机具和辅材并不在违法分包之列，就此可以认为其是合法的。

但是，在司法实践中，劳务分包和专业分包的界限并非泾渭分明，不同的法院对这个问题的理解并不完全一样，比如有的法院就认为劳务分包单位自带小型机具和辅材属于违法行为。因此，施工项目在签订工程劳务分包合同时，应尽量避免由劳务承包人负责物料和机具，尽量避免让劳务分包单位负责除劳务作业外的其他事项，以防止合同性质发生改变而产生损失。

相关案例：

2010年11月1日，M公司与Y公司签订一份“主体结构劳务合同”，约定由M公司承包Y公司承建的半岛观邸住宅工程Ⅱ标段7-17号商业楼主体结构劳务作业；承包方式为包人工、周转设施料、辅料和机具的方式；承包范围为毛墙毛地，不含所有贴瓷、乳胶漆和涂料。后来M公司与Y公司因合同结算及付款问题发生纠纷诉至法院。

法院认为，依据M公司提交的建筑企业资质证书，其具备建筑行业劳务施工的资质。双方订立的“主体结构劳务合同”约定，Y公司将案涉工程劳务发包给M公司施工，M公司承包形式为包人工及少量的周转设施料等，故双方所订立的合同属建设工程劳务分包合同，合同内容不违反法律禁止性规定。这份合同是双方当事人真实意思表示，应被认定为合法有效。

15. 总分包之间同时签订劳务分包合同、物资采购合同、机械租赁合同，是否可以认定其之间为劳务分包关系？

专家解读

不管是行政处罚还是司法实践，认定是否为违法分包，不是只看表面的合同形式，而是透过现象看本质，综合考虑合同的签订、实施、结算、付款等各个环节，最终对分包的性质进行认定。住房城乡建设部发布的《建筑工程施工发包与承包违法行为认定查处管理办法》（建市规〔2019〕1号）规定：“存在下列情形之一的，属于违法分包：……（六）专业作业承包人除计取劳务作业费用外，还计取主要建筑材料款和大中型施工机械设备、主要周转材料费用的。”对劳务分包而言，与同一个单位同时签订劳务分包合同、物资采购合同、机械租赁合同，就是有意规避有关法律法规的禁止性规定，让劳务分包单位提供机械和自行购买材料，以劳务分包之名，行专业分包之实。这种情况极有可能被认定为违法分包。

对施工项目来说，要想完全规避违法分包的风险，只有不折不扣地遵守法律法规这一条路。通过一些自以为“靠谱”的方式从形式上规避违法分包风险并非明智之举，一旦被认定为违法分包将面临极其严重的后果。因此，施工项目要充分提高认识，切实遵守法律法规的规定，从根本上杜绝违法分包行为。

相关案例：

在“(2014)一中民终字第07239号”案中，法院认为，劳务分包合同中劳务分包作业的范围是建设工程中的劳务作业（木工、砌筑、抹灰、石制作、油漆、钢筋、混凝土、脚手架、模板、焊接、水暖、钣金、架线），承包方式为提供劳务及小型机具和辅料。合同中约定劳务作业承包人负责与工程有关的大型机械、周转性材料租赁和主要材料、设备采购等内容的，不属于劳务分包。本案在双方签订的建设工程施工劳务分包合同中约定分包范围：图纸所示基础、结构、二次结构、初装修工程（含脚手架）等综合劳务作业。劳务作业内容：砌筑作业、抹灰作业、油漆作业、混凝土作业、脚手架作业、模板作业、焊接作业，并无采购材料及租赁大型设备的内容。本案中，C公司作为劳务分包单位，在实际施工中购买了基础结构材料并租赁了大型垂直运输机械，而这两项工程不属于劳务分包单位在资质范围内可以从事的工作。因此，C公司与J公司之间虽签订署名为劳务分包的合同，但实际属于违法分包，这份合同应被认定为无效。

16.“包工头”取得分包企业授权参与分包工程投标及中标后的管理，当分包工程出现争议时，“包工头”承担何种法律责任？

专家解读

要回答这个问题，首先要明确分包合同的效力问题。如果“包工头”就是分包企业的工作人员，具备相应的资格，且分包合同不存在其他无效情形，则“包工头”就是履行职务的行为。一般情况下，分包企业对工程的质量和工期等问题承担责任，“包工头”只有在法律明确规定的情况下才需要承担责任。

如果存在转包、违法分包、挂靠等情形，分包合同被认定为无效，那么“包工头”可能被认定为实际施工人。实际施工人是由司法解释拟制出来的一个概念，指在建设工程施工合同无效的情形下实际完成建设工程施工，实际投入资金、材料和劳动力违法承包的单位和个人，具体包括违法的专业分包和劳务分包合同的承包人、转承包人、借用资质的承包人（挂靠承包人）以及多次转（分）包的承包人。需要注意的是，“包工头”是否为实际施工人分为两种情况：如果“包工头”既对转包人、违法分包人承担施工合同义务，又负责招工，对招来的农民工承担支付工资义务，应认定其为实际施工人；如果“包工头”只负责招工和管理，与农民工一样，都直接从转承包人、违法分包人处领取工资或由“包工头”代领、代发工资，就不应认定其为实际施工人。

在建设工程分包合同纠纷中，虽然合同无效，但实际施工人仍享有一定的权利，并承担相应义务。比如：工程经竣工验收合格，实际施工人可以要求参照合同约定支付工程款；工期发生延误或者造成其他损失，发包人或总承包人也可以向实际施工人进行索赔。《最高人民法院关于审理建设工程施工合同纠纷案件适用法律问题的解释（一）》（法释〔2020〕25 号）第 6 条规定：“建设工程施工合同无效，一方当事人请求对方赔偿损失的，应当就对方过错、损失大小、过错与损失之间的因果关系承担举证责任。损失大小无法确定，一方当事人请求参照合同约定的质量标准、建设工期、工程价款支付时间等内容确定损失大小的，人民法院可以结合双方过错程度、过错与损失之间的因果关系等因素作出裁判。”因此，施工项目如果与“包工头”出现争议，在无法达成一致的情况下，可以向法院提起诉讼，要求实际施工人承担相应责任。

相关案例：

2011 年 4 月，S 公司与 W 公司签订了“铝合金门窗制作安装单项工程施工合同”，S 公司采用固定总包干的形式为乌江水电遵义基地二期工程安装铝合金门窗。随后，S 公司与 F 公司签订了“工程联合施工合同”，其中合同开篇即约定根据 S 公司与 W 公司签订的“铝合金门窗制作安装单项工程施工合同”签订本合同；合同第一条工程项目中，约定了联合施工的内容为工程量清单，采用固定总价包干合同形式。

2011 年 6 月 10 日，F 公司向王某出具授权委托书，授权王某以 F 公司的名义办理签订合同和处理与本工程有关的所有事宜。同时，F 公司向 S 公司出具承诺书，承诺 S 公司与 W 公司签订的有关乌江水电遵义基地二期工程铝合金门窗制作安装单项工程的所有协议，均为其工作内容，接受 S 公司对工程的监控管理，其负责工程全面施工，承担本项目的一切费用，承担项目的盈亏风险，还对其他事项作出承诺。随后，王某开始施工。

2012 年 5 月，W 公司因铝合金门窗质量不合格，向法院起诉 S 公司违约，要求解除合同，并由 S 公司方承担违约金和损失。后双方达成和解，确认由 S 公司赔偿 W 公司损失，S 公司依约履行了赔偿义务。2016 年 6 月 8 日，S 公司将 F 公司和王某一同诉至一审法院，要求二者赔偿己方经济损失。

法院经过审理认为，王某系案涉工程的实际施工人，挂靠 F 公司对案涉工程进行施工。涉案工程出现质量问题，王某作为涉案工程的实际施工人，应当对工程质量承担责任；F公司作为合同相对人、被挂靠人，也应当对工程质量承担责任；王某作为实际施工人挂靠F公司，F公司借用资质给王某，二者均应当对工程质量承担连带责任。遂判决王某于判决生效之日起十日内向S公司支付赔偿金3 221 072.72元，F公司对上述债务承担连带清偿责任。

17. 分包工程开工时，要不要给分包方下达开工令？

专家解读

对建设工程施工合同而言，工程范围、工程质量、工期、工程价款这四个要素始终是最核心的实质性内容。其中，工期又是产业争议纠纷最多的因素，顺延工期、延误工期等在建设工程司法实践中屡见不鲜，工期的确定对当事人的权利、义务影响非常大。要确定工期，就不能忽视开工日期的确定，开工日期是工期的起始点，对工期的确定有直接和根本的影响。

《最高人民法院关于审理建设工程施工合同纠纷案件适用法律问题的解释（一）》（法释〔2020〕25号）第8条规定："当事人对建设工程开工日期有争议的，人民法院应当分别按照以下情形予以认定：（一）开工日期为发包人或者监理人发出的开工通知载明的开工日期；开工通知发出后，尚不具备开工条件的，以开工条件具备的时间为开工日期；因承包人原因导致开工时间推迟的，以开工通知载明的时间为开工日期。（二）承包人经发包人同意已经实际进场施工的，以实际进场施工时间为开工日期。（三）发包人或者监理人未发出开工通知，亦无相关证据证明实际开工日期的，应当综合考虑开工报告、合同、施工许可证、竣工验收报告或者竣工验收备案表等载明的时间，并结合是否具备开工条件的事实，认定开工日期。"

由此可见，在法院审理建设工程纠纷时，开工通知（也称开工令）是确定开工日期的第一参考要素。只有在没有或者找不到开工通知的情况下，才参考开工报告、合同、施工许可证、竣工验收报告或者竣工验收备案表等其他要素，综合推定或认定实际开工日期。无论从形式上还是内容上，开工通知的证明力都高于其他证据。在实践中，开工通知中确定的开工日期往往也更接近实际开工日期。

开工日期是计算最终工期的必要条件。对承包人而言，明确开工日期，有助于从分包人、供应商及其他有关方面预先得到所需要的承诺（如订货、租用机械、提供劳动力等事项），并获得发包人支付的预付款。对发包人而言，要在签发开工通知书前，按照合同约定向承包人提供相关施工资料并交付现场，如拖延时间则会导致工程延期，发包人应承担相应责任。因此，施工项目与分包单位签订分包合同时，除了在合同中约定开工日期外，向分包方下达开工通知也是十分必要的。这对于合同实施过程中确定开工日期、减少纠纷争议、防范工期争议法律风险具有重要意义。

相关案例：

J公司将工程发包给C公司，后因工期延误赔偿损失的问题将C公司诉至法院。由于在施工中，J公司、监理单位就案涉工程未发出开工通知，导致开工日期的确定存在争议。法院审理后认为：案涉工程办有两个建设工程施工许可证，载明的开工日期和招投标文件约定的开工日期以及“建设工程施工承包合同”约定的开工时间“建筑定位放线日期”存在较大差异，且J公司、监理单位就案涉工程未发出开工通知。在此情况下，根据《最高人民法院关于审理建设工程施工合同纠纷案件适用法律问题的解释》，综合确定本案开工日期为2013年9月25日及2014年6月16日。C公司已经于2016年3月23日、2016年6月1日两次向J公司提交验收申请，J公司收到验收申请后未举证证明其作出相应回应，存在拖延验收情况。J公司现对此否认，但并未提供证据，应承担举证不能的不利法律后果。因此，根据《最高人民法院关于审理建设工程施工合同纠纷案件适用法律问题的解释》第14条的规定，C公司提交竣工验收报告之日2016年3月23日应为竣工日期，案涉工程不存在工期延误的情况。

18. 判断分包队伍存在挂靠行为的主要依据有哪些?

专家解读

在建设工程实践中，挂靠行为并没有统一的表现形式；在司法实践中，各地法院对挂靠的认定标准也存在差异。综合住房城乡建设部的有关规定和浙江、四川等省高级人民法院审理建设工程施工合同纠纷的观点，可对挂靠做如下定义：挂靠是指没有建筑施工资质的企业或个人以其他建筑施工企业的名义，资质等级低的建筑施工企业以资质等级高的建筑施工企业的名义，没有施工总承包资质的建筑施工企业以具有施工总承包资质的建筑施工企业的名义承揽工程的行为；或者有资质的建筑施工企业通过名义上的联营、合作、内部承包等其他违法方式允许他人以本企业的名义承揽工程的行为。在实践中，可以结合下列情形综合认定相关行为是否属于挂靠。

一是挂靠人通常以被挂靠人的名义参与招投标、与发包人签订建设工程施工合同，挂靠人与被挂靠人之间没有产权联系，没有劳动关系和财务管理关系。

二是挂靠人在施工现场派驻的项目负责人、技术负责人、质量管理负责人、安全管理负责人等主要管理人员中，至少一人以上没有与被挂靠人订立劳动合同，或没有建立劳动工资或社会养老保险关系。

三是挂靠人承揽工程的经营方式表现为自筹资金、自行组织施工、自主经营和自负盈亏。被挂靠人只收取管理费（包括为确保管理费收取而开设的出借账户），不参与工程施工、管理，不承担工程技术、质量和经济责任。

四是被挂靠人与发包人之间没有实质上的工程款收付关系，均以“委托支付”“代付”等其他名义进行工程款支付，或者仅过账转付。

五是施工合同约定由被挂靠人负责采购主要建筑材料、构配件及工程设备或租赁施工机械设备，而这些实际上并非由被挂靠人进行采购、租赁，或者被挂靠人不能提供有关采购、租赁合同及发票等证明，又不能进行合理解释。

施工项目在与分包单位签订合同时，务必要注意以上情况，特别是在合同签订前，应当让分包单位项目负责人、技术负责人、质量管理负责人、安全管理负责人等主要管理人员出具分包单位开具的社会保险证明等手续，以防范挂靠风险；在对分包队伍进行管理的过程中，要密切注意分包单位的材料采购、财务管理、工程款支付、发票开具等环节，如果存在挂靠风险，要及时进行查证，并根据情况采取相对应的措施，以防止施工结束后发生纠纷造成损失。

相关案例：

2014年3月6日，J公司与H公司签订“建设工程施工安装合同书”，由H公司承建J公司开发的吴忠市七号公馆项目。H公司与J公司分别在合同上加盖了公司印章，杨某在H公司委托代理人处签字。合同约定了工程概况、工程承包范围、工期、质量标准、价款等内容。2014年3月19日，H公司与杨某签订“资质挂靠协议”，就杨某挂靠H公司资质，承建吴忠市七号公馆项目事宜，约定由杨某承包吴忠市七号公馆项目商住小区1、2、3、4号住宅楼，S1商业楼及地下车库土建部分工程；明确这个工程的附属部分除外，其他工程由杨某与J公司协商沟通，如需杨某建设双方另议；协议还约定了工期、权利、义务等内容。协议签订后，杨某按照H公司与J公司签订的“建设工程施工安装合同书”、H公司与杨某签订的“资质挂靠协议”进行施工。后因工程款结算争议，杨某将J公司、H公司诉至法院，要求两公司支付杨某工程款及利息1 300万元。

法院认为，本案中H公司与杨某之间构成挂靠的法律关系。首先，H公司与杨某签订的“资质挂靠协议”中约定，杨某挂靠H公司资质，承建案涉工程，明确这个工程的附属部分除外，其他工程由杨某与J公司协商沟通。以上约定内容表明双方具有出借资质、挂靠施工的合意。其次，在挂靠协议签订前，杨某作为H公司的委托代理人在2014年3月6日的“建设工程施工安装合同书”上签字。但H公司并未实际承担案涉工程的施工义务，实际施工人系杨某。且J公司直接或通过H公司向杨某支付部分工程款，故履行建设工程施工安装合同的主体实际为J公司和杨某。最后，在一审法院审理过程中，J公司和H公司均认可杨某系挂靠H公司进行施工。据此，可以认定H公司与杨某之间构成挂靠法律关系。

19. 工程转包、肢解分包有何区别？

专家解读

《民法典》第791条第二款规定："承包人不得将其承包的全部建设工程转包给第三人或者将其承包的全部建设工程支解以后以分包的名义分别转包给第三人。"

国务院发布的《建设工程质量管理条例》第78条规定："本条例所称转包，是指承包单位承包建设工程后，不履行合同约定的责任和义务，将其承包的全部建设工程转给他人或者将其承包的全部建设工程肢解以后以分包的名义分别转给其他单位承包的行为。"

住房城乡建设部发布的《建筑工程施工发包与承包违法行为认定查处管理办法》第8条规定："存在下列情形之一的，应当认定为转包，但有证据证明属于挂靠或者其他违法行为的除外：（一）承包单位将其承包的全部工程转给其他单位（包括母公司承接建筑工程后将所承接工程交由具有独立法人资格的子公司施工的情形）或个人施工的；（二）承包单位将其承包的全部工程肢解以后，以分包的名义分别转给其他单位或个人施工的……"

通过以上法律法规的规定可以看出，转包包括两种形式：第一种是典型意义上的转包，即承包人将全部工程转给第三人施工；第二种是承包人将工程肢解以后以分包的名义转给第三人施工。也就是说，肢解分包是转包的形式之一，在法律定义上统称为转包。从形式上看，肢解分包一般是承包人将工程以分包的名义转给多个第三人；而典型意义上的转包是承包人将工程转给一个第三人。

相关案例：

在"（2017）最高法民终154号"案中，最高人民法院认为，转包的表现形式主要有两种：一是将全部工程转包；二是将全部工程肢解以后以分包的名义转包。通过在卷证据显示及庭审调查，均能证实：Z公司中标青藏铁路公司工程后，将工程肢解后部分转包给X公司；X公司在承包案涉工程后，将2号楼、部分地下室工程分包给案外人陈A、谯某施工，双方签订工程分包协议；将案涉3号楼、会所以劳务分包形式转包给陈B、伍某施工，双方签订劳务合同。《合同法》第272条（对应《民法典》第791条）第二款规定："承包人不得将其承包的全部建设工程转包给第三人或者将其承包的全部建设工程肢解以后以分包的名义分别转包给第三人。”《最高人民法院关于审理建设工程施工合同纠纷案件适用法律问题的解释》第4条规定：“承包人非法转包、违法分包建设工程或者没有资质的实际施工人借用有资质的建筑施工企业名义与他人签订建设工程施工合同的行为无效。人民法院可以根据民法通则第一百三十四条规定，收缴当事人已经取得的非法所得。”Z公司作为承包人，将承包的工程非法转包给X公司，X公司亦存在非法转包或肢解分包行为，违反了前述法律、行政法规的强制性规定，亦违反了《最高人民法院关于审理建设工程施工合同纠纷案件适用法律问题的解释》第4条之规定，故案涉Z公司与X公司于2014年6月5日签订的建设工程施工合同应为无效合同。

20. 工程转包与挂靠行为如何区分?

专家解读

住房城乡建设部发布的《建筑工程施工发包与承包违法行为认定查处管理办法》第8条规定：“存在下列情形之一的，应当认定为转包，但有证据证明属于挂靠或者其他违法行为的除外：（一）承包单位将其承包的全部工程转给其他单位（包括母公司承接建筑工程后将所承接工程交由具有独立法人资格的子公司施工的情形）或个人施工的；（二）承包单位将其承包的全部工程肢解以后，以分包的名义分别转给其他单位或个人施工的；（三）施工总承包单位或专业承包单位未派驻项目负责人、技术负责人、质量管理负责人、安全管理负责人等主要管理人员，或派驻的项目负责人、技术负责人、质量管理负责人、安全管理负责人中一人及以上与施工单位没有订立劳动合同且没有建立劳动工资和社会养老保险关系，或派驻的项目负责人未对该工程的施工活动进行组织管理，又不能进行合理解释并提供相应证明的；（四）合同约定由承包单位负责采购的主要建筑材料、构配件及工程设备或租赁的施工机械设备，由其他单位或个人采购、租赁，或施工单位不能提供有关采购、租赁合同及发票等证明，又不能进行合理解释并提供相应证明的；（五）专业作业承包人承包的范围是承包单位承包的全部工程，专业作业承包人计取的是除上缴给承包单位“管理费”之外的全部工程价款的；（六）承包单位通过采取合作、联营、个人承包等形式或名义，直接或变相将其承包的全部工程转给其他单位或个人施工的；（七）专业工程的发包单位不是该工程的施工总承包或专业承包单位的，但建设单位依约作为发包单位的除外；（八）专业作业的发包单位不是该工程承包单位的；（九）施工合同主体之间没有工程款收付关系，或者承包单位收到款项后又将款项转拨给其他单位和个人，又不能进行合理解释并提供材料证明的。两个以上的单位组成联合体承包工程，在联合体分工协议中约定或者在项目实际实施过程中，联合体一方不进行施工也未对施工活动进行组织管理的，并且向联合体其他方收取管理费或者其他类似费用的，视为联合体一方将承包的工程转包给联合体其他方。”第 9 条规定：“本办法所称挂靠，是指单位或个人以其他有资质的施工单位的名义承揽工程的行为。前款所称承揽工程，包括参与投标、订立合同、办理有关施工手续、从事施工等活动。”第 10 条规定：“存在下列情形之一的，属于挂靠：（一）没有资质的单位或个人借用其他施工单位的资质承揽工程的；（二）有资质的施工单位相互借用资质承揽工程的，包括资质等级低的借用资质等级高的，资质等级高的借用资质等级低的，相同资质等级相互借用的；（三）本办法第八条第一款第（三）至（九）项规定的情形，有证据证明属于挂靠的。”

通过《建筑工程施工发包与承包违法行为认定查处管理办法》的规定和上文关于挂靠、转包、肢解分包的规定可以看出，挂靠一般可以等同于借用资质。挂靠与典型意义上的转包在合同实施阶段存在非常多的相似点，很多表现形式都一致，其界线并不清晰。在司法实践中，转包和挂靠主要从实际施工人（挂靠人）有没有参与投标和合同订立等缔约磋商阶段的活动加以区分。转包是承包人承接工程后将工程的权利、义务概括转移给实际施工人，转包中的实际施工人一般不参与招投标和订立总承包合同，其承接工程的意愿一般是在总承包合同签订之后；而挂靠是承包人出借资质给实际施工人，挂靠关系中的挂靠人一般参与投标和合同订立，甚至就是以被挂靠人的代理人或代表的名义与发包人签订建设工程施工合同。也就是说，挂靠一般是“先借资质后接工程”；而转包一般是“先接工程后转包”。因此，一般根据投标保证金的缴纳主体和资金来源、实际施工人（挂靠人）是否以承包人的委托代理人身份签订合同、实际施工人（挂靠人）有没有与发包人就合同事宜进行磋商等因素，审查认定相关行为是挂靠还是转包。

相关案例：

在“（2019）最高法民申 729 号”案中，法院认为，Z 公司中标在前，白某与 Z 公司签订内部承包合同在后，实际施工人白某并未以承包人 Z 公司的委托代理人身份签订合同，也没有与发包人就合同事宜进行磋商。故 Z 公司主张与白某为挂靠关系，没有事实依据，Z 公司与白某之间并非挂靠关系，而系转包关系。

21. 如何避免劳务分包合同无效？应注意哪些问题？

专家解读

要避免劳务分包合同无效，就要搞清楚哪些情况会导致劳务分包合同无效。可能导致劳务分包合同无效的情形如下。

一是合同本身不符合法律规定的合同生效要件。《民法典》第 143 条规定："具备下列条件的民事法律行为有效：（一）行为人具有相应的民事行为能力；（二）意思表示真实；（三）不违反法律、行政法规的强制性规定，不违背公序良俗。"第 153 条规定："违反法律、行政法规的强制性规定的民事法律行为无效。但是，该强制性规定不导致该民事法律行为无效的除外。"第 154 条规定："行为人与相对人恶意串通，损害他人合法权益的民事法律行为无效。"

二是劳务分包人以挂靠行为承揽工程。《建筑法》第 26 条规定："禁止建筑施工企业以任何形式允许其他单位或者个人使用本企业的资质证书、营业执照，以本企业的名义承揽工程。"《最高人民法院关于审理建设工程施工合同纠纷案件适用法律问题的解释（一）》（法释〔2020〕25 号）第 1 条也规定，没有资质的实际施工人借用有资质的建筑施工企业名义的施工合同无效。上述法律法规已明确规定挂靠行为是被严令禁止的，所签订的劳务分包合同也是无效的。

三是将劳务工程发包给不具备劳务资质的分包人。不具备劳务资质的分包人包括自然人和不具备劳务资质的组织，其中最典型的也是最常见的是将劳务工程发包给不具备资质的自然人，也就是"包工头"。关于这方面的法律法规较多，《建筑法》第 26 条规定："承包建筑工程的单位应当持有依法取得的资质证书，并在其资质等级许可的业务范围内承揽工程。"《民法典》第 791 条第三款规定："禁止承包人将工程分包给不具备相应资质条件的单位。禁止分包单位将其承包的工程再分包。建设工程主体结构的施工必须由承包人自行完成。"《最高人民法院关于审理建设工程施工合同纠纷案件适用法律问题的解释（一）》（法释〔2020〕25 号）第 1 条规定："建设工程施工合同具有下列情形之一的，应当依据民法典第一百五十三条第一款的规定，认定无效：（一）承包人未取得建筑业企业资质或者超越资质等级的；（二）没有资质的实际施工人借用有资质的建筑施工企业名义的；（三）建设工程必须进行招标而未招标或者中标无效的。"住房城乡建设部发布的《房屋建筑和市政基础设施工程施工分包管理办法》第 14 条规定："禁止将承包的工程进行违法分包。下列行为，属于违法分包：（一）分包工程发包人将专业工程或者劳务作业分包给不具备相应资质条件的分包工程承包人的。"《建筑业企业资质标准》规定："取得施工劳务资质的企业可以承接具有施工总承包资质或专业承包资质的企业分包的劳务作业。"

四是劳务作业必须进行招标而未招标或者中标无效。《最高人民法院关于审理建设工程施工合同纠纷案件适用法律问题的解释（一）》（法释〔2020〕25 号）第 1 条规定："建设工程施工合同具有下列情形之一的，应当依据民法典第一百五十三条第一款的规定，认定无效：……（三）建设工程必须进行招标而未招标或者中标无效的。"根据国家发展改革委《必须招标的工程项目规定》（发改委 16 号令）的规定，总包项目的暂估价里面的劳务分包达到了依法必须招标的范围，也就是达到 400 万元人民币以上的，依法必须招标。

五是劳务分包单位将其承包的劳务再分包的。《建筑法》和《民法典》均规定禁止分包单位将其承包的工程再分包，《房屋建筑和市政基础设施工程施工分包管理办法》第9条规定："劳务作业分包由劳务作业发包人与劳务作业承包人通过劳务合同约定。劳务作业承包人必须自行完成所承包的任务。"

六是以劳务分包为名，行专业分包之实的。住房城乡建设部发布的《建筑工程施工发包与承包违法行为认定查处管理办法》（建市规〔2019〕1号）第12条规定："存在下列情形之一的，属于违法分包：……（六）专业作业承包人除计取劳务作业费用外，还计取主要建筑材料款和大中型施工机械设备、主要周转材料费用的。"从上述规定中可以看出，劳务分包只能提供劳务作业，若提供主要周转材料和大中型施工机械设备，则涉嫌假借劳务分包之名行专业分包之实，将导致合同无效。

熟悉以上规定以后，就可以有针对性地采取措施，防范劳务分包合同无效的风险。总结起来就是：查主体、防挂靠，看资质、重招标，自己干、不混淆。

相关案例：

2015年5月12日，某市公路中心与S公司签订的施工承包合同约定，发包人某市公路中心将国道丁斜公路整治改建工程交由S公司施工，合同价294 111 949元，工期3年。2015年5月17日，S公司与C公司签订施工承包合同，约定S公司将国道丁斜公路整治改建工程四标段路基工程交由C公司完成，工程内容主要为路基涵洞、桥梁、挡墙、水沟、土石方、路面、绿化等，合同价款按照经S公司项目部核准的工程量和综合单价方式进行计费，在业主计量支付后，结合业主拨付情况按计价款额的90%并扣减应扣款项后拨付给C公司，5%作为合同质量保证金，5%作为农民工工资保证金。项目完工以后，因S公司认为多支付C公司劳务费，以及C公司超挖、停工给S公司造成损失等问题，起诉C公司要求其返还有关款项。

法院审理后认为，S公司具有建筑工程、公路工程等施工总承包壹级资质和桥梁工程、隧道工程等专业承包壹级资质，C公司具有建筑劳务分包等资质。案涉施工承包合同第2条"2.2关于合同价款"约定，综合单价包括完成该工程所需的劳务、保险、利润、税金、安全文明施工措施费、施工环保费、施工防护费及作业范围内一切劳务费等，即劳务综合单价包括完成本合同工作内容所需的所有劳务费用。第4条"甲方（指S公司）责任"约定，向乙方（指C公司）提供施工图纸及有关技术资料，负责施工测量、试验和技术服务工作；派驻施工现场工程师或代表，负责对乙方安全生产、工程质量、工程进度、标准化管理、变更的签证及验工等管理工作进行监督和指导；按时供应本合同确定由甲方供应的材料以满足工程进度的需要。第6条"6.1"约定，主材（钢材、水泥、火工品、砼外加剂等）、机械设备、车辆由S公司提供。据上述约定，S公司将其承包工程中的劳务作业部分发包给有相应资质的C公司。S公司提供施工图纸、专业技术、机械设备和施工主材，C公司主要义务为完成工程劳务。C公司虽称主材、机械设备系由C公司提供的，但并未提供证据证明；结合S公司与C公司之间的工程量清单及验工计价单显示均为工作内容和对应单价，可以认定案涉合同系劳务分包合同。根据相关法律法规的规定，双方签订的施工承包合同及补充合同是双方当事人真实意思表示，不违反法律、行政法规的强制性规定，应认定合同有效。

22. 签订专业分包合同应注意哪些事项？哪些约定对承包人有利？

专家解读

签订专业分包合同需要注意的事项很多，但根据风险发生率的高低和后果的严重程度，建议承包人高度重视以下几个方面。

一要注意审查分包人的资格。对于建设工程施工合同来说，无论怎么强调当事人的主体资格都不为过。这里的主体资格包括主体是否适格、有无借用别人的主体资格、资质是否满足要求等，关于细节性问题，上文已经多有描述，参考有关内容即可。需要谨记一点：资格问题是合同成立的前提，资格出了问题可能导致合同无效。不管合同条款设计得多么完美，一旦被认定为无效合同，便是一纸空文。

二要注意分包人的责任范围。承包人要仔细梳理自己与发包人的总承包合同，其中关于承包人的责任，特别是投标报价时的不平衡报价部分，要通过专业分包合同相应转移给分包人。否则发生违约时，发包人可以追究承包人责任，承包人将无法根据合同追究分包人责任，最终承包人只能“腹背受敌”，自行承担不利后果。

三要注意发包人、承包人、分包人之间的关系。在分包条件下，发包人与分包人是分包合同主要权利、义务的最终承担者，发包人有支付分包工程价款义务和取得分包工程的权利；分包人有按时、保质交付分包工程的义务，享有获得分包工程价款的权利；承包人有协调总包工程与分包工程关系，配合分包工程施工，进行工程现场安全、文明、消防管理，按合同支付工程款等义务，享有从发包人处取得工程价款、获取总包管理费等权利。

四要注意工程量的有关约定。注意经工程师确认的计量凭证是发包人与分包人进行工程价款结算时计算工程量的依据。在工程量变更方面，要注意变更程序的发出、变更报告的时限要求、变更认可与否认的程序等内容。在工程的竣工验收方面，要注意完善分包工程竣工验收的程序、时限、审核、结算依据、价款支付方式及时限等内容。

五要注意合同价款与支付方式。工程款的支付是合同的重中之重，单价固定合同、总价固定合同、按实结算合同等不同类型的合同有不同的价款确定方式，应在合同中选择最适合项目的方式。对承包人而言，应注意把业主付款作为向分包方付款的前提条件，以最大限度地减轻承包人的资金压力。

六要注意违约责任的设置。根据项目特点和发包方要求、工期、价格等实际情况，合理设置承包人和分包人的违约责任。需要注意的是，对于承包人违约风险较高的项目，要避免设置高额违约金。

相关案例：

2008年9月13日，A公司与B公司签订“弱电外管网分包合同”，约定A公司将其承包的某校区建设工程中的弱电外管网工程分包给B公司。B公司完成施工项目后，双方于2009年1月9日就该分包工程进行了结算，并据此签订了“付款协议”。协议载明该分包工程最终结算价为240万元，现A公司已向B公司支付191万元，尚欠49万元。B公司经多次催付未果后，将A公司诉至某市区人民法院，请求A公司支付工程余款49万元，并按同期贷款利率的4倍支付违约金。

法院审理后认为：双方签订的“弱电外管网分包合同”及“付款协议”是双方真实意思表示，不违反法律、行政法规的强制性规定，是合法有效的，A公司应依约支付工程余款；双方在“付款协议”中已就违约金的支付标准达成合意，B公司有权请求A公司支付违约金；A公司拖欠工程款行为给B公司造成的损失为资金被占用的利息损失，B公司无其他有效证据证明仍存在其他实际损失，因此按中国人民银行同期贷款利率的4倍计算违约金的标准过高。综合考虑双方合同履行、A公司过错程度、预期利益等情况，以B公司实际损失为基础，确定本案违约金按中国人民银行同期贷款利率计算。

23. 总包与分包约定以建设方付款为前提，这样约定是否有效？

专家解读

在建设工程领域，承包人与分包人在分包合同中约定“按照业主支付进度付款”，“在建设单位资金到账后按比例支付”，“以收到建设单位工程款为向分包人支付工程款的前提”等条款都被称为“背靠背”条款。“背靠背”条款在国际上又称“Pay-when-paid”或“Pay-if-paid”条款，其并非严格意义上的法律术语，而是建设工程领域形成的特定用语，我国立法上对此亦未作出明确规定。“背靠背”条款的核心在于“以业主支付为前提”，承包人将合同之外第三方的行为作为对分包方付款的前提条件，将业主支付工程款的部分风险转移给分包人。

关于“背靠背”条款的约定是否有效，司法机关的理解也不一致，同一地区不同法院之间也存在不同的看法。这主要是因为目前我国在立法上对于“背靠背”条款并没有明确的规定，因此司法机关只能按照自己对于法律法规关于合同的原则性规定来进行理解。综合各地区法院判例来看，各地区法院对于“背靠背”条款的效力有认同的，也有不认同的，但总体而言，“背靠背”条款是附条件的合同条款这一观点，逐渐被更多法院接受。近年来，部分地区法院还出台规定，对此问题作出清晰判定，以统一裁判尺度。如《北京市高级人民法院关于审理建设工程施工合同纠纷案件若干疑难问题的解答》的第 22 个问题的解答：“分包合同中约定待总包人与发包人进行结算且发包人支付工程款后，总包人再向分包人支付工程款的，该约定有效。因总包人拖延结算或怠于行使其到期债权致使分包人不能及时取得工程款，分包人要求总包人支付欠付工程款的，应予支持。总包人对于其与发包人之间的结算情况以及发包人支付工程款的事实负有举证责任。”《安徽省高级人民法院关于审理建设工程施工合同纠纷案件适用法律问题的指导意见（二）》第 11 条规定：“非法转包、违法分包建设工程，实际施工人与承包人约定以发包人与承包人的结算结果作为结算依据，承包人与发包人尚未结算，实际施工人向承包人主张工程价款的，分别下列情形处理：（一）承包人与发包人未结算尚在合理期限内的，驳回实际施工人的诉讼请求。（二）承包人已经开始与发包人结算、申请仲裁或者诉至人民法院的，中止审理。（三）承包人怠于向发包人主张工程价款，实际施工人主张参照发包人与承包人签订的建设工程施工合同确定工程价款的，应予支持。”虽然安徽省高级人民法院的这条规定并非严格意义上的“背靠背”条款，但从本条第（一）（二）项的规定可知，安徽省高级人民法院是认可业主结算前提条款的效力的，即如果总承包人和业主的结算在合理期限内完成，则分包人的诉讼请求不能得到支持。

此外，“背靠背”条款也存在以下风险：一是“背靠背”条款过于笼统模糊，当被认定为约定不明时，债权人可随时要求债务人履行债务；二是“背靠背”条款与其他条款存在矛盾，一般按照特别条款优于普通条款的规定适用；三是“背靠背”条款下承包人是否怠于履行到期债权，承包人的举证责任较大，在不能达到证明目的的前提下，仍可能由承包人承担违约责任。

因此，施工项目在与分包方签订协议时，要注意以下几点：一是如果该分包方为业主指定分包方，尽量以三方协议的方式签订分包合同，此时因业主为合同相对方之一，分包方未收到款项时可直接向业主主张付款；二是如果业主不同意签署三方协议，承包人可向分包人及时披露业主的付款能力和付款情况，使分包方在签订合同之初就对付款风险有一定的认识，并承担一部分风险，同时在合同文本中对该类须分包人注意的风险条款作出特殊标识；三是在合同中明确约定非因承包人原因造成的付款延期或者未支付，承包人不承担任何责任，包括但不限于应付、垫付资金利息及与此相关的其他任何损失；四是在合同中约定承包人向发包人催款的方式，以防范法律风险，尽可能减轻承包人的违约责任。

相关案例：

2008年，某基建办将莲花大道工程通过招投标程序发包给J公司，随后某基建办与J公司签订“工程施工合同”，约定竣工款结算经某区财政局基建评审机构审定后付至95%。2009年，J公司与简某签订“工程承包协议”，约定简某按照工程结算价的2%向J公司缴纳承包费，付款方式为J公司收到业主工程款后，扣除相应承包费及税费后按实际进度支付给简某。2011年，莲花大道工程建设完成并取得市政基础工程竣工验收备案表。2014年12月，简某向法院起诉，要求J公司支付截留工程款及利息1 300余万元，而J公司认为付款条件未达到拒绝付款。

该案历经一审、二审、再审，其中关于“工程承包协议”约定“简某按照工程结算价的2%向J公司缴纳承包费，付款方式为J公司收到业主工程款后，扣除相应承包费及税费后按实际进度支付给简某”的效力问题，法院内部也存在不同意见。一审法院认为“工程承包协议”中对工程款付款时间约定不明，应按竣工验收时间2011年11月为欠付工程价款利息起算时间；二审法院认为“工程承包协议”无效，对双方当事人无约束力，简某请求支付工程款是基于无效合同的折价补偿，J公司以协议约定的付款条件未达到而拒绝付款依据不足不予采纳；再审法院认为“工程承包协议”无效，但简某对J公司根据总合同约定收到款项再付款的方式是认可的，应认为双方已明确付款时间，涉案工程款应按2014年11月28日某区财政局基建评审机构出具造价结果后起算欠付款利息。

24. 总包与分包约定以政府审计结果为最终结算依据，这样约定是否有效？

专家解读

以政府审计结果为最终结算依据，一般也称为“以审代结”条款，这在政府投资和以政府投资为主的建设项目中非常普遍。《审计法》第23条规定：“审计机关对政府投资和以政府投资为主的建设项目的预算执行情况和决算，对其他关系国家利益和公共利益的重大公共工程项目的资金管理使用和建设运营情况进行审计监督。”许多地区的地方性法规中明文规定以审计结果作为政府投资建设项目竣工结算依据，但建设工程合同本身属于平等主体之间订立的民事合同，如果以审计监督为由强制要求将政府审计结果作为政府投资建设项目工程竣工结算的依据，就混淆了行政法律关系与民事法律关系，使得审计监督对象超越法律规定而直接延伸到民事法律关系中，与民事法律关系中双方平等自愿、缔约自由的原则相冲突。因此，全国人民代表大会常务委员会法制工作委员会（以下简称全国人大法工委）在《对地方性法规中以审计结果作为政府投资建设项目竣工结算依据有关规定的研究意见》中指出，地方性法规中直接以审计结果作为竣工结算依据和应当在招标文件中载明或者在合同中约定以审计结果作为竣工结算依据的规定，限制了民事权利，超越了地方立法权限，应当予以纠正。

需要明确的是，全国人大法工委的意见是规范地方性法规的立法问题，与民事领域的施工合同没有任何关系。如果政府投资建设项目中的建设工程双方当事人，在合同（包括招投标文件）中明确约定“以审计结果作为竣工结算依据”的，则应属于合同双方平等自愿订立的民事合同条款，依法有效。尽管很多情况下是招标方在招标文件中明确要求的，但此种情况仍然属于民事合同条款约定，而并非基于《审计法》的强制性要求。近年来，针对“以审代结”条款发生的争议很多，各地各级法院也有相关的判例，综合这些判例，可以得出两个结论：一是国家审计机关的审计结论并非确定当事人之间工程价款结算的当然依据；二是若当事人之间明确约定工程款的结算应以审计部门的审计结果为依据，则属于合同约定，双方应予以恪守，法院亦予以支持。

因此，对政府投资和以政府投资为主的建设项目，在分包合同中约定以政府审计结果为结算依据，不违反法律规定，属于有效约定。但是存在一个巨大的风险点：要坚决避免分包合同无效，如果由于未招标、转包、违法分包、挂靠等导致分包合同无效，那么此约定也将归于无效。具体后果可参考以下案例。

相关案例：

2011 年 5 月，Z 公司中标长沙市某隧道工程。Z 公司将该隧道工程的装饰装修工程分包给 S 公司，并签订了“装饰装修专业分包施工合同”，约定最终的结算依据为经长沙市审计局政府投资审计专业局审定后的单价和金额。合同履约过程中，应时任长沙市相关政府部门领导要求，该隧道工程就新增水沟、侧墙喷涂防腐涂料、龙骨材质、防火涂料等方面进行了变更签证。2011 年 10 月，该隧道工程通过竣工验收并通车运行。2012 年 3 月，S 公司提交了竣工验收报告，经 Z 公司和业主审核，核定 S 公司因设计变更签证增加的工程量应付款为 1 850 万元。

2016 年 5 月，长沙市审计局出具审计报告，对装饰装修工程部分属于施工图设计相对初步设计加深引起的变更不予认可，只按合同包干金额 2 194.98 万元结算，扣减 3 581.5 万元。此审计结论导致 S 公司 1 850 万元装修工程变更款无法支付。2017 年，吕某（S 公司该隧道工程负责人）以该隧道工程实际施工人的身份，将 Z 公司诉至法院，要求赔偿其因变更而增加的工程款 1 850 万元。

法院经审理，认定的主要事实如下：（1）吕某与 S 公司之间是挂靠关系，因此 S 公司与 Z 公司签订的“装饰装修专业分包施工合同”无效；（2）吕某是实际施工人，在合同无效的情况下，具有原告主体资格；（3）关于案涉工程变更的范围问题，综合各项证据材料，相关变更均应建设单位和总承包单位的要求所做，且已经验收合格，Z公司应当向实际施工人吕某支付相应款项；(4) 发包方与Z公司的合同约定以政府审计结果为结算依据，Z公司与S公司签订的合同也有此约定。但因Z公司与S公司的合同被认定为无效，所以吕某与Z公司之间的争议无法受此约束。随后，法院作出一审判决：由Z公司支付原告吕某工程款17 596 020.82元。

25. 项目部对分包方的付款已超实际工程款，如何应对？

专家解读

项目部对分包方超付工程款的情况在实践中并不罕见。一般而言由以下三种情况造成：一是根据法律法规的要求代付农民工工资，但未能及时向分包方追偿；二是被分包方变更索赔，包括以停工、退场等相威胁，逼迫项目部对合同进行变更等；三是项目部本身管理不规范，过程签证、过程计量审核不严，对同一工程内容重复签证、重复计算工程量，或与分包方串通进行违规操作等。

当发现超付工程款时，要根据是否进行最终结算来分别应对。如果在施工过程中或最终结算前发现超付工程款，则应当及时查找原因，并在最终结算或付款时扣回；如果在最终结算后发现超付工程款，而分包方又不愿意返还，则只能通过发起诉讼或申请仲裁，要求分包方返还超付的工程款。

在起诉分包方返还超付的工程款之前，要先对分包合同进行梳理确认，看合同中关于超付工程款是否有明确约定。如果合同明文约定了超付工程款要返还或者有“工程款结算多退少补”等类似描述的，承包人可以建设工程分包合同纠纷起诉分包方，要求分包方返还超付的工程款；如果分包合同关于工程款结算没有“多退少补”或者类似的描述，承包人可以《民法典》关于不当得利的规定，以不当得利纠纷为案由，要求分包方返还超付的工程款。

不管以何种案由发起诉讼或申请仲裁，都将严重耗费时间和成本，甚至出现分包方是挂靠而来的“皮包公司”，承包商打赢了官司但要不回钱的情况。因此，项目部要从管理入手，从根本上防范超付分包方工程款的情况。建议做好以下几点：一是对分包合同的条款做好设计，对付款的条件进行严格约束，明文约定超付工程款应当返还，对违约责任部分进行合理设计；二是对合同实施过程严格管控，谨慎审核承包商上报的已完成工程进度、审慎签认分包方提交的各类结算，严格控制工程进度款支付审核；三是如果出现确需承包人先行垫付农民工工资的情形，可要求分包单位的法定代表人承担连带保证责任，并且在代发农民工工资时，保存好转账凭证、签收记录、会议纪要、分包单位同意代发工资的承诺书、分包单位法定代表人连带责任保证书等资料。

相关案例：

2015年10月12日，J公司与W公司签订“建筑工程施工劳务分包合同”，该合同约定J公司将苍龙湖度假山庄项目的劳务工程发包给W公司施工。2017年12月1日，J公司与W公司双方经结算，形成苍龙湖度假山庄项目1~5号楼和指挥部工程结算单一份，该结算单确认被告W公司施工的1~5号楼工程款合计8 576 082元。2018年2月，该工程因拖欠农民工工资而引发上访事件。根据劳动监察部门意见，原告J公司一次性将1 200 000元工程款汇入政府部门指定账户，协助解决各班组拖欠农民工工资问题，J公司总计已向被告W公司支付工程款9 193 000元，后J公司依据双方2017年12月1日结算内容，要求W公司退还超出的工程款616 918元。法院审理后认为，J公司与W公司签订“建筑工程施工劳务分包合同”，并就该合同和工程进行了结算，形成书面结算单，双方的结算单中特别注明“此结算单双方签字认可后，说明苍龙湖度假山庄项目已全部结清，无漏项”。根据该结算单，J公司应支付W公司各项费用8 576 082元，从现查明的事实来看，J公司已支付各项费用9 193 000元，超出结算金额616 918元。对于超额支付部分，J公司要求W公司返还，符合法律规定，W公司应当返还。遂判决：W公司于判决生效后十日内返还J公司不当得利款616 918元。

26. 项目部与分包方已经全部结清工程款，农民工又来讨要工资如何应对？

专家解读

2020年5月1日起，《保障农民工工资支付条例》正式实施。不同于以往政策性文件，该条例为行政法规，效力仅次于宪法和法律，通过行政强制力，开启了保障农民工工资支付的新阶段。该条例针对农民工工资支付规定了各方主体的义务，进一步保障了农民工群体的权益，也对施工单位提出了更高的要求。

《保障农民工工资支付条例》第30条规定：“分包单位对所招用农民工的实名制管理和工资支付负直接责任。施工总承包单位对分包单位劳动用工和工资发放等情况进行监督。分包单位拖欠农民工工资的，由施工总承包单位先行清偿，再依法进行追偿。工程建设项目转包，拖欠农民工工资的，由施工总承包单位先行清偿，再依法进行追偿。”通过这条规定可以得出以下几点。第一，对农民工工资负直接责任的是用人单位，在发生拖欠农民工工资时，用人单位是工资支付的第一责任人和直接责任人。具体到项目中，以分包方较为常见。第二，施工总承包单位有无条件的先行清偿义务，这个清偿义务不以过错为前提条件，只要拖欠农民工工资，无论是分包还是转包，均应先行清偿。

除此之外，综合《保障农民工工资支付条例》的规定，可以认为施工总承包单位对农民工工资的清偿义务为行政义务，需要人力资源社会保障行政部门等对拖欠农民工工资的事实进行认定，并向施工总承包单位作出责令限期清偿或先行清偿的行政处理决定方可实施，农民工没有权利直接要求总承包单位先行清偿。

因此，如果项目部与分包方已经全部结清工程款，农民工又来讨要工资，应该分步骤予以应对：第一，明确告知农民工，总承包单位已和分包方结清全部款项，如果有争议应当向其用人单位主张；第二，如果人力资源社会保障行政部门介入，则向其提交工程款结清的有关资料及对分包单位劳动用工实施监督管理的资料，争取得到他们的理解支持；第三，如果人力资源社会保障行政部门向施工总承包单位作出责令限期清偿或先行清偿的行政处理决定，则应当履行决定，代为清偿农民工工资；第四，按照超付工程款的处理方法向分包方进行追偿，直至发起诉讼依法维权。

在施工项目管理过程中，该题目所设问题其实是可以避免的。建议做好以下工作：一是做到分包依法合规，规范签订分包合同；二是按照要求做好农民工实名制管理，加强农民工工资发放监管，杜绝拖欠农民工工资现象发生；三是在和分包方最终结算前，应当核查其农民工工资支付情况，并要求其出具承诺书，写明因农民工工资发生问题，施工总承包单位可以依法追偿，也可以要求其提交相应保证金或其他担保，并在一定时期后可退回。

相关案例：

2019年11月25日，H公司中标某打砂涂装房建设项目，并将其中部分劳务分包给Z公司。随后，Z公司内部人员石某组织人员施工。

2020年10月，案涉工程竣工，H公司与Z公司尚未结算。2020年1月3日至2020年8月19日期间，H公司向Z公司支付工程款共1 350 000元，并垫付农民工工资2 441 168元，合计3 791 168元。2020年1月22日，H公司将履约保证金200 000元退还给被告Z公司。

2021年春节前，Z公司因欠付农民工资导致工人上访。为了平息事态，H公司依据Z公司及农民工承诺书，为Z公司代偿工资共计1 257 023元。后H公司将Z公司诉至法院，要求其返还代为垫付农民工工资款1 257 023元。

法院认为，H公司作为总承包单位在支付相应农民工工资后，有权依法进行追偿，故原告诉请要求被告Z公司支付其已垫付的农民工工资款1 257 023元，于法有据，予以支持。依照《保障农民工工资支付条例》第20条、第30条规定，判决被告Z公司于本判决发生法律效力之日起十日内给付原告H公司垫付的农民工工资款1 257 023元。

27. 建设工程施工合同或分包合同无效，工程价价款的结算原则有哪些？

专家解读

关于民事法律行为无效的法律后果原则性的规定，《民法典》第157条规定："民事法律行为无效、被撤销或者确定不发生效力后，行为人因该行为取得的财产，应当予以返还；不能返还或者没有必要返还的，应当折价补偿。"但基于建设工程施工合同的特殊性，在合同履行过程中，承包人已将劳务及建筑材料在施工过程中物化成建设工程，故从客观上无法适用恢复原状或返还原物的原则。因而《民法典》第793条规定了建设工程施工合同无效时法律后果的折价补偿原则，即"建设工程施工合同无效，但是建设工程经验收合格的，可以参照合同关于工程价款的约定折价补偿承包人。"

在司法实践中，承包人往往认为建设工程施工合同被认定无效后，承包人有权选择参考合同约定或者按照工程定额标准及市场价标准进行结算。基于我国建筑市场普遍存在供大于求的现象，发包人在合同签约时往往拥有较大的议价权，合同价款也往往低于工程定额标准及市场价标准。如果按照工程定额标准及市场价标准进行结算，其工程价款通常高于双方合同约定价款，将使承包人因合同无效的违法行为而额外获益。这显然违背了建设工程施工合同无效折价补偿原则，同时也会破坏建筑市场秩序。此外，从法律规范对市场行为的引导作用来看，建设工程施工合同约定的合同价款是订立合同时各方当事人经过利害权衡后最终协商确定的。即当建设工程施工合同无效时参照合同约定价款进行结算，这既可以促使承包人在承揽工程时对工程的成本利润进行审慎核算并确认，不能仅仅为了承揽工程而报价过低，也避免了承包人低价中标后又恶意主张合同无效以达到高于合同价款结算的目的，还对建筑市场的规范性发展起到了积极引导作用。《民法典》第793条的规定并未赋予承包人选择参照合同约定或者按照工程定额标准及市场价标准进行结算的权利，除非双方另行协商一致同意按照工程定额标准及市场价标准进行结算，否则，一般应参照合同约定价款进行结算。在合同无效的情况下，参照合同关于工程价款的约定进行结算，以避免发生当事人因合同无效而获得额外利益的情况，这也与追寻双方真实意思表示的立法本意一致。

最高人民法院的司法观点也认为，在建设工程验收合格的前提下，可按照合同约定的计价方式支付工程价款。司法实践中，因无法确定工程价款，通过司法鉴定方式确定工程造价的计价原则也应参照双方签订的合同中有关工程款结算的约定进行结算，即便因工程设计变更或者合同约定外的增项工程等致使双方存在争议项工程价款，一般也不应超过双方合同约定的工程价款。在广元市川越建筑劳务有限公司（以下简称“川越公司”）、中国水利水电第八工程局有限公司等建设工程施工合同纠纷再审一案[（2021）最高法民申3886号]中，川越公司主张原审认定通用合同条款无效，又作为本案判决的依据，明显有误。最高人民法院在再审民事裁定书中明确：在认定通用合同条款无效的情况下，原审依据通用合同条款的约定确定工程价款，并无不当。

在分包合同无效的情况下，承包人和分包人仍可以签署补充协议等具有结算性质的协议。如果双方签署的协议是对建设工程施工合同进行补充和变更的补充协议，可能因建设工程施工合同无效而无效；如果双方为结束建设工程施工合同关系，签订对既存债权债务关系进行清理和结算的补充协议则具有独立性，不因建设工程施工合同无效而无效。因此，双方如果对争议款项达成新的补充协议，或者一致同意委托第三方机构对工程造价进行鉴定评估，同意以鉴定评估结论作为结算依据，仍然是可行的。

《民事诉讼法》第66条规定：“证据包括：（一）当事人的陈述；（二）书证；（三）物证；（四）视听资料；（五）电子数据；（六）证人证言；（七）鉴定意见；（八）勘验笔录。”如果在诉讼或仲裁过程中，由人民法院或者仲裁机构委托专门的鉴定机构进行工程造价鉴定，该鉴定属于证据的一种，具有证据能力。如果在诉讼或仲裁过程中，对鉴定意见有异议，可以申请重新鉴定，但是否准许由人民法院或仲裁机构决定。此外，施工项目在进行工程造价鉴定过程中，为防止鉴定结果出现较大偏差，应当注意以下方面。

一要高度重视鉴定程序。只有程序严格依法进行，才能保证鉴定意见的合法性。要注意审查鉴定材料是否经过质证，鉴定材料作为作出鉴定意见的依据，法院应当组织双方当事人对鉴定材料进行质证。未经当事人质证的材料，不得作为鉴定依据。此外，《建设工程造价鉴定规范》3.4.3条规定，鉴定机构对同一鉴定事项，应指定两名及以上鉴定人共同进行鉴定。《建设工程造价鉴定规范》对鉴定人员的资格也有要求。在对鉴定意见发表意见时，要重点关注鉴定人员的组成是否符合程序。

二要注意鉴定机构及鉴定人是否具有相应资质。工程造价鉴定机构应当依法取得工程造价咨询企业资质，鉴定人必须是注册造价工程师。在对工程造价鉴定报告进行质证时，应注意审查鉴定机构和鉴定人是否具有相应资质，鉴定机构资质证书如果是乙级的，还应审查其能否从事相应金额的造价鉴定。但是，鉴定机构超越资质等级出具的鉴定意见并不当然被认定无效。

三要密切关注鉴定依据。根据《建设工程造价鉴定规范》的规定，鉴定依据指鉴定项目适用的法律、法规、规章、专业标准规范、计价依据，以及当事人提交经过质证并经法院认定或当事人一致认可后用作鉴定的证据。如果鉴定依据缺乏真实性或不充分，将导致鉴定意见缺乏真实性、客观性，人民法院对鉴定意见不予采信。对于工程造价鉴定报告，应重点关注计价依据，即由国家和省、自治区、直辖市建设行政主管部门或行业建设管理部门编制发布的适用于各类工程建设项目的计价规范、工程量计算规范，工程定额、造价指数、市场价格信息等，并审查鉴定报告中是否有对于适用相应价格的分析过程。

四要重点关注鉴定意见是否与案件其他证据相矛盾。如果鉴定意见与案件其他证据存在矛盾，就不具备相应的证明力，不能作为证据使用。

相关案例：

在“(2022)青28民终65号”案中，法院认为：某H资产评估事务所系一审法院首次委托鉴定的机构，其鉴定人员取得的证书为资产评估师执业资格证，不是与建设工程造价相关的证书；某H资产评估事务所第1002号资产评估报告书确定造价的假设前提是工程设计图纸与实际施工一致，但承包公司在鉴定过程中未如实说明工程存在施工与设计不符的情况，鉴定机构也未组织双方当事人进行现场勘验，仅以承包公司提交的工程设计图纸及合同约定确定工程造价，明显依据不充分、结论不客观。据此，第1002号资产评估报告书确实存在“鉴定人不具备相应资格”，“鉴定意见明显依据不足”的问题。法院对发包公司申请重新鉴定的意见予以采纳，决定重新委托某Y会计师事务所有限公司进行工程造价鉴定。

28. 建设工程施工合同无效或分包合同无效，发包人（或总包人）能追究承包人（或分包人）的违约责任吗？

专家解读

从合同效力角度来看，若建设工程施工合同无效，则合同中关于工期、违约责任等条款也无效。《民法典》第793条明确了可参照合同价款约定折价补充原则，在建设工程施工合同无效的情况下，工程价款无疑是发包人与承包人双方核心利益所在。但对于工期而言，无论合同效力如何，承包人都应按照合同约定的工期要求完工，如果因合同无效而使承包人免除工期延误的赔偿责任，也将导致发包人和承包人之间的利益失衡，且与公平原则相悖。

《民法典》第155条规定：“无效的或者被撤销的民事法律行为自始没有法律约束力。”合同是民事法律行为的一种，无效的分包合同自始无效，基本等同于没有签订这个合同。违约责任以合同成立生效为前提，“契约”自始不存在，“违约”也就无从谈起。因此，分包合同无效，分包人无须按照合同的约定承担违约责任。

但是，这并不意味着承包人或分包人不用承担任何责任。《最高人民法院关于审理建设工程施工合同纠纷案件适用法律问题的解释（一）》（法释〔2020〕25号）第6条规定：“建设工程施工合同无效，一方当事人请求对方赔偿损失的，应当就对方过错、损失大小、过错与损失之间的因果关系承担举证责任。损失大小无法确定，一方当事人请求参照合同约定的质量标准、建设工期、工程价款支付时间等内容确定损失大小的，人民法院可以结合双方过错程度、过错与损失之间的因果关系等因素作出裁判。”

人民法院在建设工程施工合同无效的情况下可参照合同约定的工期条款，结合各方当事人的过错责任、实际损失等确定损失责任分担，这也更符合公平原则。需要特别说明的是，关于“参照”合同约定确定工期延误损失大小，也并非指可以直接适用无效合同中约定的工期延误违约责任，原则上仍应遵循无效合同的一般处理原则，即按照发包人举证证明的实际损失，结合双方过错责任进行处理。此外，最高人民法院民事审判第一庭认为，基于建设工程的特殊性，实践中发包人对于工程逾期导致的实际损失举证往往比较困难，但发包人实际损失已经发生，在发包人损失数额确实难以界定及举证的情况下，参照无效合同中约定的工期延误违约责任条款来确定发包人损失，并结合双方过错责任确定损失责任分担，也符合公平及诚信原则。此处需要注意，发包人损失仅限于实际损失，不包括可得利益损失。但实践中，关于是否参照无效合同中约定的工期延误违约责任条款来确定损失责任分担也存在不同意见，有人认为此种参照合同判决的做法弱化了发包人应承担的举证责任。笔者认为，在因承包人的原因导致工期延误的情况下，发包人确已产生实际损失，只是对于实际损失的数额难以界定和举证，如因对损失举证不能不予支持发包人的损失赔偿，显然会导致利益失衡，不利于双方纠纷解决，也违背了公平原则。另外，当事人在合同签订时约定的工期延误违约责任条款也体现了双方对可预见损失的心理价值预期，且更契合双方的真实意思表示。因此，在发包人损失确实存在又难以举证的情况下，参照无效合同中约定的工期延误违约责任条款来确定发包人损失，并结合双方过错责任确定损失责任分担，更符合公平及诚信原则。

当合同无效时，不能按照合同追究对方的违约责任，但可以要求对方赔偿损失。在要求对方赔偿损失时，法院可以参考合同里关于违约责任的约定，但约定并不能作为唯一依据，而是根据双方过错程度、因果关系等综合评判。

如在富盈公司与吴某祥、中南公司建设工程施工合同纠纷再审一案[（2021）最高法民申6684号]中，最高人民法院认为，在吴某祥存在逾期完工情形的情况下，富盈公司对其因逾期交房向业主支付的违约金进行了举证。原审法院综合考虑事实情况，结合吴某祥借用中南公司资质签订施工合同，对案涉施工合同无效具有过错等实际情况，酌定由吴某祥赔偿富盈公司实际损失35万元，亦无不当。

相关案例一：

D学院与H公司签订“教学综合楼工程承包合同”，约定工程施工时间为一年，自2012年3月18日至2013年3月18日。2013年4月26日，H公司向D学院出具书面承诺书，保证其所承包的工程项目在2013年5月6日前完工交付。若不能按期完工，除按照合同约定处罚外，自愿按天再加罚一倍罚款。2013年5月6日，D学院、H公司同工程监理方召开教学综合楼工程例会并形成会议决议，H公司承诺承包工程于2013年5月16日前施工完毕。2013年8月29日，D学院针对工程存在的问题向H公司发出整改通知并就教学综合楼工程后续施工形成会议纪要。H公司保证五日内（2013年9月5日前）予以整改完毕并交付D学院使用。

后因教学综合楼延期交付，导致D学院承受了较大损失，双方关于赔偿问题诉至法院。审理中，法院认定H公司是项目负责人张某的挂靠公司，从而双方签订的“教学综合楼工程承包合同”无效。法院认为，H公司一再承诺按新确定的工期完工、交付工程，但一再违背自身承诺，对于工期延误应承担主要责任。鉴于案涉工程工期延误主要是由H公司造成的，且工期延误确实对D学院造成了较大损失，遂判令H公司承担合同总价款20%的责任。

相关案例二：

在“（2019）最高法民终589号”案中，法院认为，案涉“桩基工程施工合同”约定竣工退场日期为2015年5月30日，由于施工质量问题，案涉桩基工程至2016年6月15日才补桩完成，逾期380天，但发包人X公司主张工程逾期210天，最高人民法院予以确认。按照“桩基工程施工合同”约定，工期延误违约金应计算为3 288 339.5元（31 317 519元 ×0.5‰ /天 ×210天）。因“桩基工程施工合同”无效，该违约金不能当然被采纳。但因S公司施工质量存在问题，导致案涉工程工期延误并造成损失，S公司应向X公司支付适当的工期延误损失费用。由于X公司在S公司开始施工时未取得施工许可证，对案涉工程肢解发包，存在过错，最高人民法院参照工期延误违约金的数额，酌定S公司、X公司各承担50%的工期延误损失责任。

29. 分包合同约定的罚款条款的性质及效力如何？

专家解读

《行政处罚法》第9条规定：“行政处罚的种类：……（二）罚款、没收违法所得、没收非法财物……”一般而言，罚款是国家机关追究违法者的法律责任的一种方式，多出现于行政法领域，指行政机关强制违法者缴纳一定数量的现金，属于行政机关作出的一种行政处罚行为。根据有关法律法规规定，罚款由国家法律法规设定，由有权的行政执法部门依照法定程序作出，并赋予行政相对人救济的权利。因此，严格来说，除了法律规定的情形由行政机关实施罚款以外，其他任何单位和个人无权作出罚款决定。

但是，平等地位的民事主体之间约定罚款，并不必然导致约定无效。在建设工程领域，施工合同、分包合同中关于罚款的约定并不罕见，由此造成的纠纷也不在少数。在司法实践中，一般倾向于认定罚款条款为惩罚性违约金，部分地区法院还出台了相关的文件。如《陕西省高级人民法院关于审理建设工程施工合同纠纷案件若干问题的解答》，第6条明确规定：“建设工程施工合同约定承包人存在工期迟延、质量缺陷或未达到合同约定的工程质量标准、转包或违法分包等违约行为，发包人可对承包人罚款的，该约定可以视为当事人在合同中约定的违约金条款。”

施工项目在签订分包合同时，应当严格使用法律专业术语，将“罚款”明确约定为“违约金”，避免发生不必要的争议。除此之外，既然罚款在本质上属于违约金，那么在本问题中，分包合同无效，违约金条款也将无效。因此，除了规范使用有关法律专业术语，防范分包合同无效也是防范法律风险的重中之重。

相关案例：

在“（2015）湘高法民三终字第144号”案中，法院认为：A公司、L公司之间是平等关系的合同主体，双方签订的“路基工程劳务施工合同”中“18奖罚规定”对施工管理有相应约定。L公司基于合同约定对施工方施工中的严重不规范行为的处罚系基于该约定，其性质当属惩罚性违约金，不是行政性质之执法行为。对于基于平等主体间的自愿约定的处罚，其约定不违反法律和行政法规的强制性规定，且其处罚金额在合理范围之内的，应认定其有效。该行为可以起到一定的警示作用，有利于规范施工行为，减少人为安全事故，故对L公司的诉求予以支持。

30. 实际施工人借用资质，若发生安全质量事故，应承担什么责任？

专家解读

最高人民法院在《对十二届全国人大四次会议第9594号建议的答复》中关于统一建设工程施工合同纠纷中“实际施工人”的司法认定条件的建议答复：“实际施工人”是指依照法律规定被认定为无效的施工合同中实际完成工程建设的主体，包括施工企业、施工企业分支机构、工头等法人、非法人团体、公民个人等，是《最高人民法院关于审理建设工程施工合同纠纷案件适用法律问题的解释》确定的概念，目的是区分有效施工合同的承包人、施工人、建筑施工企业等法定概念。

针对出借资质的责任承担，《最高人民法院关于审理建设工程施工合同纠纷案件适用法律问题的解释（一）》第 7 条规定："缺乏资质的单位或者个人借用有资质的建筑施工企业名义签订建设工程施工合同，发包人请求出借方与借用方对建设工程质量不合格等因出借资质造成的损失承担连带赔偿责任的，人民法院应予支持。"第 15 条规定："因建设工程质量发生争议的，发包人可以以总承包人、分包人和实际施工人为共同被告提起诉讼。"以上条款明确了，在出借资质挂靠的情况下，出借资质的单位（被挂靠人）与借用资质的单位或个人（挂靠人）对工程质量不合格造成的损失应由发包人承担连带责任。在出借资质挂靠的情况下，实际施工人往往缺乏相应的施工资质，一般也不具备承建合同约定工程相应的工程技术及管理等能力，进而增加了工程质量不合格风险，而挂靠人作为建设工程的实际履行者当然承担工程质量不合格的责任。被挂靠人出借资质的行为也是法律严格禁止的，责令被挂靠人承担连带责任是在法律上对此种行为的否定。

在司法实践中，挂靠人和被挂靠人对发包人承担工程质量不合格连带赔偿责任，被挂靠人赔偿后是否有权向挂靠人追偿。最高人民法院民事审判第一庭认为：在工程质量争议中，挂靠人和被挂靠人对发包人共同侵权，承担连带赔偿责任，赔偿后就内部责任来说可以看作按份责任。因承包合同的权益实际上由挂靠人享有，义务实际上也是由挂靠人承担，而被挂靠人取得的收益只是管理费，故可以考虑被挂靠人在所收取管理费的范围内承担按份责任。

此外，若建设工程施工合同基于出借资质挂靠行为被认定无效，则可根据《最高人民法院关于审理建设工程施工合同纠纷案件适用法律问题的解释（一）》第 6 条规定确定工程质量损失赔偿。需要注意，在挂靠形式下三方当事人的过错分担要考虑发包人是否明知挂靠关系的存在，若发包人明知借用资质挂靠施工或者故意参与，则表明发包人对合同无效存在过错责任，对合同无效产生的损失也应承担相应的责任，故对工程质量不合格也应承担相应的责任。

31. 分包合同约定分包范围内一切安全事故责任由分包方承担，该约定能得到法院支持吗？

专家解读

目前我国建筑市场处于供大于求的状态。发包方往往处于强势地位，发包方在与承包方签订施工合同时，经常会在施工合同中约定工程施工范围内所发生的一切安全事故责任均由分包方承担；分包方处于合同签订的弱势地位往往只能同意。在这种情况下，一旦涉诉该约定能否得到法院支持？

我国《建筑法》和《建设工程安全生产管理条例》对于建设工程施工安全责任进行了明确的规定。《建筑法》第45条规定："施工现场安全由建筑施工企业负责。实行施工总承包的，由总承包单位负责。分包单位向总承包单位负责，服从总承包单位对施工现场的安全生产管理。"《建设工程安全生产管理条例》第24条规定："建设工程实行施工总承包的，由总承包单位对施工现场的安全生产负总责。总承包单位应当自行完成建设工程主体结构的施工。总承包单位依法将建设工程分包给其他单位的，分包合同中应当明确各自的安全生产方面的权利、义务。总承包单位和分包单位对分包工程的安全生产承担连带责任。分包单位应当服从总承包单位的安全生产管理，分包单位不服从管理导致生产安全事故的，由分包单位承担主要责任。"上述法律法规基本明确了，我国建设工程施工安全事故责任由施工单位负责，总承包方应对施工现场的安全生产负责，分包方向总承包方负责，总承包方有权在分包合同中约定分包方在安全生产方面的责任，但总承包方和分包方对分包工程的安全生产承担连带责任。

因此，关于分包合同约定分包范围内一切安全事故责任由分包方承担，该约定是有效的。但关于安全事故责任的承担，仍需要依据产生安全事故的原因、过错方、过错责任比例来综合确定安全事故责任总承包方和分包方分别承担责任的比例，不能单纯依据合同约定来判决安全事故责任全部由分包方承担。同时，对于发包人而言，总承包方和分包方对分包工程的安全事故应承担连带责任。

32. 分包方以其分包工程存在质量问题"自己举报自己"威胁项目部，在法律上如何应对?

专家解读

目前，在我国建筑市场上，建设工程由建设单位发包，总承包方实行总承包，然后通过分包的方式进行施工。根据《民法典》《建筑法》《建设工程安全生产管理条例》的规定，在建设工程施工合同中，承包方作为建设工程的施工方，其主要义务是按照合同约定的工程质量及国家标准，向发包方提供工程质量合格的建设工程。若建设工程质量不合格，则承包方应承担相应的责任，总承包方与分包方对分包工程的质量承担连带责任。因此，一旦分包方负责施工的工程质量不合格，不仅分包方应承担相应的责任，总承包方还与分包方承担连带责任。鉴于此，分包方会以其分包的工程存在质量问题为由进行"自我举报"，威胁总承包方，以此达到分包方自身诉求。此类事件出现后，总承包方应首先对自身的工程管理及合同履行情况进行核查，确定工程质量合格。

作为分包方现场负责人及偷工减料的实施方，为什么不在第一时间制止？是刻意为之还是本意如此？这种倒打一耙、贼喊捉贼的伎俩，是典型的知法犯法的行为，如果其目的是索要高额退场费或补偿，则完全符合《刑法》中敲诈勒索的构成要件，应当依法追究分包方现场负责人的刑事责任。当然，总承包方监管缺位也难辞其咎。

为了避免此类风险的发生，总承包方的工程管理能力及履约能力都要达到一定要求。首先，谨慎选择分包方。分包方作为工程建设的直接实施者，其施工水平和施工质量直接影响工程质量，总承包方在选择合作分包方时应慎重，综合考虑分包方的施工资质、资金及经营能力、工程业绩以及分包方施工队伍等情况。其次，加强施工过程管理。审查分包方是否严格按照施工规范和设计文件进行施工，做好施工过程中隐蔽工程、分部分项、材料等审查验收工作。最后，严格验收审核已完工程，确保工程质量合格符合竣工验收条件。

此外，总承包方还应杜绝层层违法分包、低于成本价中标、偷工减料等违法违规行为，以及审查自身合同履行情况，避免拖欠工程款、劳务费等情况。从而避免分包方施工质量不合格，以及以此为由威胁总承包方的情况发生。

《建筑法》第 74 条规定："建筑施工企业在施工中偷工减料的，使用不合格的建筑材料、建筑构配件和设备的，或者有其他不按照工程设计图纸或者施工技术标准施工的行为的，责令改正，处以罚款；情节严重的，责令停业整顿，降低资质等级或者吊销资质证书；造成建筑工程质量不符合规定的质量标准的，负责返工、修理，并赔偿因此造成的损失；构成犯罪的，依法追究刑事责任。"

《建设工程质量管理条例》第 64 条规定："违反本条例规定，施工单位在施工中偷工减料的，使用不合格的建筑材料、建筑构配件和设备的，或者有不按照工程设计图纸或者施工技术标准施工的其他行为的，责令改正，处工程合同价款百分之二以上百分之四以下的罚款；造成建设工程质量不符合规定的质量标准的，负责返工、修理，并赔偿因此造成的损失；情节严重的，责令停业整顿，降低资质等级或者吊销资质证书。"

33. 劳务分包合同发生争议，能否进行工程造价鉴定?

专家解读

《建设工程造价鉴定规范》（GB/T 51262—2017）明确了，工程造价鉴定是指鉴定机构接受人民法院或者仲裁机构委托，在诉讼或者仲裁案件中，鉴定人运用工程造价方面的科学技术和专业知识，对工程造价争议中涉及的专门性问题进行鉴别、判断并提供鉴定意见的活动。工程造价鉴定一般涉及人工费、材料费、施工机具使用费、企业管理费、利润、规费和税金的相关费用计取与审核，但此处的人工费并非专指劳务费。建设工程劳务分包中的劳务费一般是指劳务分包施工企业完成相关工程劳务作业应得到的人工成本及利润，涉及标的称为劳务报酬或劳务费，若劳务合同双方就劳务费发生争议，需要通过鉴定来解决。根据《民事诉讼法》第79条第一款规定，当事人有权向人民法院申请鉴定，但涉及的鉴定也应该是费用鉴定，而不能通过工程造价鉴定的方式进行。

工程造价鉴定中涉及的“人工费”与费用鉴定中涉及的“劳务费”实质计价鉴定依据是完全不同的。双方当事人产生纠纷时应先依据合同进行计价，当合同未约定相对应的计价方式或合同约定的计价方式不适用时，当事人可以向法院申请费用鉴定。工程造价涉及的“人工费”可依据工程所在地建设工程预算定额计价，所以“人工费”一般也称“定额人工费”。但“劳务费”一般不能依据建设工程预算定额计价，而应参考工程所在地公布的建筑业平均工资计取。因此，建设工程劳务分包中的劳务费与工程造价鉴定中的人工费是明显不同的。

但在建设工程实践中，发包方往往为了加强材料设备的管理、节约开支，将施工过程中涉及的中小型机具和部分辅材交由劳务分包企业承包采购，此时建设工程劳务分包就并非纯粹的包清工。因此，在司法鉴定计取劳务费时，也应按照双方签订合同的约定对中小型机具和部分辅材的费用进行结算。

34. 如何应对分包队伍退场?

专家解读

在建设工程施工领域，分包队伍一般指专业分包和劳务分包的施工企业。分包队伍退场是指分包方因各种原因退出施工现场，其法律本质是分包合同的解除。分包队伍退场主要分为两种：一种是施工企业作为工程分包方时自身中途退场，另一种是施工企业作为工程发包方时分包方中途退场。而分包队伍退场原因也分为分包队伍主动退场和分包队伍被要求退场。

发包方面对分包方退场需要应对的主要问题。

（1）对发包方而言，无论是发包方提出的还是分包方提出的退场要求，均有可能面临分包队伍对中途退场的条件不满意而拒绝退场、阻止施工的风险。一旦产生此风险势必影响发包方的正常施工及工期，发包方应对此类风险做好防范。发包方可在双方签订的合同中明确约定：分包方不得以任何理由无故停止施工、退场及闹事妨碍发包方施工，以及分包方妨碍施工的违约责任。同时，发包方可收取分包方的履约保证金，以此来防止分包队伍无故退场以及阻碍施工等风险。

（2）对发包方而言，分包方已完成施工部分的工程质量是否合格也是主要问题。基于工程尚未完工程，分包方退场后仍须由第三方进场继续施工，若在分包方退场时双方未对已完成部分工程质量进行验收，一旦工程质量存在问题可能涉及无法确认工程质量不合格责任主体的问题。因此，发包方应在分包队伍退场时，组织建设单位、发包方、分包方、监理方共同对分包队伍已完成的工程质量进行验收，避免事后因责任划分而产生争议。

分包队伍中途退场时需要应对的主要问题。

（1）对于分包队伍而言中途退场，主要关注的问题是其已完工程量的确认。分包队伍退场应在退场前收集整理能够证明已完工程量的相关证据材料，若缺少证据材料，应尽量在退场前收集、补充完整。同时，在退场前催促发包方对分包队伍已完成工程量进行确认。

（2）对于分包队伍而言，还应注意退场安全问题。应妥善放置发包方提供的机械、设备、材料等，妥善处置施工现场的水、电、气等，避免产生安全隐患。

（3）分包队伍退场时应向发包方发送退场告知书，确定发包方可收到退场告知书，并留存发包方已收到退场告知书的证据材料。

分包队伍中途退场，对于发包方和分包方而言均存在风险，对施工中的工程也会产生影响，因此无论是发包方还是分包方对于施工过程中的中途退场问题，均须谨慎对待。

35. 施工中途解除合同如何结算工程款?

专家解读

施工过程中解除建设工程施工合同的，即使工程未完工，针对已完成工程价款的确定仍需按发包方和承包方之间签订的施工合同约定进行结算。

建设工程施工合同计价方式一般有三种：一是固定单价，二是固定总价，三是可调价格。对于可调价格的工程价款确定，一般以合同约定的计价方式进行工程造价鉴定，得出已完工程的结算金额。但采取固定价款方式计价的建设工程施工合同，在未完工的情况下解除合同，如何确定已完工程价款还值得讨论。采取固定价款方式计价的建设工程施工合同的固定价款的确定依据是工程全部完工，若工程未完工，则无法再适用固定价款方式。建设工程实践中一般存在两种不同的计量方式：一是根据实际完成的工程量，以建设行政管理部门颁布的定额取费标准核定工程价款，此时只需工程造价鉴定其完工部分即可；二是确定已完工程的工程量占全部工程量的比例，用该比例乘以合同约定的固定价款得出工程价款，此时工程造价鉴定需对工程总造价进行鉴定。[江苏省高级人民法院《建设工程施工合同案件审理指南》第七部分（一）已完工程部分验收合格工程的工程款结算。]

《建设工程造价鉴定规范》（GB/T 51262—2017）第5.10.7项规定："总价合同解除后的争议，按以下规定进行鉴定，供委托人判断使用：1. 合同中有约定的，按合同约定进行鉴定；2. 委托人认定承包人违约导致合同解除的，鉴定人可参照工程所在地同时期适用的计价依据计算出未完工程价款，再用合同约定的总价款减去未完工价款计算；3. 委托人认定发包人违约导致合同解除的，承包人请求按照工程所在地同时期适用的计价依据计算已完工程价款，鉴定人可采用这一方式鉴定，供委托人判断使用。"

固定价款合同对于未完工工程造价的约定，由于司法实践中案情各有不同，很难形成统一明确的计价方式。最高人民法院审理此类案件时基于案件事实情况不同，也存在分别适用两种计价方式的判决，并未统一明确适用哪一种计价方式。最高人民法院认为，对于约定了固定价款的建设工程施工合同，双方未能如约履行，致使合同解除的，在确定争议合同的工程价款时，既不能简单地依据政府部门发布的定额计算工程价款，也不宜直接以合同约定的总价与全部工程预算总价的比值作为下浮比例，再以该比例乘以已完工程预算价格的方式计算工程价款，而应当综合考虑案件实际履行情况，并根据双方当事人的过错责任和司法判决的价值取向等因素来确定。[最高人民法院（2014）民一终字第69号判决书]

36. 仅加盖"××公司××项目部办公室"印章的买卖合同是否有效？

专家解读

盖章与签名、按指印一样，均是当事人进行意思表达、订立合同的主要方式，但是合同是否成立且生效并不能仅凭是否加盖"××公司××项目部办公室"印章进行判断。换言之，"××公司××项目部办公室"印章的有无、真假，从法律的角度来看，只是表彰代理权限、降低代理成本的形式，而非判断合同生效与否的决定性因素或独立要件。

从公司印章在我国法律体系中的地位来看，《民法典》第490条、第493条规定，当事人采用合同书形式订立合同且没有其他约定或其他法定事由时，当事人均签名、盖章或按指印的时间为合同订立的时间，而签名、盖章或按指印的地点为合同订立的地点。最高人民法院《关于当前形势下审理民商事合同纠纷案件若干问题的指导意见》（法发〔2009〕40号）将公章、印鉴及其真伪作为判断当事人是否具有代理权以及合同相对人是否具有合理信赖的要素。可见，法律并未将印章的真假或有无作为判断合同是否成立且有效的独立依据，且《全国法院民商事审判工作会议纪要》（法〔2019〕254号）更进一步通过表见代理制度破除了印章真实性与合同效力的必然关联。

那么，对于仅加盖“××公司××项目部办公室”印章的买卖合同而言，不论其印章是否真实、是否进行了备案，都不会直接影响合同的生效和成立。但值得注意的是，建筑企业由于施工项目众多且分散，为方便经营，“项目部公章”在实践中得到了广泛的应用。一般而言，若建筑工程企业将“××公司××项目部办公室”印章进行了备案，且出具载明委托事项及委托权限的授权委托书，明确了项目部印章的委托事项，则该印章在公司授权、认可或追认的范围内，与公司公章具有同等效力。而若该印章存在未经备案或未明确授权范围等问题或瑕疵，则会给加盖该印章的合同的订立及效力造成不确定性影响，从而使得法院对印章及合同效力进行审查。

从司法解释来看，法院可以在合同相对人基于表见代理制度主张合同成立并生效时，要求其承担举证责任，包括举证证明代理行为存在，如合同书、公章、印鉴等有权代理的客观表象形式要素，而且应当证明其善意且无过失地相信行为人具有代理权。

而在实践中，法院通常会认为公司在合同上加盖公章是公司进行意思表示并加以确认的事实行为，尤其在公司加盖的公章已备案且为真时，可推定公司进行了相应的真实意思表示。若公司意欲否定某一印章的效力，法院可以要求否认印章效力的一方当事人证明：该印章与公司备案印章不一致，公司在此期间的用章具有唯一性，公司具备完整的用印登记、审查及管理规范，且公司没有存在使用多枚印章或者用章管理混乱的情况。

37. 以项目部名义对外签订的分包、买卖等合同，如何认定其效力？

专家解读

企业的内部机构，原则上不是法律拟制的主体，亦不能独立以其名义对外签订合同。但是，对于建筑施工企业而言，项目经理作为企业法定代表人的代表对工程项目施工负有全面管理的责任，其本人及其主持的项目部在授权范围或职责范围内履行职责，或在构成表见代理的前提下，签订的合同若不违反法律的禁止性规定则应认为合同成立且生效。

根据《建筑施工企业项目经理资质管理办法》的有关规定，项目经理有权以企业法定代表人的代表身份处理与所承担的工程项目有关的外部关系，并签署有关合同。这意味着，项目经理有别于一般的企业内设机构负责人，其在工程项目施工中处于中心地位，可根据法律法规明确的职责，代表建筑施工企业法定代表人对外签订与项目施工相关的外部合同。而以项目部的名义对外签订合同，已被部分省市法院确定为（项目经理）履行义务的名义要素，如《浙江省高级人民法院民二庭关于审理涉建筑施工企业项目部纠纷的疑难问题解答》指出，认定项目经理签订合同的行为是否为职务行为一般应考虑其身份要素、名义要素和权限要素。

而对于实质上超越项目部权限，但对合同相对人而言可构成表见代理的，合同亦可被认为成立且生效。若合同双方就合同效力产生纠纷并诉诸法院，则法院有权根据《最高人民法院关于当前形势下审理民商事合同纠纷案件若干问题的指导意见》的规定，结合行为人的身份、权限、行为模式和交易惯例等因素综合判断行为人是否具有代理权的表象，并结合合同缔结与履行过程中的各种因素判断合同相对人是否善意且无过失。

就题设的买卖合同而言，是行为人以项目部名义签订的，有企业授权或合同相对人有理由相信其有代理权的，购买或租赁必备的办公用具、原材料和机器设备等应视为项目部权限范围内的行为，合同成立且生效。而题设的分包合同的效力除考虑项目部的权限及表见代理制度外，还应考虑法律的禁止性规定，如《建筑法》明确禁止承包单位将其承包的全部建筑工程转包给他人，禁止承包单位将其承包的全部建筑工程肢解以后以分包的名义分别转包给他人。建筑工程总承包单位可以将其承包工程中的部分工程发包给具有相应资质条件的分包单位，但是除总承包合同中约定的分包外，必须经建设单位认可。施工总承包的，建筑工程主体结构的施工必须由总承包单位自行完成。建筑工程总承包单位按照总承包合同的约定对建设单位负责；分包单位按照分包合同的约定对总承包单位负责。总承包单位和分包单位就分包工程对建设单位承担连带责任。禁止总承包单位将工程分包给不具备相应资质条件的单位。禁止分包单位将其承包的工程再分包。

38. 买卖合同中明确约定违约金以活期存款利息计算且不得超过合同额的 1%，能得到法官支持吗？

专家解读

违约金是由合同当事人约定的违约救济的一种责任方式，是合同当事人通过合意确定的，在违约行为发生后承担的独立于合同履行行为之外的金钱给付责任。《民法典》第 577 条规定："当事人一方不履行合同义务或者履行合同义务不符合约定的，应当承担继续履行、采取补救措施或者赔偿损失等违约责任。"《民法典》第 585 条规定："当事人可以约定一方违约时应当根据违约情况向对方支付一定数额的违约金，也可以约定因违约产生的损失赔偿额的计算方法。约定的违约金低于造成的损失的，人民法院或者仲裁机构可以根据当事人的请求予以增加；约定的违约金过分高于造成的损失的，人民法院或者仲裁机构可以根据当事人的请求予以适当减少。"

从题设问题来看，该约定分为两个部分："违约金以活期存款利息计算"约定的是违约金的计算方式，而"不得超过合同额的 1%"是当事人约定的违约金额度。实践中，当事人约定违约金的计算方式本身符合法律规定，会得到法院的支持，但是若当事人认为违约金约定过低或过高，则有权请求法院进行调整，法院亦有权就违约金是否过分高于损失进行裁判。因此，题设问题是否能得到法官的支持的要点在于当事人对违约金上限的约定是否合理。

实践中，违约金的调整问题一般被视为司法裁判中的认定问题，在法官的裁量权范围内。因此，能否得到法官支持的问题，实质为如何觅得法官支持的问题。

（1）将“违约金不得超过合同额的1%”作为买卖合同是否为商事主体参与市场竞争和作出商业决策的商事合同的条件之一，以致法官应保持克制司法干预的倾向？

（2）该条款的约定是否可以促进双方当事人主动履行合同义务，维护正常的交易秩序？

（3）该条款是否为民事合同中由一方（商事主体）提供的格式合同，且排除了合同相对人要求赔偿损失的权利？

（4）该条款预定的违约金上限是否显著低于实际损失金额？

（5）根据公平原则和诚信原则予以综合考虑合同的履行情况，当事人的过错程度，当事人缔约时对可得利益损失的预见，当事人之间的交涉能力是否平等，是否适用格式合同条款，是否存在过失相抵、减扣规则以及损益相抵规则等因素。

39. 买卖合同如何收集有效证据？

专家解读

证据的本意是指用来证明事物的依据，而在法律概念中，则指根据诉讼规则认定案件事实的依据，包括证明自己主张的事实存在或成立的依据，以及使对方主张的事实得不到认定的依据。题设问题中需要进行收集的“有效证据”实质是指具有证据资格及证明力的证据，即与买卖合同的订立、效力、履行、变更、转让、内容、责任等待证事实相关，形式、来源符合法律规定，内容真实的证据原件、原物，或与原件、原物相符的复制件、复制品。

当事人通过法律途径追讨买卖合同约定之货款时必须提供充分确实的证据证明事实的存在。若当事人无法提供证据证实其诉讼请求所依据的事实或者反驳对方诉讼请求所依据的事实，其诉讼请求或反驳将得不到法院的支持。实践中买卖合同纠纷案的矛盾点主要集中在合同履行的主体、合同的主要内容和货物质量瑕疵等问题上。因此，结合法律对证据种类和形式的要求，就买卖合同的订立、履行等过程中应当注意收集的有效证据，提出以下建议。

（1）以书面形式订立合同，并载明合同当事人的名称（姓名）、住所、联系方式、标的内容、数量、质量要求、合同价款、履行期限、履行地点、履行方式、违约责任及争议解决方式等内容。在订立合同时，一定要仔细检查合同首尾部的订立主体、签约人的授权文件、填写的缔约时间和订立合同使用的印鉴等。

（2）在合同履行过程中，如果需要对合同约定事项进行变更，则建议以书面形式订立补充协议；若变更事项对合同履行影响不大，或不宜签订补充协议的，则应以书面形式（包括微信、电子邮件、传真等）明确、完整地表述合同变更的内容。

（3）保管好合同履行过程中的各项书面证据，包括交货单、送货单、仓单、装箱单等交货、物流、保管凭证，结算单、增值税普通发票、增值税专用发票等结算凭证，对账确认函、债权确认书等债权凭证，保险单、保修单、产品合格证、质量保证书、质量鉴定书、品质检验证书、产品进出口检疫书、原产地证明书、使用说明书等标的物质量凭证。

（4）企业内部授权管理的文件，包括各类印章、授权文书等。

（5）提取标的物单证以外的有关单证和资料，包括保险单、保修单、增值税普通发票、增值税专用发票、产品合格证、质量保证书、质量鉴定书、品质检验证书、产品进出口检疫书、原产地证明书、使用说明书、装箱单等。

就前述证据的效力而言，没有记载债权人名称的对账确认单、债权确认书等函件、凭证对买卖合同成立的证明力要大于送货单、收货单、结算单、发票等交货凭证和结算凭证。法院可以仅凭没有记载债权人名称的对账确认函、债权确认书等函件、凭证认定买卖合同关系的存在，除非有足以推翻该事实的其他证据存在；但法院不得仅凭送货单、收货单、结算单、发票等交货凭证和结算凭证之孤证认定买卖事实的存在。而在合同的履行中，出卖人不能仅以增值税专用发票及税款抵扣资料证明其已履行交付标的物义务，还要结合其他证据加以证明。但法院可以根据合同的约定或交易双方的习惯，将增值税普通发票作为认定买受人已完成付款的凭证。

40. 如何让合同约定的“甲方收到业主相应比例款项后，支付乙方货款”即“背靠背”条款得到法院支持？

专家解读

“背靠背”条款，又称业主支付条款，是建设工程施工合同中总包方最常用的转移风险的方法之一。“背靠背”条款指合同双方约定，付款方的付款义务以其收到第三方价款为前提或条件。常见的约定方式为，建设工程总包方与分包方在合同中约定：“甲方收到业主相应比例款项后，支付乙方货款，若业主延迟或拒付工程款，则甲方的付款义务相应延期。”

一般而言，民事法律行为可以附条件也可以附期限，但是根据其性质不得附条件或不得附期限的除外。从理论上看，业主存在因法定或约定条件成就免于向总包方支付合同价款的可能性，因此“背靠背”条款一般被视为附条件合同。在此框架下，对于附条件的民事法律行为而言，当事人为自己的利益不正当地阻止条件成就的，视为条件已经成就。换言之，若“背靠背”条款的签订已充分尊重双方当事人的意思自治，不存在总包方滥用优势地位，欺诈、胁迫分包方签订合同的，该条款应属有效。但是，我国的建设工程施工合同不仅涉及双方当事人的利益，还涉及其他主体利益和社会公共利益，少量法院会以该条款“违反公平诚信原则”为由而认定其无效，或以该条款约定不明为由直接使用《民法典》的相关条款。

在司法实践中，大多数法院均认可了“背靠背”条款的效力，但要求总包方应当积极履行告知义务、结算义务和清款义务等，并应就前述义务的履行承担举证责任。《北京市高级人民法院关于审理建设工程施工合同纠纷案件若干疑难问题的解答》第 22 条解释：“分包合同中约定待总包人与发包人进行结算且发包人支付工程款后，总包人再向分包人支付工程款的，该约定有效。因总包人拖延结算或怠于行使其到期债权致使分包人不能及时取得工程款，分包人要求总包人支付欠付工程款的，应予支持。总包人对于其与发包人之间的结算情况以及发包人支付工程款的事实负有举证责任。”《安徽省高级人民法院关于审理建设工程施工合同纠纷案件适用法律问题的指导意见（二）》第 11 条规定：“非法转包、违法分包建设工程，实际施工人与承包人约定以发包人与承包人的结算结果作为结算依据，承包人与发包人尚未结算，实际施工人向承包人主张工程价款的，分别下列情形处理：（一）承包人与发包人未结算尚在合理期限内的，驳回实际施工人的诉讼请求。（二）承包人已经开始与发包人结算、申请仲裁或者诉至人民法院的，中止审理。（三）承包人怠于向发包人主张工程价款，实际施工人主张参照发包人与承包人签订的建设工程施工合同确定工程价款的，应予支持。”

相关案例一：

在“（2014）一中民终字第 01260 号”案中，北京市第一中级人民法院认为，某通信公司在对付款条件的约定上，显然将第三人付款的风险转移给某科技公司。第三人何时付款、付款比例的大小、第三人拒绝付款或者违反约定延迟付款等均会影响到施工方的利益，该约定明显有违公平原则。同时，依据双方签订的结算清单，按照先施工后结算的一般行业规范，应该视为某通信公司已对某科技公司施工予以确认。在此情形下，某通信公司应该在合理的时间内支付款项。综上理由，本院对于某通信公司所持支付条件未成就的上诉理由不予采纳。

相关案例二：

在“（2008）浙民一终字第192号”案中，浙江省高级人民法院认为，分包人所承建的工程已通过竣工验收并已实际交付，双方当事人理应就工程造价进行结算并支付工程价款。虽然分包合同对工程款支付时间没有作出明确约定，但依据《合同法》的相关规定，合同双方对付款时间没有明确约定或者约定不明的，分包人有权在工程竣工验收后，在合理期限内要求支付工程价款。

41. 封账协议的性质是什么？买卖、分包都有必要及时签订封账协议吗？

专家解读

封账协议，顾名思义是双方对一定期限内的账目进行认可而签署的协议。

一般而言，双方针对某一期间的账目签署封账协议以后，除非该期间的账目有非常明显的错误，否则将不会再进行调整，所以双方对于封账协议中的金额一定要谨慎核实。封账协议中确定的金额将作为双方债权债务关系确认的依据，也是后期要账催款的依据。

对于买卖合同，如果货物是一次交付完毕，且数量、价格均与原买卖合同保持一致，例如乙方向某工地提供10吨黄沙，甲方立即付款，那么双方就可以完整履行合同，不必签署封账协议。但如果双方签署的买卖合同仅约定了黄沙的单价，乙方按照甲方要求分批发货，那么双方就有必要每隔一段时间签署封账协议，避免因为周期过长，相关经办人员岗位变动、发货单或入库单遗失等情况，造成后期争议。

对于分包协议，协议双方一般都会约定工程项目明确的结算时间。双方是否需要签署封账协议，需要结合工程的性质和进度来看。例如，如果工程的施工进度有比较明确的阶段性，或者后期难以完整测算量的，那么双方及时签署分账协议是有必要的。

42. 合同约定“先票后款”是否有效？能以未收到发票为由拒绝付款吗？

专家解读

合同中“先票后款”的约定是有效的。开票的时间是先于付款时间还是后于付款时间，属于协议双方可以自由约定的内容，只要依照我国税法的要求开具发票，均属合法。

在合同付款方相对强势的交易情景下，“先票后款”已经是一种交易惯例。对于付款方而言，先行拿到发票，就可以完全避免后期无法拿到发票的问题。

开具发票一方需要注意的问题是，发票的开具对于付款行为的证明力。《最高人民法院关于审理买卖合同纠纷案件适用法律问题的解释》第 5 条区分了增值税专用发票和增值税普通发票两种情况。

（1）出卖人仅以增值税专用发票及税款抵扣资料证明其已履行交付标的物义务，买受人不认可的，出卖人应当提供其他证据证明交付标的物的事实。

（2）合同约定或者当事人之间习惯以增值税普通发票作为付款凭证，买受人以增值税普通发票证明已经履行付款义务的，人民法院应予支持，但有相反证据足以推翻的除外。

为避免后期出现是否付款的争议，建议将款项实际支付的转账明细或者收据做好留存。同时，“先票后款”的约定容易造成发票开具后迟迟未付款的情况，要提醒公司的财务人员特别注意发票的合规使用，例如多开的发票金额应该及时进行重开或者冲红。

在明确约定“先票后款”的情况下，因为协议双方明确约定收款方先开具发票，付款方再进行付款，所以在收款方未开具发票的情况下，属于一方的先履行义务尚未完成，此时付款方可依据未收到发票而延后款项的支付。但是，付款方并不能因此拒绝付款，收款方要求支付货款的权利源于其提供了合同约定的货物或者服务，开具发票仅是合同附随义务，付款方应当按照合同的约定履行付款义务。

43. 买卖合同与加工承揽合同、分包合同的区别和联系。

专家解读

买卖合同和加工承揽合同均是《民法典》中的典型合同。典型合同即在民法典中进行专门规定的具体合同类型，除此之外的合同为非典型合同，分包合同就属于非典型合同。

《民法典》第 595 条规定：“买卖合同是出卖人转移标的物的所有权于买受人，买受人支付价款的合同。”买卖合同的内容一般包括标的物的名称、数量、质量、价款、履行期限、履行地点和方式、包装方式、检验标准和方法、结算方式、合同使用的文字及其效力等条款。

《民法典》第 770 条规定：“承揽合同是承揽人按照定作人的要求完成工作，交付工作成果，定作人支付报酬的合同。承揽包括加工、定作、修理、复制、测试、检验等工作。”《民法典》第 771 条规定：“承揽合同的内容一般包括承揽的标的、数量、质量、报酬，承揽方式，材料的提供，履行期限，验收标准和方法等条款。”

分包合同是指总承建单位承包建设工程后，将其承包的某一部分或某几部分项目，再发包给其他承包人，并与其签订承包合同项下的分包合同。

买卖合同中，出卖人的主要合同义务在于交付货物，区别于承揽合同中承揽人的主要合同义务是完成一定的工作，交付工作成果。该工作成果既可以是物，也可以是其他类型的财产。即使承揽人在承揽合同下交付的工作成果也是物，合同双方的权利和义务也区别于买卖合同下简单的交付货物：（1）承揽人交付的货物是满足定作人的特殊要求（工作质量、数量、规格、形状等）的，该货物同市场上的物品有所区别；（2）非经定作人的同意，承揽人不得擅自将承揽的工作交给第三人完成，而买卖合同不会关注货物的制造过程。

承揽合同与分包合同主要合同内容都是完成一定的任务，但分包合同因为建筑工程项目的特点，和承揽合同存在以下区别。

首先是签订形式。承揽合同是非要式合同，既可以以书面形式订立也可以以口头形式订立。分包合同涉及建设工程施工的，属要式合同，应当以书面形式订立。其订立一般应经过招标、投标程序，还应接受有关行政监督部门依法对招标、投标活动的监督。

其次是合同内容。法律对承揽合同并无强制性的规定。分包合同涉及建设工程施工的，国家需要对基本建设进行监督管理，或有很多强制性的规定，例如监理制度、强制性的建设工程标准，对于施工方的资质要求，以及建设工程保修，包括保修范围和保修年限等。

44. 买卖合同中，甲方未及时付款，乙方供应的货物也有质量问题，双方责任如何划分？

专家解读

在货物买卖合同下，买受人（甲方）的主要义务是支付相应货款，出卖人（乙方）的主要义务是将符合质量要求的货物交付于甲方。

《民法典》第 592 条规定：“当事人都违反合同的，应当各自承担相应的责任。当事人一方违约造成对方损失，对方对损失的发生有过错的，可减少相应的损失赔偿额。”

当买卖双方均违约时，双方违约的程度和合同中的具体违约条款会影响对违约责任的划分。

当货物不符合质量要求的程度比较严重时，《民法典》第 610 条规定：“因标的物不符合质量要求，致使不能实现合同目的的，买受人可以拒绝接受标的物或者解除合同。”

若买受人拒绝接受标的物，仍有权要求出卖人继续履行合同，即重新交付符合质量要求的标的物。此时买受人有权向出卖人主张因标的物不符合质量要求的法定或约定的违约金，以及主张因违约而造成的其他损害赔偿；此时根据《民法典》第 592 条的规定，出卖人也有权向买受人主张逾期付款的约定或承担法定违约责任。

若买受人因为标的物的质量问题已达到成立法定或约定的违约解除权的程度而主张合同解除，则买受人有权解除合同，合同解除后应恢复原状，买受人返还已交付的标的物于出卖人，也不再负有支付货款的义务。

当货物质量问题比较轻微，不构成出卖人的根本违约时，应适用《民法典》第617条的规定："出卖人交付的标的物不符合质量要求的，买受人可以依据本法第五百八十二条至第五百八十四条的规定请求承担违约责任。"

45. 甲供材料不合格，施工单位未检验或检验未发现，导致的质量问题如何处理？

专家解读

《最高人民法院关于审理建设工程施工合同纠纷案件适用法律问题的解释（一）》第13条规定："发包人具有下列情形之一，造成建设工程质量缺陷，应当承担过错责任：（一）提供的设计有缺陷；（二）提供或者指定购买的建筑材料、建筑构配件、设备不符合强制性标准；（三）直接指定分包人分包专业工程。承包人有过错的，也应当承担相应的过错责任。"

《建筑法》第59条规定："建筑施工企业必须按照工程设计要求、施工技术标准和合同的约定，对建筑材料、建筑构配件和设备进行检验，不合格的不得使用。"施工前对材料进行检验是施工单位，即承包人的法定义务。

若施工单位未进行检验即进场施工，那么施工单位也应对最后工程质量问题承担过错责任；或施工单位进行了检验，但没能检验出应当发现的材料不合格问题，施工单位仍应负有过错责任。这里的过错责任是指：若该建筑材料的问题即使通过施工单位的合理检测也不能发现，即施工单位有证据证明自己已经尽到了《建筑法》第59条规定的检验义务，则应视为施工单位对此无过错，由此产生的建筑工程质量问题与施工单位无关。若此时工程还未竣工，根据《民法典》第803条对发包人违约责任的约定，承包人可以顺延工程日期，并有权请求赔偿停工、窝工等损失。

本问题中的建设工程质量问题，若发生于竣工验收前，根据《民法典》第803条和804条的规定，发包人和承包人应根据实际施工进度顺延工期、计划改建或返工，且双方有权分别向对方就过错程度、过错与损失之间的因果关系等主张对方的过错责任。

若该建设工程质量问题发生在竣工验收、工程已经投入使用后，对他人造成损害的，依据《建设工程质量管理条例》第27条的规定总承包单位与分包单位对分包工程的质量承担连带责任。

46. 建设单位、监理单位对施工单位有罚款权吗？

专家解读

全国人大法工委在 1988 年 4 月 25 日发布的《关于如何理解和执行法律若干问题的解答（一）》中答复，罚款是一种行政处罚，只能由法律、法规规定的行政主管机关行使；且在 1997 年 1 月 2 日《关于规章如何确定罚款幅度问题的答复》中提到，法律、法规指规定了罚款的行政处罚，没有规定罚款的具体幅度或者数额，规章可以按照国务院或者省、自治区、直辖市人大常委会关于罚款数额的规定作出规定；《行政处罚法》第 13 条也规定，罚款的限额由国务院规定的规定。由此可见，罚款是行政处罚的手段之一，是行政执法单位强制违法行为人在一定期限内向国家缴纳一定数量金钱的处罚形式。对于罚款权，法律并没有明确的立法规定。建设单位和监理单位作为民事主体，不具有罚款的权力，亦不具备罚款的资格。

根据《民法典》第 153 条和 155 条的规定，违反法律、行政法规的强制性规定的民事法律行为无效。建设单位和监理单位并没有法律所赋予的行政处罚权力，其对施工单位进行罚款的法律行为当属无效民事法律行为，自始不产生法律效力。而实践中，建设单位和监理单位对施工单位的罚款往往被约定在施工总承包合同中，比如，承包人未按合同约定派出相应的项目管理人员并管理不到位的，除报建设行政主管部门处理外，还由发包人对其处 5 000 元/人/次以上罚款。因发包人并没有法律赋予的罚款权力，该条款中对发包人可以行使罚款权力的约定无效。但是，如果施工单位违约，建设单位则可以通过在专用合同条款中设置相应违约责任条款的方式来保障自己的合法权益。

2017 年，住房城乡建设部、国家工商行政管理总局发布的《建设工程施工合同（示范文本）》（GF-2017-0201）中也没有出现“罚款”这个词语。正如某案例中，A 房地产公司与 B 建筑安装公司签订了建设工程施工合同及补充协议，且在补充协议中约定了罚款的条款。A 房地产公司根据该补充协议对 B 建筑安装公司罚款 300 万元，B 建筑安装公司在二审中请求确认该条款无效。二审法院认为，根据我国法律规定，违反法律的强制性规定和禁止性规定的合同无效，行政处罚的主体只能是行政机关或者受委托单位，民事主体签订罚款类条款属无效，故补充协议中约定的罚款条款无效。因此，建设单位、监理单位对施工单位没有罚款权。

同理，总分包之间也无罚款权，日常工作中出现的总包方对分包方的罚款，建议改为违约扣款，扣款单上写明罚款事由、依据等，即违反分包合同哪一条哪一款，扣款依据等，并附相关证明，最后找分包方现场负责人签认。这样可有效避免当产生合同纠纷时，分包方主张罚款无效，继而要求总包返还罚款（或扣款）的风险。

47. 业主长期不批复变更文件，承包人如何处理？

专家解读

工程变更是指合同实施过程中由发包人提出或由承包人提出经发包人批准的合同工程中任何一项工作的增、减、取消或施工工艺、顺序、时间的改变，设计图纸的修改，施工条件的改变，招标工程量清单的错、漏从而引起合同条件的改变或工程量的增减变化。工程变更一般分为合同内工程变更和合同外工程变更两种形式，实质上都是对建设工程合同内容的修改，既可能是形式条款的变更，也可能是实质性条款的变更，但无论哪种类型的变更最终都会引起合同价格的变动，从而影响合同双方当事人的利益。正因如此，才会在发包人与承包人之间产生长期不批复变更文件等争议。从合同主体地位的关系来看，在建设工程合同中，发包人作为具有建设工程发包主体资格和支付工程价款能力的当事人，是工程变更权的拥有者，《建设工程施工合同（示范文本）》（GF-2017-0201）通用条款第10条中就约定，发包人和监理人均可以提出变更，但当监理人提出变更建议时，如果发包人不同意变更，则监理人无权擅自发出变更指示，而承包人有权根据自己的专业判断，向监理人提交合理化建议说明以及实施该建议对合同价格和工期的影响。可见，承包人对工程变更享有建议权和申请权，是工程变更的执行者，工程能否变更以及怎样变更的决定权还是掌握在发包人的手中，即发包人享有变更权。《最高人民法院关于审理建设工程施工合同纠纷适用法律问题的解释（一）》第20条的规定："当事人对工程量有争议的，按照施工过程中形成的签证等书面文件确认。承包人能够证明发包人同意其施工，但未能提供签证文件证明工程量发生的，可以按照当事人提供的其他证据确认实际发生的工程量。"因此，承包人要通过工程变更的方式保障自己的合法权益就必须及时获得发包人对变更文件的批复和认可。

实践中，发包人往往因为合同对变更项目价款没有约定或约定不明、工程材料变更单价没有约定、是否构成重大变更约定不明等种种原因，对承包人提交的变更建议或变更申请文件长期不予批复，从而因工程变更产生合同纠纷。正如在某高速公路项目施工过程中，发包人A公司通知承包人B公司将某路段路基施工变更为桥梁施工，从而增加合同价款1 000万元，但在双方施工总承包合同中约定"合同内的工程变更超过合同总金额5%的部分构成重大变更，低于5%的，发包人不予调整合同价款"。B公司将变更签证资料提交发包人A公司以后，A公司认为增加的1 000万元变更合同价款不足合同总金额的

5%，不予批复，B 公司则认为变更部分由某路段路基施工变更为桥梁施工，已经超出了合同约定的范围，属于合同外工程变更，应当予以调整，双方发生争议，诉至法院。因此，要解决发包人长期不批复变更文件的问题，避免发包人和承包人之间因工程变更引起纠纷，作为承包人：一是应当根据项目实际情况，充分考虑工程项目内外部可能影响变更产生的各种因素，与发包人进行协商，在合同专用条款中进行详细约定，对于无法详细约定的事项，可以约定参照某种标准；二是在施工过程中对于变更事项及时与监理单位进行沟通，争取获得监理单位的支持；三是向发包人发函，告知不批复变更文件的后果，并请发包人在合理时间内答复，否则视为同意变更；四是在变更影响正常施工的情况下，及时告知发包人，并合理行使“停工权”；五是及时向发包人提起索赔申请。

48. 建设工程长期无法审计，导致项目无法结算，承包人如何应对？

专家解读

最高人民法院在《2015 年全国民事审判工作会议纪要》中指出，依法有效的建设工程施工合同，双方当事人均应依约履行。除合同另有约定，当事人请求以审计机关作出的审计报告、财政评审机构作出的评审结论作为工程价款结算依据的，一般不予支持。合同约定以审计机关出具的审计意见作为工程价款结算依据的，应当遵循当事人缔约本意，将合同约定的工程价款结算依据确定为真实有效的审计结论。可见，以审计结论作为结算工程价款的依据，应当在建设工程施工合同中予以明确约定。但实践中却经常出现审计时间不明确、审计机构选择不明确或者只有在发包人招标文件中对以审计结论作为结算工程价款的依据提出了要求等，然而这些情况往往因约定不明导致长期无法审计，以致发包人与承包人在结算工程价款时发生争议。正如 A 公司（承包人）诉 B 公司（发包人）建设工程施工合同纠纷案中，A 公司向人民法院诉请 B 公司支付其剩余建设工程价款，但 B 公司答辩称：双方在建设工程施工合同中约定“工程价款在报双方认可的审计部门在 30 个工作日内审计，审计结束后 30 个工作日内支付至审定金额的 95%”，因双方未就审计部门的选定达成一致，约定的付款时间实际上无法确定，请求驳回 A 公司诉求。最终法院一审判决认为付款时间约定不明，驳回了 A 公司的主张。

虽然《国务院办公厅关于促进建筑业持续健康发展的意见》（国办发〔2017〕19 号）指出，审计机关应依法加强对以政府投资为主的公共工程建设项目的审计监督。政府投资项目的建设单位，不得将未完成审计作为延期工程结算、拖欠工程款的理由。但目前司法实践中，并不影响当事人双方在建设工程施工合同中约定以审计结论作为工程价款结算的依据。因此，大多数建设工程施工合同仍然会设置“各方均同意结算价最终以相关部门审定的费用为准”、“最终结算以财政审计审定的结算价为准”、“竣工结算经审计部门审计后，半年内工程价款支付至项目审定结算价款的97%”等约定。但在发生争议时，这些约定却因过于简单导致承包人难以根据约定来要求发包人及时进行审计，或者即使审计部门得出了审计结论，却因审计扣减等问题，无法就审计结论达成一致，最终导致建设工程迟迟不能办理结算，给承包人造成巨大经济损失。

综上，如果发包人在招标文件中要求以审计结论作为结算工程价款的依据，但又没有说明具体的审计期限等，那么承包人在投标策划时就可以通过招标人答疑的方式书面询问审计的条件、审计开始的期限和完成的期限以及审计单位等事项，并在投标文件中予以响应；如果已进入合同谈判阶段，承包人可以与发包人进行充分协商，尽可能将审计的条件、方式、期限等事项在专用合同条款中进行约定。除此之外，建设工程项目能够及时进行审计还需要承包人保证工程质量，避免安全事故，及时履约。

49. 建设单位一直不下开工令，承包人如何应对？

专家解读

开工令是监理工程师下达的允许开工的书面通知文件，开工令签发的日期即工程的实际开工日期，是整个建设工程开始计算合同工期的起点。监理工程师下发开工通知通常需要该建设工程已具备开工条件，如施工图已审查完毕、施工组织设计或施工方案已审批、施工图纸已会审、现场“三通一平”及临时设施等已能满足施工要求、主要材料和施工机械设备已落实（或有所计划）、已办理施工许可证等，此外还应满足建设单位要求，并经建设单位同意。根据我国《建筑法》的相关规定，建设单位应当在领取施工许可证之日起三个月内开工，因故不能按期开工的，应当向发证机关申请延期，既不开工又不申请延期的，施工许可证自行废止。因此，建设单位一直不下开工令的根本原因是其不具备开工条件。

实践中，建设单位在建设工程施工合同中一般都是较为强势的一方，承包人要想获得工程施工任务，往往会在合同协商过程中不断妥协。因此，建设单位一直不下开工令，往往损失最大的还是承包人。例如，A公司中标B公司发包的某工程施工项目，双方签订了建设工程施工合同，但合同中并未约定具体的开工日期，仅约定实际开工日期以监理工程师下发的开工令为准。合同签订后，A公司为能够尽快施工，形成施工产值，提前就该工程所需材料、设备等与供应商进行了协商，但B公司却以施工许可证尚未办理为由一直不下开工令，导致A公司无法进场施工，遂产生纠纷。还有的案件中A公司中标B公司发包的某工程后，B公司要求A公司与其指定分包商进行分包，因A公司无法与该指定分包商就个别合同条款达成一致，B 公司拒不下发开工令，导致项目迟迟不能开工，遂产生纠纷。

虽然《最高人民法院关于审理建设工程施工合同纠纷案件施工法律问题的解释（一）》第 8 条对当事人对建设工程开工日期有争议的情况作出了规定：开工日期为发包人或者监理人发出的开工通知载明的开工日期；开工通知发出后，尚不具备开工条件的，以开工条件具备的时间为开工日期；因承包人原因导致开工时间推迟的，以开工通知载明的时间为开工日期等。但在多数情况下还应当综合考虑开工报告、合同、施工许可证、竣工验收报告或者竣工验收备案表等载明的时间并结合是否具备开工条件的事实认定开工日期。

综上，对于建设单位一直不下开工令的问题，承包人一是在投标前就应当充分了解该工程项目的具体情况，比如建设工程用地审批手续是否已经办理以及规划许可证是否已经办理等；二是仔细研读招标文件的各项要求，并在投标文件中真实响应招标文件，切勿弄虚作假；三是在项目中标后，与建设单位充分协商，并在建设工程施工合同中详细约定开工时间或者开工令下发的条件以及因建设单位原因导致无法开工的违约责任，并督促建设单位及时办理施工许可证、征地拆迁等相应手续；四是及时做好过程签证，因开工时间问题发生争议时，及时与建设单位进行协商，协商不成时要及时采取法律手段进行止损。

50. 面对建设工程项目审计核减问题，承包人该如何应对？

专家解读

关于工程项目的审计，根据《审计法》的相关规定，审计机关对政府投资和以政府投资为主的建设项目的预算执行情况和决算，对其他关系国家利益和公共利益的重大公共工程项目的资金管理使用情况和建设运营情况，进行审计监督；《住房和城乡建设部办公厅关于印发工程造价改革工作方案的通知》中也指出，要共同完善投资审批、建设管理、招标投标、财政评审、工程审计等配套制度，推进工程造价改革。实践中，很多工程建设项目也都在建设工程施工合同中明确约定以审计结论作为最终结算工程价款的依据。虽然当事人约定以审计结论作为结算工程价款的依据目前已成为建设工程领域的常态，但因审计单位往往是具有审计职能的政府部门或者具有工程审计资格的第三方，审计结论经常与工程结算金额出现较大偏差，尤其是建设工程项目因审计核减工程价款比例过高导致的纠纷层出不穷。例如，A 公司（承包人）与 B 公司（发包人）建设工程施工合同纠纷案中，关于确认结算价款的问题，A 公司就在辩论中提出，B 公司所称的审计核减意见是双方签字盖章确认结算价款后，B 公司上级单位单方面的意见，且与工程量事实和计价规则不符，不能否认双方已经确认的工程结算价款。

当建设工程施工合同约定以审计结论作为结算工程价款的依据时，在工程审计中核减的现象是比较普遍的，即最终审计人员的审定金额低于建设单位或施工单位所做的预算标的额和竣工结算价。而出现核减的原因：一是审计人员往往受“挤干水分”的思想影响，尽量采取最低的标准对报送的工程价款结算资料进行审定，人为导致核减的产生；二是施工单位往往为追求经济利益，通过提高定额计算标准或其他方式来增加工程造价导致的核减；三是因建设单位对建设工程施工图纸等没有深入研究或对施工所需技术等了解有限，导致工程量重复计算等引起的核减。因此，建设单位为了对最终结算价款进行控制，往往在建设工程合同中就审减率作出相应约定，比如：审计核减金额小于等于送审价的 5%，审计费用由发包人支付；审计核减金额大于送审价的 5%，审计费用由承包人承担；等等。

鉴于工程审计是对施工单位报送的工程结算价款的审核，目的一般是促使建设项目能够实现“质量高、速度快、效益好”的目标，因此工程结算资料是否完备、是否合规以及是否符合建设工程施工合同的约定等便成了建设工程项目审计核减的重要影响因素。例如，A 公司（施工单位）与 B 公司（建设单位）签订了 EPC 总承包合同，约定总价包干，且工程价款以政府部门审计为准。但在该项目所在地的市领导考察项目时认为项目装修工程中的木质龙骨要改为不锈钢龙骨，从而增加变更工程价款 1000 万元，并通过组织建设单位和施工单位以会议纪要的形式确定。但审计单位审定时以合同总价包干条款为由，对报送的增加变更工程价款予以审减，A 公司不服，诉至法院要求 B 公司根据会议纪要支付变更工程价款。最终法院判决驳回了 A 公司该项诉讼请求。综上所述，对于建设工程项目审计核减问题，承包人应当与建设单位就合同条款进行充分协商，将计价文件和计价标准等约定清楚，并在合同履约中做好相应工程签证。对于上述案例中的情况，可以通过签订补充合同的方式重新确定变更工程的计价方式；尽可能在合同中明确审计单位，并在合同谈判前，提前了解审计单位的审计原则和审计方式，通过完善工程签证的方式避免审计核减问题的出现。

51. 施工过程中如何加强工程签证管理?

专家解读

建设工程项目往往具有建设周期长、规模大、内容复杂等特点，这些特点导致施工过程中产生大量的工程签证。工程签证是否完善将会影响到工程价款结算能否办理，从而影响承包人在建设工程价款结算中能否保障自己的合法权益。《建设工程价款结算暂行办法》中规定：工程价款结算应按合同约定办理，合同未约定或约定不明的，发、承包双方应依照下列规定与文件协商处理，其中就包括建设项目的合同、补充协议、变更签证和现场签证；发包人要求承包人完成合同以外零星项目，承包人应在接受发包人要求的 7 天内就用工数量和单价、机械台班数量和单价、使用材料和金额等向发包人提出施工签证，发包人签证后施工，如发包人未签证，承包人施工后发生争议的，责任由承包人自负；发包人和承包人要及时对工程合同外的事项如实记录并履行书面手续。因此，工程签证一般包括现场签证和变更签证，《建设工程工程量清单计价规范》（GB 50500—2013）中 2.0.24 条将现场签证定义为“发包人现场代表（或其授权的监理人、工程造价咨询人）与承包人现场代表就施工过程中涉及的责任事件所作的签认证明”，而变更签证一般是指发包人现场代表与承包人现场代表在施工合同履行过程中对合同条款或者合同条款以外因变更工程量或工程价款等必须签署的相关书面文件。

实践中，由于很多承包人证据意识淡薄，多惮于发包人在履约中的强势地位，未能及时并严格按照施工合同所约定的签证要求完成现场签证，未能对变更工程以书面变更协议、工程签证单等方式予以明确，导致发生纠纷时难以通过工程签证方式提供直接证据，而在司法鉴定中也往往因签证不足导致部分事实无法确认。鉴于此，承包人在施工过程中要做好工程签证管理：一是要完善工程签证的合同条款，通过合同条款对有关工程签证的范围、申请和审批时限、签证主体、程序、规范格式、发包人原因导致无法签证的违约责任等加以明确；二是要完善授权管理，在根据法律法规规定或合同约定进行工程签证时要确保签证人有权进行签证；三是确保签证内容真实清楚、签证程序完备，切勿弄虚作假；四是重视隐蔽工程和核减部分的工程量签证，一定要在蔽工程隐蔽前进行核实，切勿拖延，避免产生纠纷；五是注意变更签证是否构成合同条款的实质性变更，如果构成实质性变更，应当及时与发包人协商，签订补充协议对变更事项进行固定；六是强化建设工程项目精细化管理。

52. 发包方明示或暗示指定承包方、供应商，该如何处理？

专家解读

关于发包方明示或暗示指定承包方、供应商的问题，一直以来都是施工总承包项目中比较普遍的现象，尤其是在一些垄断性、专业性较强的项目或有较大利润空间的项目中更为明显。但《建筑法》规定，政府及其所属部门不得滥用行政权力，限定发包单位将招标发包的建筑工程发包给指定的承包单位，违反规定的，由上级机关责令改正，构成犯罪的，依法追究刑事责任；按照合同约定，建筑材料、建筑构配件和设备由工程承包单位采购的，发包单位不得指定承包单位购入用于工程的建筑材料、建筑构配件和设备或者指定生产厂、供应商。因此，发包方明示或暗示指定承包方、供应商是我国法律法规明令禁止的行为。住房城乡建设部印发的《关于落实建设单位工程质量首要责任的通知》指出，建设单位要严格执行工程发包承包法规制度，不得违规指定分包单位，不得指定按照合同约定应由施工单位购入用于工程的建筑构配件、建筑材料和设备或者指定生产厂、供应商，对建设单位违反相关法律法规及本通知规定的行为，要依法严肃查处，并追究其法定代表人和项目负责人额责任，涉嫌犯罪的追究刑事责任。《关于进一步加强房屋建筑和市政基础设施工程招标投标监管的指导意见》指出，招标人不得指定分包或肢解工程。《工程建设项目施工招标投标办法》第 66 条规定，招标人不得直接指定分包人。《工程项目建设管理单位管理暂行办法》第 8 条规定，工程项目建设管理单位及其工作人员不得以任何方式指定分包单位，不得强行要求承包单位购买其指定厂家生产的材料、设备。《公路工程施工分包管理办法》第 12 条规定，任何单位和个人不得违规指定分包。《公路建设市场管理办法》第 38 条规定，施工单位可以将非关键性工程或者适合专业化队伍施工的工程分包给具有相应资质的单位，并对分包工程负连带责任。任何单位和个人不得违反规定指定分包、指定采购或者分割工程。《公路建设监督管理办法》第 19 条规定，公路建设项目法人必须依法开展招标活动，禁止指定分包和指定采购；《公路建设项目代建管理办法》第 18 条规定，项目法人不得违反合同约定要求代建单位和施工单位指定分包或者指定材料、设备供应商。《房屋建筑和市政基础设施工程施工分包管理办法》第 7 条规定，建设单位不得直接指定分包工程承包人。任何单位和个人不得对依法实施的分包活动进行干预。《铁路建设工程招标投标实施办法》第 62 条规定，招标人不得对中标人的中标工程指定分包或将任务切割。《最高人民法院关于审理建设工程施工合同纠纷案件适用法律问题的解释（一）》第 13 条规定，发包人提供或者指定购买的建筑材料、建筑构配件、设备不符合强制性标准以及直接指定分包人分包专业工程造成建设工程质量缺陷的，应当承担过错责任。承包人有过错的，也应当承担相应的过错责任。

实践中，鉴于发包方在施工总承包项目中处于强势地位，总承包人在面临发包方指定承包方、供应商时往往不得不妥协，但因指定承包商、供应商违反法律规定，发包方并不会通过书面签证的形式予以确认，也不会采用与总承包单位、分包单位签订“三方协议”的方式（《关于进一步加强建筑市场监管工作的意见》指出，严禁建设单位指定工程分包单位，承包单位对其承包范围内的部分专业工程依法进行分包时，建设单位不得指定分包单位，不得要求承包单位购入其指定的建筑材料、构配件和设备，不得采用与总承包单位、分包单位签订“三方协议”的方式变相指定分包单位），最终指定承包方、供应商的问题往往会被合法形式所掩盖，导致总承包人在面对发包方指定承包方、供应商时非常被动，一旦发生纠纷，往往处于不利地位。对此，笔者建议：一是充分考察发包方的资信情况，确保自身对指定承包方、供应商的款项支付有保障；二是完善合同条款，在总承包合同中设置类似“非经总承包人同意，发包人不得将款项直接支付给专业承包人、劳务承包人以及供应商等第三方”的约定，从而加强对指定承包方、供应商的支付管理；三是加强对指定承包方、供应商的管理，要求指定承包方、供应商严格按照合同履约，如果出现违约行为，要及时向发包方发函，并按照合同约定向指定承包方、供应商主张违约责任；四是在与指定承包方、供应商签订分包合同或采购合同时，合理设置付款条件或付款期限条款；五是加强对指定承包方、供应商过程履约资料的审核。

53. 工程质量保证金与工程质量保修金有何区别?

专家解读

工程质量保证金是指发包人、承包人在建设工程施工合同中约定由发包人预留一定比例的工程款，用以保证承包人在缺陷责任期内对建设工程质量缺陷进行维修的资金，是一种资金担保方式。工程质量保修金是指用以维修在保修期限、保修范围内出现质量问题的所建工程的资金，可由发、承包人约定是否在质量保修期内缴纳或预留。

工程质量保证金是对工程质量本身的担保，而质量保修金则倾向于对工程的长期维护。工程质量保证金对应的是瑕疵担保责任，工程质量保修金对应的是保修责任，法律已明确发包人可以提前预留工程质量保证金（不高于工程价款结算总额的3%），但现有法律并未要求承包人在质量保修期内预留质量保修金。工程质量保证金对应的是缺陷责任期，工程质量保修金对应的是质量保修期，实务中区分工程质量保证金与工程质量保修金的关键在于区分缺陷责任期与质量保修期。

首先，两个期限的长短不同，缺陷责任期一般为1年，最长不超过2年，而质量保修期不同于缺陷责任期的整体保障期限，对于同一建设工程在正常使用条件下的最低保修年限因工程性质和部位不同而不同，如地基基础工程和主体结构工程以设计文件规定的合理使用年限为准，最长可达数十年，防水工程的质量保修期为5年，电气管线、装修工程等的质量保修期为2年。其次，施工单位在两种期限内所承担的责任范围不同，缺陷责任期内施工单位仅对由自身原因造成的缺陷承担维修责任，如工程质量不符合设计文件或合同约定等，对于该缺陷是否影响工程整体使用、出现现实质量问题等，法律并未规定；质量保修期内施工单位只对已经实际出现的质量问题履行保修义务并赔偿损失。

54. 工程质量保证金返还期限及数额有何规定?

专家解读

根据住房城乡建设部、财政部印发的《建设工程质量保证金管理办法》规定，发包人应按照合同约定方式预留保证金，保证金总预留比例不得高于工程价款结算总额的3%。保证金预留、返还方式，预留比例、期限，保证金是否计付利息等内容由发包人与承包人在合同条款中进行约定。

缺陷责任期是发包人返还工程质量保证金的期限。缺陷责任期从工程通过竣工验收之日起计。由于承包人原因导致工程无法按规定期限进行竣工验收的，缺陷责任期从实际通过竣工验收之日起计。由于发包人原因导致工程无法按规定期限进行竣工验收的，在承包人提交竣工验收报告90天后，工程自动进入缺陷责任期。缺陷责任期到期后，承包人可向发包人申请返还工程质量保证金。发包人接到申请后，应于14天内会同承包人按照合同约定的内容进行核实。如无异议，发包人应当按照约定将工程质量保证金返还给承包人。对返还期限没有约定或者约定不明确的，发包人应当在核实后14天内将工程质量保证金返还承包人，逾期未返还的，依法承担违约责任。发包人在接到承包人返还工程质量保证金申请后14天内不予答复的，经催告后14天内仍不予答复，视同认可承包人的返还工程质量保证金申请。

《最高人民法院关于审理建设工程施工合同纠纷案件适用法律问题的解释（一）》第17条规定："有下列情形之一，承包人请求发包人返还工程质量保证金的，人民法院应予支持:（一）当事人约定的工程质量保证金返还期限届满;（二）当事人未约定工程质量保证金返还期限的，自建设工程通过竣工验收之日起满二年;（三）因发包人原因建设工程未按约定期限进行竣工验收的，自承包人提交工程竣工验收报告九十日后当事人约定的工程质量保证金返还期限届满；当事人未约定工程质量保证金返还期限的，自承包人提交工程竣工验收报告九十日后起满二年。"

55. 缺陷责任期和质量保修期有何区别?

专家解读

缺陷责任期是指承包人按照合同约定应当承担的工程缺陷修复义务的期限。在缺陷责任期内，发包人会扣留质量保证金。一般来说，缺陷责任期从工程通过竣工验收之日开始计算，若因发包人原因导致工程无法竣工验收的，则在承包人提交竣工验收报告90天后，工程自动进入缺陷责任期。缺陷责任期的长度一般为1年，最长不超过2年，具体由发、承包双方在合同中约定。

质量保修期是指承包人按照合同约定对工程承担保修责任的期限。建设工程的质量保修期，自竣工验收合格之日起计算。若因为发包人原因导致竣工结算无法办理，则以承包人提交竣工验收报告之日或发包人实际占有使用工程之日起算。

两者的主要区别在如下。

（1）缺陷责任期是发包人返还工程质量保证金的期限。工程质量保证金与缺陷责任期有关，与质量保修期无关。工程质量保证金本质上是一种担保，是承包人保证自己在缺陷责任期内履行质量保修义务的一种担保。工程质量保证金归承包人所有，在缺陷责任期满后由发包人归还给承包人。

（2）缺陷责任期和质量保修期的时间期限不同。缺陷责任期自工程通过竣工后开始起算，一般为 1 年，最长不超过 2 年，由发、承包双方在合同中约定；质量保修期也是自工程通过竣工后开始起算，但应满足《建设工程质量管理条例》的法定最低要求，地基基础和主体结构的保修期最低为设计文件规定的合理使用年限，屋面防水和保温的质量保修期最低为 5 年，供冷供热系统的质量保修期最低为 2 个采暖期、供冷期，设备安装和装修工程的质量保修期最低为 2 年。双方约定的质量保证期，低于国家法律规定的，该约定无效。

（3）质量保修期较缺陷责任期更长。在缺陷责任期内，两者是重合的。缺陷责任期满，发包人返还工程质量保证金，但返还后承包人仍负有保修义务，只是保修费由承包人直接支付，没有资金担保。

56. 施工单位如何承担保修责任？

专家解读

《建设工程质量管理条例》第 41 条规定："建设工程在保修范围和保修期限内发生质量问题的，施工单位应当履行保修义务，并对造成的损失承担赔偿责任。"因此，保修责任实质上是施工单位的法定保修义务。《房屋建筑工程质量保修办法》第 9 条规定："房屋建筑工程在保修期限内出现质量缺陷，建设单位或者房屋建筑所有人应当向施工单位发出保修通知。施工单位接到保修通知后，应当到现场核查情况，在保修书约定的时间内予以保修。"《建筑法》第 62 条规定："建筑工程实行质量保修制度。建筑工程的保修范围应当包括地基基础工程、主体结构工程、屋面防水工程和其他土建工程，以及电气管线、上下水管线的安装工程，供热、供冷系统工程等项目；保修的期限应当按照保证建筑物合理寿命年限内正常使用，维护使用者合法权益的原则确定。具体的保修范围和最低保修期限由国务院规定。"

《建设工程质量管理条例》第 40 条规定："在正常使用条件下，建设工程的最低保修期限为：（一）基础设施工程、房屋建筑的地基基础工程和主体结构工程，为设计文件规定的该工程的合理使用年限；（二）屋面防水工程、有防水要求的卫生间、房间和外墙面的防渗漏，为5年；（三）供热与供冷系统，为2个采暖期、供冷期；（四）电气管线、给排水管道、设备安装和装修工程，为2年。”

与因为质量问题施工人承担的工程质量责任不同，保修责任实质上是施工人负有的法定保修义务，施工人承担保修责任并非必然承担工程质量责任（只有当工程质量问题是因施工人原因造成时，施工人才自费维修）。

57. 合同条款中涉及的审计与审价有何区别?

专家解读

审计主要是指竣工决算审计，主要依据《审计法》和审计署的《国家基本建设项目竣工决算审计工作要求（暂行）》进行。基建审计内容：（1）竣工决算编制依据；（2）项目建设及概（预）算执行情况；（3）建设成本；（4）交付使用资产；（5）尾工工程；（6）结余资金；（7）基建收入；（8）投资包干结余；（9）投资效益评价。主要根据国家《审计法》和相关规定，对建设项目竣工决算进行审计，主要审查概（预）算在执行中是否超支、超支原因、有无隐匿资金；隐瞒或截留基建收入和投资包干结余以及以投资包干结余名义分基建投资之类的违纪行为等。

审价指工程造价审价，主要根据国家有关法规和政策，依据国家建设行政主管部门颁发的工程定额工料消耗标准、取费标准以及人工、材料、机械台班价格参数、设计图纸和工程实物量进行，是对工程造价确认和控制进行有效的监督检查。在工程项目实施阶段，以承包合同为基础，在竣工验收后结合施工变更、工程签证等情况，作出符合施工实际的竣工造价确定结果。它是承、发包双方结算的依据，也是工程决算的基础资料和依据。《建筑工程施工发包与承包计价管理办法》第18条规定，工程完工后，应当按照下列规定进行竣工结算：

（1）承包方应当在工程完工后的约定期限内提交竣工结算文件；

（2）国有资金投资建筑工程的发包方，应当委托具有相应资质的工程造价咨询企业对竣工结算文件进行审核，并在收到竣工结算文件后的约定期限内向承包方提出由工程造价咨询企业出具的竣工结算文件审核意见；逾期未答复的，按照合同约定处理，合同没有约定的，竣工结算文件视为已被认可。

审计与审价的区别主要体现在以下方面。（1）依据不同，审计主要依据《审计法》和审计署发布的《国家基本建设项目竣工决算审计工作要求》进行，主要根据国家有关法规和政策，依据国家建设行政主管部门颁发的工程定额工料消耗标准、取费标准以及人工、材料、机械台班价格参数、设计图纸和工程实物量进行。（2）审核标的不同，审计以基建项目为标，包括对资金来源、基建计划、前期工程、征用土地、勘察设计、施工实施的一切财务收支；审计主要以单位工种为标的，围绕对单位工程造价的合理性进行。（3）从业人员不同，审计以会计师、审计师为主；审价以工程经济和工程技术人员为主。（4）法律关系不同，审计计机关和被审计单位是一种审计行政法律关系，审计机关的审计监督只对被审计单位产生法律效力，对其他单位不产生连带法律约束力；审价行为是一种民事法律关系，是以承包合同为基础，对工程造价的合理性进行审查的行为。（5）目的不同，审计的目的是对公有制投资者资金进行有效的控制，主要在于防止投资者出现滥用职权截留转移资金，造成建设资金流失等违法违规行为，其本质是一种监督行为；审价是运用科学、技术原理和经济法律手段，解决工程建设活动中工程造价的确定与控制问题，从而达到提高投资效益的经济效益目的，其本质是一种确定工程造价的行为。

长期以来，建设单位存在因未完成审计而延期工程结算、拖欠工程款的问题，根据《国务院办公厅关于促进建筑业持续健康发展的意见》（国办发〔2017〕19号文）中关于规范工程价款结算的要求，审计机关应依法加强对以政府投资为主的公共工程建设项目的审计监督，建设单位不得将未完成审计作为延期工程结算、拖欠工程款的理由。未完成竣工结算的项目，有关部门不予办理产权登记。对长期拖欠工程款的单位不得批准新项目开工。严格执行工程预付款制度，及时按合同约定足额向承包单位支付预付款。通过工程款支付担保等经济、法律手段约束建设单位履约行为，预防拖欠工程款。

58. 有各方盖章的会议纪要能否视为合同的补充文件？

专家解读

会议纪要是日常工作中常见的一种文件形式，按照种类可以分为办公会议纪要、工作会议纪要、汇报会议纪要、协商会议纪要、研讨会议纪要等多种形式。本书主要讨论的是协商会议纪要，即用于记载协商性会议所取得的共识以及议定事项的会议纪要。该类会议纪要的形成及盖章用印即意味着参会各方对会议纪要中所记叙的内容予以认可。

依据《民法典》第143条规定："具备下列条件的民事法律行为有效：（一）行为人具有相应的民事行为能力；（二）意思表示真实；（三）不违反法律、行政法规的强制性规定，不违背公序良俗。"即若各方盖章的会议纪要不存在违反法律、行政法规的强制性规定和违背公序良俗的情况，则该会议纪要商定的内容是有效的。最高人民法院在"（2016）最高法民终470号"民事判决书中认为：会议纪要是双方当事人的真实意思表示，对双方当事人均具有法律约束力；会议纪要是一份书面文件，可以作为体现合同内容的书面形式，至于其名称是否称为合同，对于该文件是否构成一份合同，并没有实质的决定意义。会议纪要虽然并未称为合同，且通常只是记录会议或磋商谈判的过程和所达成的原则性意见，但如果其内容涉及当事人之间设立、变更或终止民事权利义务关系，是各方当事人的一致意思表示，且该意思表示的内容具体明确，具有可执行性，当事人并无排除受其约束的意思，则具备了民事合同的要件，可以构成一份法律上认可的合同。

《建设项目工程总承包合同（示范文本）》（GF-2020-0216）通用条款第 1.1.1.10 条中对“其他合同文件”的表述为：经合同当事人约定的与工程实施有关的具有合同约束力的文件或书面协议。综上所述，合同的补充文件可以存在多种表达方式，不一定要求必须按照合同格式拟就，各方盖章的会议纪要，在不违反法律、行政法规的强制性规定以及不违背公序良俗情况下，因其对合同各方均有约束力所以可以构成合同的补充文件，各方对此另有约定的除外。

59. 建设工程签证的概念是什么，法律效力如何？有效的建设工程签证应包括哪些内容？

专家解读

建设工程签证是指在建设工程合同履行过程中，承、发包双方对增减工程量、增减合同价款、支付各种费用、顺延工期、承担违约责任、赔偿损失等原合同未约定的事项进行确认的书面文件。

从性质上看，建设工程签证是原建设工程合同的变更或者补充约定。首先，在建设工程合同履行的过程中，由于双方无法预料的不确定性等情况，工程量在签订合同之时完全确定，为了能够使项目工程更加符合国家的规划条件、消防安全要求、发包人的需求等，双方必须对工程进行局部调整，并对调整部分进行重新约定或补充约定；其次，从形式上看，建设工程签证包括承、发包双方主体、工程量的变化、费用的变化、工期的变化等权利义务，符合《民法典》中有关合同的特征。再次，建设工程签证是承、发包双方真实的意思表示，双方均应受到签证的约束。最后，建设工程签证可以作为合同结算时增减合同价款的依据。有效的建设工程签证应包括以下内容。

（1）主体合格。首先，建设工程签证主体必须是建设工程合同的当事人，即发包人及其委托的监理、承包人；其次，建设工程签证必须由承、发包双方当事人签字盖章。

（2）内容合法。首先，建设工程签证的内容必须是涉及建设工程合同权利义务的变更，如工期顺延、费用变化、工程量变化等，而不能是主体的变更；其次，建设工程签证的内容不能对原建设工程合同权利义务进行实质性变更；最后，建设工程签证的内容不得违反国家强制性法律规定，也必须符合《民法典》关于合同生效的各项要件。

（3）意思表示真实。建设工程签证的出具必须是承、发包双方协商一致的结果，在其上签字的主体应当得到建设工程合同当事人合法有效的授权。

（4）形式要件完备。根据《民法典》第 789 条的规定："建设工程合同应当采用书面形式。"作为建设工程合同的补充协议，签证也必须采用书面形式。

60. 工作联系单、催款函、结算报告等签证递交给发包人后，其不签回执怎么办？

专家解读

建筑工程合同履约过程中，不少承包人会遇到这样的问题：发包人为规避自身责任，延迟履行义务，对承包人发送的工作联系单、工程变更签证、竣工报告、结算报告、催款函等关键性文件拒收或拒签回执。而该类文件材料中的大部分又必须由承包人提交发包人后才发生效力，或者提交时间须作为发包人审核材料的起算时间点。例如《建设工程价款结算办法》第 14 条规定，单项工程竣工后，承包人应在提交竣工验收报告的同时，向发包人递交竣工结算报告及完整的结算资料，发包人应按以下规定时限进行核对（审查）并提出审查意见。工程竣工结算报告金额和审查时间为 5 000 万元以上从接到竣工结算报告和完整的竣工结算资料之日起 60 天。若发包人一直不接收竣工结算等相关资料，则可能导致竣工结算时间无限延后，使承包人利益受损。为充分保护好自身利益，承包人应从事前防控和事后救济两个方面采取相应的措施防控好相关风险。

事前防控是指在合同签署过程中应在合同文本中对发包人文件接收人、接收人联系电话、接收地址、接收邮箱予以明确，并要求保证真实性。若发包人在项目现场设现场负责人，也可以在合同中约定现场负责人作为文件签收人，现场负责人的办公室地址作为文件接收地址。若在合同文本中能约定发包人无正当理由拒收或拒签承包人报送的合理合法文件资料而应承担的法律后果则最佳。

事后救济是指当发包人无正当理由拒收或拒签相关文件时，承包人可以采取三种方式将文件送达。

一是发送电子邮件，即将一般性且易转化为电子档的文件以电子文件的形式发送至合同中约定的发包人文件接收邮箱，比如催款函、承包人因发包人迟迟不下达开工令或复工令导致现场出现窝工情况而发送的工作联系单等。

二是通过邮政特快专递服务（EMS）送达，对非保密性的材料采用 EMS 寄送送达，送达地址为合同约定地点或者发包人办公地。但采用 EMS 寄送方式一定程度上存在丢失原件的风险，因此建议采用 EMS 寄送方式送达的文件尽可能为丢失后可以另行制作原件的文件。

三是邀请公证人员送达，即邀请文件送达地址所在地或发包人所在地公证人员共同前往文件送达处，将需提交材料向发包人相关工作人员当面递交，公证人员现场进行拍照及签字认证等。

四是请求行政主管单位协调，对于在地方住建部门备案的、合同总额较大的项目，若发包人拒收或拒签结算报告、竣工报告、催款函等影响项目收尾或农民工利益的材料，可向地方住建部门投诉，请求住建部门协调解决。

五是法律诉讼方式，收集相关证据，根据实际情况，通过法律诉讼方式进行维权。其中第二、三、四、五种方式对合同中未约定文件送达相关条款的情况也适用。第三、五种方式可能会较为严重影响双方关系，承包人须根据双方合作关系情况慎重使用。

另需要注意的是并非所有类型的材料都有法定审核时间，对没有法定审核时间的材料发包人仍可以只收不审。此外对于已规定了法定审核时间的材料，若发包人未按规定时间完成审核，也可能无法追究发包人责任。例如:《建设工程价款结算办法》中仅对审核时间有规定，但对发包人未按法定时间审核完成并没有罚则;《最高人民法院关于审理建设工程施工合同纠纷案件适用法律问题的解释（一）》第 21 条中对发包人不按期答复竣工结算文件的法律后果同样强调需要“当事人约定”。因此建议承包人在合同谈判过程中，对发包人对重要事项的审核时间，以及对发包人不按期完成相关事项审核的处置方式等重要权益予以主张，并在合同中进行明确约定，以达到防控相关风险的目的。

61. 发包人、监理单位在签证单上签署“不同意追加费用”或“工期不予顺延”，承包人如何应对?

专家解读

施工单位向建设单位提出工程变更或费用索赔时须提交签证单，签证单应当有监理单位、发包人签署意见并加盖建设单位公章方为有效。一般发包人对签证单有三种处理方式：一是拒收，二是不理会，三是实质上不同意。

监理单位、发包人拒收。承包人可以通过 EMS 按双方合同约定的送达地址寄过去即可解决，注意快递单上注明邮寄内容、保留好对方收件回执。

发包人对施工单位的签证单既不同意也不提出任何意见，一般可按合同约定处理。《建设工程施工合同（示范文本）》（GF-2017-0201）通用条款第 19.2 条规定，监理人应在收到索赔报告后 14 天内完成审查并报送发包人。监理人对索赔报告存在异议的，有权要求承包人提交全部原始记录副本；发包人应在监理人收到索赔报告或有关索赔的进一步证明材料后的 28 天内，由监理人向承包人出具经发包人签认的索赔处理结果。发包人逾期答复的，则视为认可承包人的索赔要求。

发包人、监理单位在签证单上签署“不同意追加费用”或“工期不予顺延”，发包人的做法实质上是拒绝签证，则项目部（公司）要求增加费用或延长工期的目的就无法实现，出现这种情况承包人该如何应对呢？此时施工单位唯一的办法，也是最有效的办法就是及时申请审价机构对该部分签证价款进行审价，并及时向发包人提出异议。

62. 承包人未经设计变更擅自更改设计但工程合格，承包人是否有权主张工程款？

专家解读

工程验收是指在工程竣工之后，发包人和监理人根据建设工程合同约定，按照相关行业标准，对工程建设质量和成果进行评定的过程。交付竣工验收的建筑工程，必须符合规定的建筑工程质量标准，有完整的工程技术经济资料和经签署的工程保修书，并具备国家规定的其他竣工条件。参照《建设工程施工合同（示范文本）》（GF-2017-0201）对工程验收程序的约定，分部分项工程经承包人自检合格并具备验收条件的，承包人应提前 48 小时通知监理人进行验收；承包人向监理人报送竣工验收申请报告，监理人应在收到竣工验收申请报告后 14 天内完成审查并报送发包人；监理人审查后认为已具备竣工验收条件的，应将竣工验收申请报告提交发包人，发包人应在收到经监理人审核的竣工验收申请报告后 28 天内审批完毕并组织监理人、承包人、设计人等相关单位完成竣工验收；竣工验收合格的，发包人应在验收合格后 14 天内向承包人签发工程接收证书。因此，工程验收合格可视为发包人认可了承包人的施工结果。在 A 公司（承包人）诉 B 公司（发包人）建设工程施工合同纠纷案中，A 公司因在施工过程中擅自变更工程设计，但经验收合格，遂要求 B 公司支付工程价款，但 B 公司以 A 公司擅自变更设计为由反诉 A 公司违约，并要求 A 公司将工程恢复至原设计。最终一审法院认定 B 公司对 A 公司变更设计图纸并进行施工是明知且授意的，遂驳回了 B 公司的反诉请求。

根据法律法规的规定，在实践中发生承包人未经设计变更擅自改变设计的情况，如果工程监理人员认为工程施工不符合设计要求的，有权要求承包人予以改正；如果发包人认为承包人擅自变更设计的行为违反合同约定，也可以根据合同约定向承包人主张违约责任。因此，如果发包人不认可承包人未经设计变更擅自改变设计的行为，应当及时予以制止，并责令其返工，否则一旦验收合格，应当按照合同约定支付工程价款。

63. 施工合同约定建设工程质量获得“楚天杯”的奖罚条款，但最终获得“鲁班奖”（更高级别的奖项）的，承包人是否违约？

专家解读

如果严格按合同约定可以认为属于违约的情形。

工程质量评奖标准不属于国家强制标准，而是行业鼓励标准。工程质量评奖是在符合国家标准的前提下由建设单位或施工单位申报，有关行业协会组织评选的一种活动。根据法律规定，合同约定高于国家强制性标准的质量条款是有效的，如果合同明确工程质量达到“××奖”，则表明合同当事人对工程质量有高于国家标准的要求。施工单位如达不到该要求虽工程验收合格，但仍构成合同违约，应当承担违约责任。如施工单位完成的工程质量远远超过合同约定的标准和要求，获得更高级别的奖项，从设置该条款的目的来看，承包人所建工程获得“鲁班奖”属于超标准完成约定任务，不应当被认定为属于违约的情形。但从合同具体条文来看，也确属违约，建议施工单位应提前与建设单位沟通协商，充分了解建设单位申报该奖项的真正意图，以避免尽管获得更高奖项却被违约索赔。

施工单位在投标时应对于招标人关于质量创奖的要求有充分认识，编制施工组织设计和报价时都应认真研究技术、经济指标等因素。建设工程项目能否获奖存在很大的不确定性，首先名额有限，其次会增加成本，所以违约风险很大。

如果是工程中标后，发包方又与中标人另行约定，工程项目最终需获某奖项否则履约保证金不予退还，则该约定无效。因为该约定是对中标合同实质性内容的变更，应属无效。

64. “母揽子干”的项目，以子公司名义签订分包、买卖合同在法律上是否可行？

专家解读

母公司是指拥有另一个公司一定比例以上的股份或通过协议方式能够对另一个公司实行实际控制的公司。子公司是与母公司相对应的法律概念，是指一定比例以上的股份被另一个公司持有或通过协议方式受到另一个公司实际控制的公司。母、子公司都具有独立的法人资格，拥有自己财产、公司章程和董事会（或执行董事），以自己的名义开展经营活动、从事各类民事活动，独立承担公司行为所带来的一切后果和责任。在工程建设领域，由于《招标投标法实施条例》禁止母、子公司就同一项目同时进行投标，而大型建筑企业母公司的资质、资信、业绩、奖项等具备更强的竞争优势，因此项目投标时都会以母公司为投标主体参与项目竞标。项目中标后，母公司为节约管理成本、“防范风险”，又会将项目实际授权给子公司负责实施，即“母揽子干”。

针对这一情况，国家税务总局《关于进一步明确营改增有关征管问题的公告》规定：“建筑企业与发包方签订建筑合同后，以内部授权或者三方协议等方式，授权集团内其他纳税人（以下称“第三方”）为发包方提供建筑服务，并由第三方直接与发包方结算工程款的，由第三方缴纳增值税并向发包方开具增值税发票，与发包方签订建筑合同的建筑企业不缴纳增值税。发包方可凭实际提供建筑服务的纳税人开具的增值税专用发票抵扣进项税额。”意味着项目“母揽子干”在税务领域是可以实现的。那么这是否意味着“母揽子干”在法律上是被允许的?

住房城乡建设部曾就此问题专门请示全国人大法工委。2017 年 9 月，全国人大法工委以《对建筑施工企业母公司承接工程后交由子公司实施是否属于转包以及行政处罚两年追溯期认定法律适用问题的意见》（法工办发〔2017〕223 号，以下简称《意见》）函复：关于母公司承接建筑工程后将所承接工程交由其子公司实施的行为是否属于转包的问题。《建筑法》第 28 条、原《合同法》第 272 条（对应《民法典》第 791 条）、《招标投标法》第 48 条，这些法律条款对建设工程转包的规定是明确的。随后，住房城乡建设部印发的《建筑工程施工发包与承包违法行为认定查处管理办法》（建市规〔2019〕1 号）第 8 条明确，承包单位将其承包的全部工程转给其他单位（包括母公司承接建筑工程后将所承接工程交由具有独立法人资格的子公司施工的情形）或个人施工的情形，应当认定为转包。由此可知，“母揽子干”在法律上还是被明令禁止的。即使税务领域可以实现“母揽子干”，发包人也不会冒着违法违规的风险，允许子公司替代母公司履约并提供发票，特别是由政府实施的项目，此种方式根本无法通过审计部门审计。

也有观点认为，全国人大法工委和住房城乡建设部的发文仅针对建筑工程而非建设工程，例如地铁、公路、铁路等工程不在管辖之列。实际《民法典》第 791 条规定中明确：“……承包人不得将其承包的全部建设工程转包给第三人或者将其承包的全部建设工程肢解以后以分包的名义分别转包给第三人。”参考全国人大法工委《对建筑施工企业母公司承接工程后交由子公司实施是否属于转包以及行政处罚两年追溯期认定法律适用问题的意见》（法工办发〔2017〕223 号）释义，除建筑工程以外的其他建设工程“母揽子干”依旧存在被认定为转包或违法分包的风险。综上所述，“母揽子干”的项目，以子公司名义签订分包、买卖合同，从严格的法律意义上来讲是不可行的。

当然实际中，部分公司可能采取一些变通的方式实现“母揽子干”。例如母公司承揽项目后，项目主材、主要机械设备（特别是特种设备）以母公司名义进行采购或者租赁，再分别以劳务分包和专业分包的形式将项目交由一家或多家子公司负责实施。该种形式要注意三个问题。一是子公司资质应与其负责实施工程部分相匹配。二是若母公司以招标形式进行分包，则应注意招标过程须符合《招投标法》相关规定。三是子公司若是劳务分包，则不可再对下分包；子公司若是专业分包，则对下可以且仅可以进行劳务分包，同时子公司专业分包的工程子项必须是可以进行专业分包的部分。笔者认为，目前最为稳妥的做法是在业主允许建立联合体的情况下，母公司可以和下属子公司组成联合体共同参与投标，项目中标后，依据联合体协议共同负责项目的实施。

65. 项目部与村民委员会签订的临时用地协议是否有效？

专家解读

建设工程在实施过程中，部分处于偏远地区的项目为建设项目办公等、宿舍、料场等临时设施需要与村民委员会签订临时用地协议。对于该类协议是否有效，应结合《民法典》第 143 条规定来分析。

（1）行为人是否具有相应的民事行为能力？

项目部作为建设单位或施工单位的派出机构，可以根据建设单位或施工单位的授权作为适格的“民事主体”开展经济活动。所以本条分析的重点为村民委员会是否具备民事主体资格。《民法典》第 69 条规定：“本节规定的机关法人、农村集体经济组织法人、城镇农村的合作经济组织法人、基层群众性自治组织法人，为特别法人。”《村民委员会组织法》第 8 条第二款规定：“村民委员会依照法律规定，管理本村属于村农民集体所有的土地和其他财产……”因此村民委员会就村集体所有土地与项目部签订临时用地协议是适格的民事主体。

（2）意思表示是否真实？

村民委员会虽然可以作为适格的民事主体，但村民委员会实际是作为村民集体的代表，根据《村民委员会组织法》的相关规定，利用村集体土地签订临时用地协议应组织村民会议或村民代表会议讨论后决定，若仅有村民委员会同意，而村民委员会未按照相关法律要求提交相关会议讨论决定，也会造成临时用地协议的效力瑕疵。因此在签订相关协议前，项目部应查看村民委员会集体决策的相关材料，以确保表意的真实性。若需要向村民委员会支付土地租赁费，则应将租赁费支付至村民委员会对公账户，不能转入私人账户。

（3）双方签订的临时用地协议是否违反法律、行政法规的强制性规定，是否违背公序良俗？

《土地管理法》第 57 条规定：“建设项目施工和地质勘查需要临时使用国有土地或者

农民集体所有的土地的，由县级以上人民政府自然资源主管部门批准。其中，在城市规划区内的临时用地，在报批前，应当先经有关城市规划行政主管部门同意。土地使用者应当根据土地权属，与有关自然资源主管部门或者农村集体经济组织、村民委员会签订临时使用土地合同，并按照合同的约定支付临时使用土地补偿费。临时使用土地的使用者应当按照临时使用土地合同约定的用途使用土地，并不得修建永久性建筑物。临时使用土地期限一般不超过二年。”临时用地协议签订前应按照《土地管理法》第 57 条规定，向当地土地主管部门了解相关土地的性质、权属，并根据地方规定先行向相关主管部门申请并取得同意后再予以签订，且租赁时间不得超过两年，以免因临时用地协议违反法律规定而无效。

若临时用地涉及草地、林地应按照《草原法》、国家林业和草原局关于印发《建设项目使用林地审核审批管理规范》（林资规〔2021〕5 号）和《建设项目使用林地审核审批管理办法》（林资规〔2016〕42 号）的规定程序办理临时占用草地、林地的行政许可，按照《森林法》《森林法实施条例》的规定办理砍伐证。项目部在获得上述行政许可后，才能到国土资源部门办理临时用地的行政许可。

66. 项目部租赁村民自建房、居民商品房作为项目办公用房存在哪些法律风险？

专家解读

建设工程项目部项目办公用房一般为临时性设施，综合考虑成本、便捷性及项目区域位置等因素采用自建板房或者租赁附近写字楼、居民楼的形式设置。本书重点针对项目部通过租用村民自建房、居民商品房设置项目办公用房情况下的风险进行解析。

（1）房屋租赁合同无效或者存在可撤销的风险。租赁村民自建房主要的风险在于村民自建房易存在违反《土地管理法》第 62 条相关规定而被认定为违法建筑，或者房屋结构不符合安全、防灾等工程建设强制性标准（参考《商品房屋租赁管理办法》第 6 条），而导致租赁合同无效。居民商品房则可能存在租赁合同中的出租人无权出租的情况，比如转租人未经房屋所有权人同意而进行转租的，或者转租人超过其权限出租的。《民法典》第 717 条规定：“承租人经出租人同意将租赁物转租给第三人，转租期限超过承租人剩余租赁期限的，超过部分的约定对出租人不具有法律约束力，但是出租人与承租人另有约定的除外。”

房屋租赁合同无效或被撤销，可能导致项目部花费精力重新寻找项目办公用房以及主张装修等损失，一定程度上影响项目正常办公、管理，造成不必要的损失。因此承租村民自建房、商品房，在签订房屋租赁合同前，项目部应当严格审查建筑物是否有合法建设手续，是否为违法建筑，房屋结构是否满足安全、防灾、消防等相关要求，出租人是否为建筑物的合法权利人，应尽量避免从转租人处租赁房屋。同时在合同中对上述重要事项应设定相应的违约责任。

需要说明的是项目部租赁村民自建房、居民商品房用于办公不属于《民法典》第 279 条规定的“业主不得违反法律、法规以及管理规约，将住宅改变为经营性用房”的情形。

（2）消防安全管理责任风险。《机关、团体、企业、事业单位消防安全管理规定》第 8 条规定：“实行承包、租赁或者委托经营、管理时，产权单位应当提供符合消防安全要求的建筑物，当事人在订立的合同中依照有关规定明确各方的消防安全责任；消防车通道、涉及公共消防安全的疏散设施和其他建筑消防设施应当由产权单位或者委托管理的单位统一管理。承包、承租或者受委托经营、管理的单位应当遵守本规定，在其使用、管理范围内履行消防安全职责。”

村民自建房在建设过程中因竣工无须经消防验收，极少考虑房屋的结构是否满足消防要求，可能存在较大的消防安全隐患。项目部人员集中办公更是加剧了相关风险。而租赁居民商品房，因项目部在较小区域内集中办公，特别是部分项目的项目人员还要在商品房中做饭，这将大幅增加消防风险，对项目人员和周边居民人身财产造成威胁。因此项目部租赁村民自建房、居民商品房作为办公场所时，应注意排查建筑物的消防安全隐患，并在合同中以书面形式明确各方的消防安全责任，在合同签订后在约定的范围内履行好消防安全职责，避免在租赁期间因自身原因引发安全风险，承担法律责任。

（3）房屋安全管理责任风险。部分地区专门制定房屋安全管理规定等地方政府规章，明确房屋所有人为房屋安全责任人。房屋所有权人下落不明、权属不清的，房屋使用人为房屋安全责任人。

国家有关政策法规规定，房屋所有权人应承担房屋使用安全主体责任。房屋所有权人和使用人应正确使用和维护房屋，严禁擅自变动房屋建筑主体和承重结构。加强房屋使用安全管理，房屋所有权人或房屋使用人要定期对房屋安全进行检查。房屋实际使用人在房屋使用中发现的安全问题，应当及时通知房屋使用安全责任人，并配合做好房屋的检查、维护、安全鉴定和危险治理等。

项目部在租赁房屋特别是租赁村民自建房前应对房屋的结构安全进行检测，坚决不租赁存在安全隐患的房屋。同时在房屋租赁合同中可以与房屋所有权人以书面形式约定房屋使用安全责任。项目部在承租期内还应当合理使用房屋，为满足办公需要对房屋进行改造时应征得房屋所有权人同意，做好设计规划工作，履行好房屋使用安全责任。

（4）开设职工食堂不合规风险。为节约项目建设成本，保障职工生命健康，一般项目部会在项目部内部设立职工食堂。依据《食品经营许可管理办法》和《食品安全法》有关规定，“单位食堂指设于机关、事业单位、社会团体、民办非企业单位、企业等，供应内部职工、学生等集中就餐的餐饮服务提供者。单位食堂制作饭菜提供给内部职工食用属于从事餐饮服务活动”，“在中华人民共和国境内，从事餐饮服务活动，应当依法取得食品经营许可。国家对从事餐饮服务实行许可制度，旨在规范食品经营活动，保障食品安全，无论从事餐饮服务是否以营利为目的，都应当依法取得食品经营许可。”即在居民区设内部职工食堂也应依据相关法律法规依法取得食品经营许可。而实践中项目部在租赁村民自建房、居民商品房时容易忽视该事项，导致遭受行政处罚，例如 2017 年 5 月，中建七局某公司在居民区内开设职工食堂而未办理食品经营许可证，被南京市建邺区相关行政部门罚款 15 万元。因此项目部开设职工食堂还要依法取得食品经营许可。

（5）其他风险。除上述几项重要风险外，租赁村民自建房、居民商品房也应注意房租支付方式、押金退还、双方提前退租、续租、房屋维修保养责任等房屋租赁合同条款的约定。同时注意项目部办公不应对周边居民生活造成影响，以免引起周边居民投诉。

专题二　项目用工风险管理

中国被称为当代“基建狂魔”，虽然施工现场已经大量使用各种机械设施设备，但仍有大量工作需要靠人来完成，对人力资源数量的需求仍呈逐年上升的趋势。因此，当前建设工程行业仍属于劳动密集型产业，劳动用工方面存在很多现实问题和潜在法律风险亟待处理。

施工企业项目部的特点是人员流动性大、用工数量不均衡、涉及用工主体多、劳动关系复杂等，规范劳动用工管理与构建和谐社会、维护社会稳定密切相关。施工企业项目部必须从劳务工实名制、身份确认、体检、劳动合同备案、日常打卡考勤到工资支付，全过程规范管理，才能有效减少、避免劳动用工法律风险，保障企业与劳动者双方的合法权益，让劳动关系更加和谐，为维护社会和谐稳定起到促进作用。

解决劳动争议纠纷，要善于结合运用法律武器多措并举，用法治精神构建和谐的劳资关系，营造公平正义、劳有所得、奋发进取的劳动环境。

67. 项目部自聘劳务工如何签订合同？

专家解读

项目部用工主要有三种形式。一是企业“自有职工”，即签订劳动合同的正式职工，主要为项目重要管理人员。二是专业的劳务分包公司，主要以企业法人形式出现，从施工总承包或专业承包企业分包劳务作业或专业作业的分包企业，由其直接招收、管理和使用务工人员。三是由“包工头”带到工地劳动或者企业直接使用的零散用工，以农民工为主。此种用工方式法律风险较大。

《劳动法》第 16 条规定：“劳动合同是劳动者与用人单位确立劳动关系、明确双方权利和义务的协议。建立劳动关系应当订立劳动合同。”《劳动合同法》第 10 条规定：“建立劳动关系，应当订立书面劳动合同。已建立劳动关系，未同时订立书面劳动合同的，应当自用工之日起一个月内订立书面劳动合同。用人单位与劳动者在用工前订立劳动合同的，劳动关系自用工之日起建立。”而劳务工一般为劳务派遣工，是劳动者与劳务公司签订劳动合同，由劳务公司管理，派遣到用人单位工作的一种用工形式。其劳动关系、管理教育、工资发放、社会保险关系等均属劳务派遣公司。项目部劳务用工具有流动、分散、短期、分阶段、交叉流水作业、多工种配合等特点，且施工现场劳务工大部分为农民工。项目部自聘劳务工属劳务工与项目部建立劳动关系，容易引发劳动关系、工资关系、社会保险关系、职业安全健康等方面的法律风险，故不建议项目部自聘劳务工。

综上所述，项目部如需自聘劳务工，建议通过劳务公司外包或是劳务派遣的方式签订合同，即以劳务分包的方式，将现场所有劳务人员（主要是农民工）纳入劳务企业管理。项目部与劳务企业签订劳务分包合同，劳务企业组织社会劳动力按照合同约定完成劳务作业任务。

68. 劳动合同与劳务合同的区别是什么？法律后果有何不同？

专家解读

劳动合同和劳务合同，一字之差，结果却大不同。劳动合同是劳动者与用人单位确立劳动关系、明确双方权利和义务的协议。劳务合同一般指的是雇佣合同。劳动合同与劳务合同的区别如下。

（1）主体不同。劳动合同的主体是确定的，只能是接受劳动的一方为单位，提供劳动的一方是自然人。劳动合同的双方之间具有领导与被领导、支配与被支配的隶属关系；而劳务合同的主体具有不特定性与平等性。劳务合同既可以是法人与组织签订的，也可以是公民个人之间、公民与法人组织签订的，一般不作特殊限定。同时，劳务合同双方完全遵循市场化，地位平等，且签订合同时应依据《民法典》中签订合同的公平原则进行。

（2）合同提供标的及内容不同。劳动合同的标的是一方当事人向另一方当事人提供的劳动，即劳务，它是一种行为。劳务合同是以劳务为给付标的的合同，具体的劳务合同的标的对劳务行为的侧重要求不同，或是劳务行为的过程（如运输），或是提供劳务所完成的劳动成果（如承揽）。

（3）承担劳动风险责任的主体不同。劳动合同的劳动者在提供劳动过程中的风险责任由用人单位承担。劳务合同提供劳动的一方风险责任自行承担。

（4）法律约束程度不同。因劳动合同支付的劳动报酬称为工资，法律、法规规定了最低工资标准、工资支付方式等。劳务合同支付的劳动报酬称为劳务费，主要由双方当事人自行协商价格和支付方式等，国家法律不会过度约束。

（5）法律后果不同。劳动合同适用的法律为《劳动法》《劳动合同法》等，是独立的法律关系。劳务合同适用的法律为《民法典》。《劳动合同法》第 17 条规定："劳动合同应当具备以下条款：（一）用人单位的名称、住所和法定代表人或者主要负责人；（二）劳动者的姓名、住址和居民身份证或者其他有效身份证件号码；（三）劳动合同期限；（四）工作内容和工作地点；（五）工作时间和休息休假；（六）劳动报酬；（七）社会保险；（八）劳动保护、劳动条件和职业危害防护；（九）法律、法规规定应当纳入劳动合同的其他事项。劳动合同除前款规定的必备条款外，用人单位与劳动者可以约定试用期、培训、保守秘密、补充保险和福利待遇等其他事项。"该条规定对劳动合同的内容进行了明确约定，而劳务合同无明确的法律进行规范。

（6）承担的损害后果不同，《民法典》第 1191 条规定："用人单位的工作人员因执行工作任务造成他人损害的，由用人单位承担侵权责任。用人单位承担侵权责任后，可以向有故意或者重大过失的工作人员追偿。劳务派遣期间，被派遣的工作人员因执行工作任务造成他人损害的，由接受劳务派遣的用工单位承担侵权责任；劳务派遣单位有过错的，承担相应的责任。"《民法典》第 1192 条规定："个人之间形成劳务关系，提供劳务一方因劳务造成他人损害的，由接受劳务一方承担侵权责任。接受劳务一方承担侵权责任后，可以向有故意或者重大过失的提供劳务一方追偿。提供劳务一方因劳务受到损害的，根据双方各自的过错承担相应的责任。提供劳务期间，因第三人的行为造成提供劳务一方损害的，提供劳务一方有权请求第三人承担侵权责任，也有权请求接受劳务一方给予补偿。接受劳务一方补偿后，可以向第三人追偿。"《劳动法》第 73 条规定："劳动者在下列情形下，依法享受社会保险待遇（一）退休；（二）患病、负伤；（三）因工伤残或者患职业病；（四）失业；（五）生育。劳动者死亡后，其遗属依法享受遗属津贴。 劳动者享受社会保险待遇的条件和标准由法律、法规规定。劳动者享受的社会保险金必须按时足额支付。”该条规定赋予了劳动者更好的社会保障，并有健全的法律体系进行保证。发生劳动合同纠纷后，应先到劳动仲裁委员会申请劳动仲裁，不服劳动仲裁的可在法定期间内到人民法院提起诉讼，劳动仲裁是前置程序；发生劳务合同纠纷后，争议双方可以直接向人民法院提起诉讼，无须“仲裁前置”。

综上所述，劳动合同与劳务合同存在本质的区别，引发的法律后果各不相同，项目部在选择两类合同时，应当结合实际情况，做好风险规避，不能一概而论，避免劳动合同与劳务合同管理混乱，人员权责不清，出现大量劳动争议的情况。

69. 项目部与哪些人在哪种情况下可以签订劳务合同？

专家解读

不建议项目部与任何个人签订劳务合同。项目部与自然人建立劳务关系，可能会被认定为违法分包行为，引发不必要的争议。即使个人提供临时性、辅助性、代替性的劳务，也会容易使项目部与个人之间产生劳动争议。项目部劳务部分应当合法分包给具有劳务作业资质的劳务公司，同时应当规避挂靠、违法分包、转包、实际施工人等法律风险。

2021 年 1 月 1 日施行的《最高人民法院关于审理劳动争议案件适用法律问题的解释（一）》第 30 条规定：“未办理营业执照、营业执照被吊销或者营业期限届满仍继续经营的用人单位，以挂靠等方式借用他人营业执照经营的，应当将用人单位和营业执照出借方列为当事人。”该条规定的是以挂靠等方式借用营业执照的情况。依据我国现行法律，挂靠是不合法和不被允许的行为。但是，就目前的现实情况来看，建筑行业挂靠现象非常普遍。实践中，建筑施工企业等用人单位将工程或者业务发包、转包或者层层发包、转包给不具备用工主体资格的组织或自然人的情况屡见不鲜。

相关案例：

2012 年 A 公司与吴某签订“土石方工程承包合同”，将其承包的某地区地下室及土石方工程发包给吴某承建。后吴某同付某签订“土石方工程承包合同”，将上述工程以自己的名义发包给付某承建。付某聘请方某清扫工程车撒落在公路上的渣土，清扫范围位于地下室及土石方工程工作场地之外。工作当天方某因道路交通事故死亡。对付某与方某的工资和上下班时间的约定，方某的丈夫不清楚，但确定死亡前未领到工资。A 公司称，方某死亡后经了解得知，方某是付某雇用的，其工作是由付某安排的，领取报酬形式是清扫完即付款。后方某丈夫以 A 公司为被申请人向当地劳动人事争议仲裁委员会申请劳动关系仲裁。仲裁委员会裁决：双方劳动关系成立。

70. 分包队伍不与劳务工签订书面劳动合同，项目部将面临什么法律后果？

专家解读

我国《劳动法》规定，用人单位应当与劳动者订立书面劳动合同。不过在建设工程行业中，劳动合同的签订比例较低。

分包队伍不与劳务工签订书面劳动合同，有可能造成项目部被认定为实际的劳动单位，造成事实劳动合同关系。特别是当劳务工提供项目代发的工资支付凭证或记录、考勤记录、其他劳动者的证言等证据的，项目部（公司）将面临因未签订劳动合同，须给付双倍工资、办理社会保险以及承担解除合同的经济补偿金的风险。

《劳动合同法》第 10 条规定："建立劳动关系，应当订立书面劳动合同。已建立劳动关系，未同时订立书面劳动合同的，应当自用工之日起一个月内订立书面劳动合同。用人单位与劳动者在用工前订立劳动合同的，劳动关系自用工之日起建立。"《劳动合同法》第 82 条规定："用人单位自用工之日起超过一个月不满一年未与劳动者订立书面劳动合同的，应当向劳动者每月支付二倍的工资。用人单位违反本法规定不与劳动者订立无固定期限劳动合同的，自应当订立无固定期限劳动合同之日起向劳动者每月支付二倍的工资。"项目部集中存在的问题是不签订书面劳动合同的直接用工，一旦发生纠纷，项目部要支付最多 11 个月的双倍工资。同时母公司承揽子公司施工违法转包行为、包工头违法借用资质挂靠行为，将造成劳务分包合同被认定无效，使得项目部可能直接与农民工建立劳动合同关系，对农民工工资的支付、社会保险办理、工伤赔偿等承担责任。

综上所述，项目部与劳务工一旦发生纠纷，劳务工以建筑企业为实际用工主体为由要求确认劳动关系，法院很可能会考虑实际情况而判定劳务工与建筑企业之间的实际劳动关系成立，这也是目前建筑企业使用劳务工所面临的巨大隐性风险。

71. 分包方人员如何参加工伤保险？责任与费用何方承担？

专家解读

分包方应当为分包人员缴纳工伤保险。《劳动法》第 72 条规定："社会保险基金按照保险类型确定资金来源，逐步实行社会统筹。用人单位和劳动者必须依法参加社会保险，缴纳社会保险费。"分包人员的工伤责任与费用应当由分包方承担。根据《关于进一步做好建筑业工伤保险工作的意见》(人社部发〔2014〕103号),部分地区已开展由施工总承包单位在开工期一次性代缴本项目工伤保险费,分包人员可以按照《关于印发建筑业按项目参加工伤保险经办规程(试行)的通知》(人社险中心函〔2015〕38号)的要求,以分包方作为用人单位进行备案,享受工伤保险。

关于工伤保险的责任参照《最高人民法院关于审理工伤保险行政案件若干问题的规定》第3条规定:“社会保险行政部门认定下列单位为承担工伤保险责任单位的,人民法院应予支持:(一)职工与两个或两个以上单位建立劳动关系,工伤事故发生时,职工为之工作的单位为承担工伤保险责任的单位;(二)劳务派遣单位派遣的职工在用工单位工作期间因工伤亡的,派遣单位为承担工伤保险责任的单位;(三)单位指派到其他单位工作的职工因工伤亡的,指派单位为承担工伤保险责任的单位;(四)用工单位违反法律、法规规定将承包业务转包给不具备用工主体资格的组织或者自然人,该组织或者自然人聘用的职工从事承包业务时因工伤亡的,用工单位为承担工伤保险责任的单位;(五)个人挂靠其他单位对外经营,其聘用的人员因工伤亡的,被挂靠单位为承担工伤保险责任的单位。”《人力资源社会保障部关于执行〈工伤保险条例〉若干问题的意见》指出,具备用工主体资格的承包单位违反法律、法规规定,将承包业务转包、分包给不具备用工主体资格的组织或者自然人,该组织或者自然人招用的劳动者从事承包业务时因工伤亡的,由该具备用工主体资格的承包单位承担用人单位依法应承担的工伤保险责任。

综上所述,施工企业违法分包、转包、挂靠,以及安全事故引发的工伤问题,加重了自身责任并使得私下赔偿频发,其并未实现转移风险效果。

72. 分包方人员未持证上岗,总包方承担何种责任?

专家解读

特种作业是指容易发生事故,对操作者本人、他人的安全健康及设备、设施的安全可能造成重大危害的作业。特种作业人员在作业中操作不规范,容易对自身生命安全造成威胁、影响生产经营单位的正常经营,甚至对人民群众的生命和财产安全产生威胁。分包方人员未持证上岗,若经相关行政部门检查或受理举报信息发现,则总包方可能受到行政处罚。

《劳动法》第55条规定:“从事特种作业的劳动者必须经过专门培训并取得特种作业资格。”《安全生产法》第30条规定:“生产经营单位的特种作业人员必须按照国家有关规定经专门的安全作业培训,取得相应资格,方可上岗作业。特种作业人员的范围由国务院应急管理部门会同国务院有关部门确定。”《安全生产法》第97条规定:“生产经营单位有下列情形之一的，责令限期改正，处十万元以下的罚款；逾期未改正的，责令停产停业整顿，并处十万元以上二十万元以下的罚款，对其直接负责的主管人员和其他直接责任人员处二万元以上五万元以下的罚款……（七）特种作业人员未按照规定经专门的安全作业培训并取得相应资格，上岗作业的。”《建设工程安全生产管理条例》第 25 条规定：“垂直运输机械作业人员、安装拆卸工、爆破作业人员、起重信号工、登高架设作业人员等特种作业人员，必须按照国家有关规定经过专门的安全作业培训，并取得特种作业操作资格证书后，方可上岗作业。”

综上所述，未安排特种作业人员经专门培训并取得相应资格就令其上岗作业，易对其从业人员甚至人民群众的生命和财产安全造成威胁。项目部应提高安全生产意识，严格遵守安全生产方面的法律法规，做好安全生产培训教育，以保障企业的安全生产经营。情节严重造成安全事故的，施工单位有关人员可能涉及刑事犯罪，《刑法》第 134 条规定：“在生产、作业中违反有关安全管理的规定，因而发生重大伤亡事故或者造成其他严重后果的，处三年以下有期徒刑或者拘役；情节特别恶劣的，处三年以上七年以下有期徒刑。”

相关案例：

2022 年某月，某市区应急局对 A 公司进行安全生产执法检查，检查时发现 A 公司存在以下违法行为：一名特种作业操作人员（焊工）未取得特种作业操作资格证书（该证件已到期）。对此，执法人员现场下达了“责令限期整改指令书”。A 公司人员、焊工对执法人员调查取证的文书、资料进行了签字并捺印确认；15 日后执法人员对 A 公司的整改情况进行复查，复查当日，已整改完毕；7 日后向 A 公司下发“行政处罚告知书”，拟对 A 公司违法行为处以人民币贰万元罚款的行政处罚。7 日后再向 A 公司送达“行政处罚决定书”，决定对 A 公司的违法行为给予人民币贰万元整的行政处罚。

73. 什么是非全日制用工？项目部能否采取此种用工方式？若可行如何操作？

专家解读

非全日制用工是灵活就业的一种重要形式。近年来，我国非全日制劳动用工形式呈现迅速发展的趋势，特别是在餐饮、超市、快递、社区服务等领域，用人单位使用的非全日制用工形式越来越多。非全日制用工已被纳入《劳动合同法》的调整范围。非全日制用工的人工成本明显低于全日制用工，能满足企业降低人工成本的客观需要，可是非全日制用工与标准意义上的全日制用工有区别。非全日制用工最大的特点就是不能按标准工作时间提供劳动，因此在劳动报酬的计算上主要是按小时计算，其最低工资保障也是实行最低小时工资标准。支付周期也由 1 个月变成了最长不得超过 15 日。非全日制用工双方当事人任何一方都可以随时终止用工，且不支付经济补偿。从事非全日制工作的劳动者应当参照个体工商户的参保办法参加基本养老保险，可以以个人身份参加基本医疗保险，单位只负责缴纳工伤保险。若非全日制用工发生工伤，则应当按照劳务关系处理。

非全日制用工具有形式灵活、劳动关系多元化、主要按小时计酬等特点，同时劳务派遣单位不得以非全日制用工方式招用劳动者，但劳务派遣单位派遣劳动者到其他用人单位从事非全日制工作，应予允许。在实际工作中，项目部的“临时性、辅助性、代替性”岗位及按照小时计算工作量的岗位较少。项目部可以考虑采用劳务派遣非全日制用工的形式，由劳动者与劳务派遣单位签订劳动合同，劳务派遣单位与用工单位签订派遣协议。派遣协议中对于工作的具体情况，如工作环境、工作时间、报酬等事项应作出明确规定，用工单位应当履行告知义务，并注意以下几点。（1）在派遣协议中应当明确说明工作时间，即非全日制用工要求劳动者在同一用人单位平均每日工作时间不超过 4 小时，累计每周工作时间不超过 24 小时。（2）劳动者通过依法成立的劳务派遣单位为其他单位提供非全日制劳动的，由劳务派遣单位与非全日制劳动者签订劳动合同。必须强调，项目部要确认劳务派遣单位是否与劳动者签订劳动合同，否则可能会导致用工单位与劳动者形成事实劳动关系，加大劳动争议风险。（3）非全日制用工的小时最低工资标准由省、自治区、直辖市规定，并报人力资源社会保障部备案。对于非全日制用工劳动者的报酬，应该遵照当地的规定，在协议中明确说明，劳动报酬结算支付周期最长不得超过 15 日。（4）项目部应当履行监督劳务派遣单位按照国家有关规定为建立劳动关系的劳动者缴纳工伤保险费，如果劳务派遣单位没有履行该义务，并对劳动者造成损害，则用工单位需要承担连带责任。（5）非全日制用工转为全日制用工的，工龄不连续计算，不能以小时数折算。

综上所述，非全日制用工虽然被纳入《劳动合同法》的调整范围，但是其实质上类似于劳务用工。非全日制用工在其他特定行业可以不订立书面合同，随时通知对方终止用工，且终止用工时，不向劳动者支付经济补偿金等。非全日制用工的劳动者发生工伤，可以按照劳务关系形式承担责任，由劳动者直接向人民法院提起侵权损害赔偿诉讼。但建筑行业在特定法律和社会环境下，承担着更大的社会责任，非全日制用工在项目施工生产中缺乏适用性和操作性。

74. 项目完工后，如何安排员工待岗能有效规避法律风险？

专家解读

一般而言，用人单位安排员工待岗，通常指在员工与用人单位保持劳动关系的情况下，员工暂时离开原岗位，等待安排的一种状态。待岗期间，员工通常不提供劳动，用人单位也将相应降低员工的工资待遇。相关的法律规定较少，实践中倾向于认为待岗属于劳动合同的变更。员工待岗期间，仍然与用人单位之间存在劳动关系，用人单位的规章制度对待岗人员依旧适用。

《工资支付暂行规定》第12条规定：非因劳动者本人原因造成用人单位停工、停业的，在一个工资支付周期内，用人单位应当按照提供正常劳动支付劳动者工资；超过一个工资支付周期的，可以根据劳动者提供的劳动，按照双方新约定的标准支付工资，但不得低于用人单位所在地市最低工资标准；用人单位没有安排劳动者工作的，应按国家有关规定办理。部分地区规定（如北京）按照不低于本市最低工资标准的70%支付劳动者基本生活费。待岗前应当做好协商工作，如人员自愿提供待岗应当提交书面申请，且待岗周期不宜过长。

综上所述，项目完工后，待岗员工应当享受基本的薪资待遇以及社会保险福利，用人单位在员工待岗期间，应按国家和单位所在市的规定为员工缴纳各项社会保险费，并支付生活费，如有新开工项目，应当及时安排待岗员工上岗工作。

75. 项目部能否以员工不胜任工作为由调整岗位？“不胜任”有无标准？

专家解读

不胜任工作是企业的常见理由。《劳动合同法》第40条规定，劳动者不能胜任工作，经过培训或者调整工作岗位，仍不能胜任工作的；用人单位提前三十日以书面形式通知劳动者本人或者额外支付劳动者一个月工资后，可以解除劳动合同。这条规定间接明确了在员工不胜任现有工作的前提下企业有单方调整工作岗位的权利。但调整工作岗位的权利并不是不受任何限制。

“不胜任”调整工作岗位标准如下。

（1）调整后的岗位是否合理、适当。调整后的岗位在性质与能力要求上应适度低于原岗位或者无劳动者欠缺特定能力要求的岗位。

（2）调整工作岗位的目的是否合理、适当。调整工作岗位的主要目的必须是为了挽救或避免劳动者失业危机，而非仅仅因为企业经营需要，否则很难认定企业已经履行法定的“解雇回避”义务。

（3）调整工作岗位是否具有恶意针对性、惩罚性和侮辱性。企业调整工作岗位不能出于恶意，如将劳动者调至让其不舒服的地点或岗位，以及带有贬损性、惩罚性岗位等，否则，劳动者有权不服从调整工作岗位。但对于因劳动者自身能力不足，用人单位对其降职、降级、降薪，则属于合理调整工作岗位，不视为“恶意”调整工作岗位。

（4）调整工作岗位后的薪酬调整是否合理。只要企业调整工作岗位合理，根据薪随岗变原则，企业根据劳动者调整工作岗位后提供的劳动价值适当降低其薪酬亦属合法、合理。

（5）调整工作岗位程序是否规范。岗位调整关涉劳动者切身利益，劳动者理应享有充分知情权。企业应将调整工作岗位原因、岗位内容、调整工作岗位前后劳动条件待遇等相关事宜告知劳动者，并对劳动者反馈意见予以妥善处理，最大限度地减少调整工作岗位对劳动者产生的负面影响。特殊情况下如项目能够证明劳动者不能胜任工作，在组织劳动者进行培训或调整工作岗位后劳动者仍不胜任工作则可以依法行使预告解除权。

综合上述，项目部在调整工作岗位时要与人员进行沟通协商，一是要有充分的证据证明劳动者不胜任现有工作，即劳动者确实不能按照项目的要求完成劳动合同约定的任务或者同工种岗位人员的工作量，一般可以“岗位说明书”“目标责任书”等文件予以佐证。二是调整后的岗位应与劳动者的劳动能力和技能相适应，并保持一定的合理性。调整工作岗位的目的并非仅仅因为生产经营实际需要，且调整后的工作劳动者可以胜任。三是不能恶意降低劳动者劳动报酬、劳动条件。

76. 使用退休返聘人员或超过退休年龄的人员存在哪些风险？

专家解读

2021 年 1 月 1 日施行的《最高人民法院关于审理劳动争议案件适用法律问题的解释（一）》第 32 条规定：“用人单位与其招用的已经依法享受养老保险待遇或者领取退休金的人员发生用工争议而提起诉讼的，人民法院应当按劳务关系处理。企业停薪留职人员、未达到法定退休年龄的内退人员、下岗待岗人员以及企业经营性停产放长假人员，因与新的用人单位发生用工争议而提起诉讼的，人民法院应当按劳动关系处理。”无论是按照《劳动合同法》还是《劳动合同法实施条例》的规定，用人单位招用已经依法享受社会保险待遇或领取退休金的人员，其与用人单位所形成的用工关系都应按劳务关系处理。而企业停薪留职人员、未达到法定退休年龄的内退人员、下岗待岗人员以及企业经营性停产放长假人员，因与新的用人单位发生用工争议，依法向人民法院提起诉讼的，人民法院应按劳动关系处理。特殊事例如用人单位聘用的超过法定退休年龄的进城务工人员，在工作时间内、因工作原因伤亡的，应当按照《工伤保险条例》的有关规定进行工伤认定。

法律实务中退休返聘人员也存在不一样的法律关系认定，如虽已达到法定退休年龄，但劳动者未办理退休手续或者未依法享受城镇职工基本养老保险待遇，各地法院在审理中对这类法律关系的认定存在争议。一种观点认为双方之间属于劳务关系。另一种观点认为应当区分不同情况来认定双方之间的法律关系。如对于达到法定退休年龄，用人单位又未与其解除劳动合同继续留用，未办理退休手续的，按劳动关系处理；对于达到法定退休年龄，用人单位与其解除劳动合同，因缴费年限不够，而未享受养老保险待遇，劳动者只要补缴社会保险费就可享受养老保险待遇，其与再就业用工单位发生争议的，按劳务关系处理。还有一种观点认为双方之间属于劳动关系。

综上所述，使用退休返聘人员主要面临伤害赔偿风险。相关人员普遍年龄大，突发疾病和在工作中受伤的概率比较大，难以从事高强度、高压力的工作，因此，在不能为退休返聘人员购买工伤保险的情况下，建议通过工程类相关责任险规避赔偿风险。

77. 项目部如何使用、管理劳务派遣人员？

专家解读

《劳动合同法》第 66 条规定：“劳动合同用工是我国的企业基本用工形式。劳务派遣用工是补充形式，只能在临时性、辅助性或者替代性的工作岗位上实施。前款规定的临时性工作岗位是指存续时间不超过六个月的岗位；辅助性工作岗位是指为主营业务岗位提供服务的非主营业务岗位；替代性工作岗位是指用工单位的劳动者因脱产学习、休假等原因无法工作的一定期间内，可以由其他劳动者替代工作的岗位。用工单位应当严格控制劳务派遣用工数量，不得超过其用工总量的一定比例，具体比例由国务院劳动行政部门规定。”《劳务派遣暂行规定》第 4 条规定：“用工单位应当严格控制劳务派遣用工数量，使用的被派遣劳动者数量不得超过其用工总量的 10%。”法律法规的规定使得劳务派遣制用工不仅从提高劳务派遣单位的设立条件、明确提出被派遣劳动者享有与用工单位的劳动者同工同酬的权利、对劳务派遣岗位“临时性、辅助性或替代性岗位”作出明确界定，而且加重违法劳务派遣行为的处罚力度。

项目部使用、管理劳务派遣人员应从“三性”属性入手，对现有的劳务派遣员工进行分类管理，使部分劳务派遣员工的使用符合“三性”要求。一是对项目施工中存在的季节性加班，短期抢工作业，临时性、突发性生产任务，阶段性的质检控制或稽核要求等工作任务，可以使用部分派遣制员工，但使用期限不得超过 6 个月，到期后及时办理与劳务派遣企业的终止派遣手续，一旦出现新的需要，再重新订立劳务派遣合同。二是将项目部的保洁、保安、厨师、司机等辅助性岗位的员工一律纳入辅助性劳务派遣岗位进行管理。同时按照《劳务派遣暂行规定》第 3 条的规定履行一定程序，在召开民主生活大会时作出确定辅助性岗位类别和需要使用数量的决议。三是通过履行一定程序将现有的待岗、病假、产假、脱产学习人员所遗留的岗位定性为可替代性岗位，同时确定同等数量的劳务派遣人员为替代性岗位劳务派遣人员。

综上所述，项目部使用、管理劳务派遣人员，一要明确同工同酬的岗位类型。“相同工作岗位、相同工作内容”是“同工同酬”的前提。在保证劳务派遣人员按时按质完成工作的同时，对于其所应该获得的工资报酬、福利奖金等进行明确的界定。制定相应可参考的岗位类型和薪酬体系，保护劳务派遣人员基本权利的同时避免用工单位所要承担的法律风险。二要加强劳资管理，用定岗定编来调整用工规模，加大绩效工资的比重，通过一定的民主程序，将绩效工资的比重与产值、盈利水平挂钩，产值、盈利水平较高的时候支付较高的绩效工资。三要科学利用服务外包、专业分包等用工形式。

78. 项目部有权以员工严重违反规章制度为由开除（或退回）劳务派遣员工吗？何种情形属于“严重”？

专家解读

《劳动合同法》第 4 条规定：“用人单位应当依法建立和完善劳动规章制度，保障劳动者享有劳动权利、履行劳动义务。”此外，劳动法律法规和相关劳动争议司法解释详细规定了用人单位规章制度的法律效力。如《劳动法》第 25 条规定：“劳动者有下列情形之一的，用人单位可以解除劳动合同：……（二）严重违反劳动纪律或者用人单位规章制度的……”《劳动合同法》第 89 条规定：“用人单位制定的劳动规章制度违反法律、法规规定的，由劳动行政部门给予警告，责令改正；对劳动者造成损害的，应当承担赔偿责任。”

2021 年 1 月 1 日施行的《最高人民法院关于审理劳动争议案件适用法律问题的解释（一）》第 50 条规定：“用人单位根据劳动合同法第四条规定，通过民主程序制定的规章制度，不违反国家法律、行政法规及政策规定，并已向劳动者公示的，可以作为确定双方权利义务的依据。”这就进一步明确了规章制度的法律效力。《劳动合同法》第 39 条规定，劳动者严重违反用人单位的规章制度的，用人单位可以解除劳动合同。

用规章制度的处罚规定来判断劳动者的行为是否属于严重违纪，应结合行业特点和劳动者的具体工作岗位进行合理性判断。劳动者违反用人单位规章制度，有下列情形的，即可认定为达到严重程度：多次迟到、早退、旷工，消极怠工，影响生产、工作秩序；玩忽职守，严重违反操作规程，损坏设备、工具，浪费原材料、能源，给用人单位造成经济损失；工作态度不好，服务意识很差，经常争吵或损害项目利益；不服从正常的工作调动；盗窃、赌博、损公肥私、打架斗殴和犯有其他严重错误的。对上述情形，用人单位应当及时进行教育。如果经过教育或进行行政处分以后，劳动者仍然不能或不愿改正错误，基于上述情形，用人单位可以直接与劳动者解除劳动合同。

综上所述，人员管理规章制度是用人单位制定的组织劳动过程和进行劳动管理的规则和制度，是企业内部劳动规则。项目部有权以员工严重违反规章制度为由开除（或退回）劳务派遣员工。同时，《劳动合同法》对规章制度的内容、制定程序、异议程序、告知程序及法律责任进行了规范。用人单位规章制度的生效需要具备法定的要件，规章制度的内容合法且制定程序合法。而随着现代化办公方式的普及，单位的规章制度往往通过单位局域网、OA 办公系统、电子邮件等方式进行公示或告知，如果用人单位确实履行了上述告知方式，且有通知或提醒劳动者及时查看或查收的，可认定为用人单位已经履行了公示或告知程序。

79. 项目部（或公司）有权对员工进行罚款吗？

专家解读

劳动者造成用人单位损失，用人单位可以扣发工资。《工资支付暂行规定》第 16 条规定："因劳动者本人原因给用人单位造成经济损失的，用人单位可按照劳动合同的约定要求其赔偿经济损失。经济损失的赔偿，可从劳动者本人的工资中扣除。但每月扣除的部分不得超过劳动者当月工资的 20%。若扣除后的剩余工资部分低于当地月最低工资标准，则按最低工资标准支付。"因此，由于劳动者本人原因给单位造成损失的，单位可以要求赔偿经济损失，该损失可以用劳动者的工资支付，单位可以直接扣除，但每月扣除的金额不得超过劳动者当月工资的 20%，且扣除后的剩余金额不得低于当地的最低工资标准。

罚款是企业对员工实行有效管理的手段，因此，项目对内部员工不但有权实施罚款，而且罚款还是非常必要的。当然，企业享有罚款权的前提是企业的规章制度对此有明确规定，且规章制度按照《劳动合同法》规定的民主程序制定，并向劳动者公示。但是，罚款数额必须作出一定限制，项目部没有任意决定罚款数额的权利。法律实务中，各地行政部门可以根据各自情况，出台相应规范性意见，如企业罚款数额最高不超过基本工资的

10%。否则，企业对违纪职工进行罚款的依据不足。

综上所述，项目部在制定和实施规章制度时还应注意以下两点。首先，应当制定符合本单位实际情况，具有可操作性的规章制度。不仅要有劳动者禁忌行为的表述，而且要有如劳动者发生了禁忌行为，用人单位该对其如何处理的规定，特别是应当列出用人单位可以解除劳动合同的严重违纪的规定。规章制度制定应当满足四个方面的要求：一是内容不违反法律规定，同时避免不符合情理和显失公平；二是应当通过民主程序制定；三是应当满足公示告知的要求；四是具有可操作性，能量化的尽量量化，能客观的尽量客观。其次，实施规章制度应当将纪律规范、纪律考核、违纪惩戒三者结合起来，实施人性化管理，既要维护单位正常的经营秩序，又要避免滥用处罚权，侵害劳动者的合法权益，避免发生不必要的劳动争议，以及发生争议后，承担不必要的违法成本。

80. 哪些规章制度须经民主程序才可能得到法院认可?

专家解读

员工出现严重违反企业规章制度的情形，企业依据自行制定的规章制度给予种员工处罚，是否合法，能否得仲裁机构和法院的支持?

规章制度在企业的人力资源管理中非常重要，依法制定的规章制度是企业的“小宪法”。《劳动合同法》第4条第二款规定：“用人单位在制定、修改或者决定有关劳动报酬、工作时间、休息休假、劳动安全卫生、保险福利、职工培训、劳动纪律以及劳动定额管理等直接涉及劳动者切身利益的规章制度或者重大事项时，应当经职工代表大会或者全体职工讨论，提出方案和意见，与工会或者职工代表平等协商确定。”

依据法律规定，有关劳动报酬、工作时间、休息休假、劳动安全卫生、保险福利、职工培训、劳动纪律以及劳动定额管理等直接涉及劳动者切身利益的规章制度，在制定、修改或者决定时，均须经过民主程序。如果规章制度未履行民主程序，则有很大可能得不到仲裁机构或法院的支持。具体程序是，要先经过职工代表大会或全体职工讨论，再提出方案和意见，与工会或职工代表等协商确定最终的规章制度，这就是通常所说的规章制度生效三部曲。同时建议，每个环节均要保留相应证据，如讨论形成的会议签到记录，提意见的书目材料或会议记录中的说明，协商形成的书面的会议决议，与规章制度一并存档。

另外，需要注意的是，在规章制度实施过程中，工会或者职工认为有不适当的，有权向用人单位提出，通过协商予以修改完善。因此，如果职工或工会已有证据证明其向用人单位提出，认为制度有不适当之处，用人单位应当予以回应，同时保留相关证据。

规章制度的民主程序或公示方式。对公示的方式及形式法律上目前没有明文规定。实践中可以通过组织集中学习培训、发送员工手册等方式告知劳动者，但需要保留学习记录及签名。不建议将企业规章作为劳动合同附件的形式送达，因为一旦制度文件更新则替换的工作量和难度太大。

综上所述，只有履行以上民主程序的规章制度，才是合法有效的，用人单位在日常工作中，完全可以依据规章制度进行管理。如发生争议，可以作为有效证据，也可以得到仲裁机构或法院的认可。

相关案例：

周某以劳务派遣方式到地铁项目部工作，刚入职时从事杂工工作，因不服从工作安排，后经转岗教育被安排在项目部门卫工作。在门卫岗周某多次违反劳动纪律和规章制度，项目部遂将其退回劳务派遣公司，2017 年 10 月劳务派遣公司书面通知周某解除劳动关系。周某收到通知后未再上班，但认为解除劳动关系违法，将用人单位、用工单位一并诉至法院要求连带支付赔偿金。

法院经审理认为，项目部所属公司与劳务公司系劳务分包关系，周某与劳务公司系劳动关系，因此周某与项目部无直接劳动合同法律关系，其主张项目部与劳务公司连带承担责任，法院不予支持。项目部和劳务公司解除劳动关系所依据的规章制度未履行职代会（或全体职工）讨论、协商、公示（或告知）程序，解除劳动合同关系的决定未通知工会或经民主程序讨论，故解除决定缺乏制度依据，在民主程序上存在瑕疵。裁判结果：劳务派遣公司支付周某赔偿金 2.5 万元。

81. 劳务派遣中，劳动者请求用人单位和用工单位连带支付加班费的，法院能否支持？

专家解读

劳务派遣是劳动法律关系中相对特殊的一种形式，涉及用人单位（劳务派遣单位）、用工单位和劳动者三方利益。为切实保障被派遣劳动者的合法权益，法律法规明确规定了这用人单位和用工单位的责任和义务。

《劳动合同法》第 58 条规定：劳务派遣单位是本法所称用人单位，应当履行用人单位对劳动者的义务；劳务派遣单位应当与被派遣劳动者订立二年以上的固定期限劳动合同，并按月支付劳动报酬。《劳动合同法》第 62 条规定："用工单位应当履行下列义务：（一）执行国家劳动标准，提供相应的劳动条件和劳动保护；（二）告知被派遣劳动者的工作要求和劳动报酬；（三）支付加班费、绩效奖金，提供与工作岗位相关的福利待遇；（四）对在岗被派遣劳动者进行工作岗位所必需的培训；（五）连续用工的，实行正常的工资调整机制。”法律规定，“按照劳务派遣协议按月支付给被派遣劳动者劳动报酬”的支付主体是用人单位，但“加班费、绩效奖金”的支付主体是用工单位。那么，在用工单位拖欠劳动者加班费的情况下，劳动者能否要求用人单位连带支付加班费？《劳动合同法》第 92 条规定：“用工单位给被派遣劳动者造成损害的，劳务派遣单位与用工单位承担连带赔偿责任。”

虽然上述法律条款针对的是“损害赔偿”，并非支付“加班费”，但在司法实践中倾向对此不加区分，用人单位也要承担加班费的连带给付责任，如广东省惠州市惠城区法院“（2018）粤 1302 民初 9717 号”民事判决。各地法院的判决也多支持这一看法，如陕西省西安市中级人民法院在“（2021）陕 01 民终 12909 号”劳动争议案二审民事判决书中写明：根据 ×× 公司提供的考勤打卡记录表及郭某 2019 年 7 月至 2020 年 9 月工资明细表，可以证明郭某每月工作 26 天，现郭某主张休息日加班费 2 000 元，不违反法律规定，×× 公司作为用工单位，应当予以支付，西安 ×× 公司作为劳务派遣单位，应当承担连带给付责任。北京市第二中级人民法院在“（2018）京 02 民终 10943 号”一案的判决书中明确：单位未能按实际发放工资的基数核算加班费，存在加班费差额，应予补足。因 ×× 公司与 ×× 大学系劳务派遣单位与用工单位，一审法院判决上述单位对杨某某承担连带赔偿责任亦无不当。

综上，用工单位应当向被派遣劳动者支付加班费。如果拒不支付，劳动者可以申请劳动仲裁，并将用人单位列为共同被申请人，由用人单位和用工单位承担连带责任。

82. 劳务派遣单位与被派遣劳动者应签订什么合同？派遣期间劳务派遣单位应当履行什么职责？

专家解读

“劳务派遣”是当前应用十分广泛的一种辅助用工形式，指用人单位和用人单位（劳务派遣公司）的劳动者或根据用工单位需要招聘、录用符合条件的劳动者，双方签订劳动合同后，依据用人单位与用工单位签订的劳务派遣合同，将劳动者派遣到用工单位工作，用人单位收取一定费用的经营方式。其中，劳务派遣公司与被派遣劳动签订的是劳动合同，用人单位和用工单位签订的是劳务派遣合同。

要重点关注的是，《劳务派遣暂行规定》第 5 条规定：“劳务派遣单位应当依法与被派遣劳动者订立 2 年以上的固定期限书面劳动合同。”这是法规对被派遣劳动者劳动合同期限作出的强制规定，即不得少于 2 年。劳务派遣合同既要有一般劳动合同的条款，还应当载明用工单位、派遣期限以及工作岗位等情况。在劳务派遣合同关系中，劳务派遣公司是用人单位，接受以劳务派遣形式用工的是用工单位。用人单位与劳动者间建立的是劳动关系，用工单位与劳动者间建立的是劳务关系而非劳动关系。

派遣期间劳务派遣单位应当履行的职责。劳务派遣单位应当履行用人单位对劳动者的权利和义务，履行权利为行使对劳动者的人事管理权，如考核、处分、辞退等；履行义务如签订劳动合同、支付劳动报酬、缴纳社会保险费等。根据我国《劳动合同法》第 58 条第二款规定，劳务派遣单位应当与被派遣劳动者订立 2 年以上的固定期限劳动合同，按月支付劳动报酬。《劳务派遣暂行规定》第 8 条规定，劳务派遣单位有按照国家规定和劳务派遣协议约定，依法为被派遣劳动者缴纳社会保险费，并办理社会保险相关手续的义务。也就是说被派遣劳动者是有享受社会保险的权利的，而且其社会保险费由劳务派遣单位缴纳。

使用被派遣劳动者的注意事项。劳务派遣是企业用工的一种补充形式，《劳务派遣暂行规定》中明确规定了劳务派遣用工的范围和比例，如第 3 条规定，用工单位只能在临时性、辅助性或替代性工作岗位上使用被派遣劳动者。其中临时性工作岗位是指存续时间不超过 6 个月的岗位；辅助性工作岗位是指为主营业务岗位提供服务的岗位；替代性工作岗位是指用工单位的劳动者因脱产学习、休假等原因无法工作的一定期间内，可以由其他劳动者替代工作的岗位。为保证企业现有职工的利益，本条还规定使用被派遣劳动者应当经职工代表大会或者全体职工讨论，提出方案和意见，与工会或者职工代表平等协商确定并公示。第 4 条则明确规定了用工单位使用被派遣劳动者数量不得超过其用工总量的 10%。为防止有关单位钻法律的“空子”。《劳动合同法》第 59 条第二款规定：“不得将连续用工期限分割订立数个短期劳务派遣协议”。由于受到国家相关法律法规的严格限制，一些施工企业的项目部已经大幅减少使用被派遣劳动者的数量，只有保安、厨师、保洁等岗位少量使用，而大多岗位一般采用其他形式的用工，如劳务分包、借调等。

相关案例：

2019 年 3 月 29 日，中铁某局与保安公司签订“保安服务合同书”，约定由保安公司为中铁某局某项目提供保安服务。2019 年 6 月 6 日，保安公司指派到项目部工作的保安人员齐某因突发脑出血，于次日抢救无效死亡。劳动仲裁委员会作出仲裁裁决：齐某与保安公司存在劳动关系，由保安公司支付给齐某家属各项补助金 82 万元。保安公司将齐某家属和中铁某局作为共同被告诉至法院，要求不承担赔偿责任，由中铁某局承担连带赔偿责任。法院认为，保安公司是用人单位，中铁某局是用工单位，齐某是被派遣劳动者，齐某与保安公司存在劳动关系。《最高人民法院关于审理工伤保险行政案件若干问题的规定》第 3 条规定，劳务派遣单位派遣的职工在用工单位工作期间因工伤亡的，派遣单位为承担工伤保险责任的单位。《劳动合同法实施条例》第35条规定："用工单位违反劳动合同法和本条例有关劳务派遣规定的，……给派遣劳动者造成损害的，劳务派遣单位和用工单位承担连带赔偿责任。"齐某在工作期间死亡并被认定工亡，承担赔偿责任的主体应是保安公司。用工单位中铁某局违反《劳动合同法》规定，与无劳务派遣资质的保安公司签订"保安服务合同"，且在用工期间造成齐某死亡，应承担连带赔偿责任。法院作出"(2020)鲁0303民初3958号"民事判决，判令保安公司支付给齐某家属82万元，中铁某局承担连带赔偿责任。由于保安公司未支付上述款项，法院依法扣划了中铁某局银行资金83.31万元。

中铁某局为追偿部分损失，遂将保安公司诉至法院。法院认为，中铁某局与保安公司之间的合同虽然名为保安服务合同，实为劳务派遣合同，该合同是双方当事人真实的意思表示，合法有效，对各方当事人具有约束力。本案中，齐某因突发脑出血，于次日抢救无效死亡，对于齐某的工亡，各方并无明显过错，难以确定各自责任大小，中铁某局与保安公司依法应当平均承担责任。中铁某局与保安公司未按照生效判决履行，导致增加了执行费用，双方均存在过错，法院依法扣划了中铁某局的银行资金83.31万元，应当由双方均担，保安公司应当支付中铁某局赔偿垫付款41.65万元。法院裁判结果：保安公司支付中铁某局赔偿垫付款及利息损失。保安公司不服一审判决而上诉，2022年7月15日，中院作出终审判决，驳回上诉，维持原判。

83. 用工单位（项目部代管）在管理被派遣劳动者时有何权利与义务？

专家解读

劳务派遣是一种常见的用工形式，如项目部日常工作中的保洁、保安岗位经常使用被派遣劳动者。用工单位在管理被派遣劳动者时有何权利与义务？

对用工单位而言，其实管理被派遣劳动者的权限与程序和自有员工基本相同。劳务派遣涉及三方主体，即用人单位、用工单位和被派遣劳动者。用人单位与被派遣劳动者形成劳动关系，负责支付工资、缴纳社会保险费、提供福利待遇等，特点是"只雇不用"；用工单位通过与派遣单位签订劳务派遣协议，接收被派遣劳动者并签订劳务用工协议（法律上并无强制规定，可签可不签），直接"使用"被派遣劳动者，为其提供工作岗位，特点是"只用不雇"。

用人单位与用工单位通过劳务派遣协议明确双方权利、义务，被派遣劳动者依据劳动合同和劳务派遣协议的约定，直接接受用工单位的管理，为用工单位提供劳动服务，用工单位对被派遣劳动者行使日常管理的权利，被派遣者遵守用工单位的各项管理制度。

用工单位无权直接辞退被派遣劳动者，管理中出现需将被派遣劳动者退回劳务派遣公司的情况，称之为劳务派遣辞退。《劳动合同法》第65条规定，被派遣劳动者有本法第39条和第40条第一项、第二项规定情形的，用工单位可以将劳动者退回劳务派遣单位，劳务派遣单位依照本法有关规定，可以与劳动者解除劳动合同。具体包括：（1）试用期间被证明不符合录用条件的；（2）严重违反用人单位规章制度的；（3）严重失职、营私舞弊，给用人单位造成重大经济损害的；（4）被派遣劳动者又与其他用人单位建立劳动关系，对完成本单位的工作任务造成严重影响，或者经用人单位提出，拒不改正的；（5）以欺诈、胁迫的手段或者乘人之危，使对方在违背真实意愿的情况下订立或者变更劳动合同的；（6）被依法追究刑事责任的；（7）劳动者患病或者非因工负伤，在规定的医疗期满后不能从事原工作，也不能从事由用人单位另行安排的工作的；（8）劳动者不能胜任工作，经过培训或者调整岗位，仍不能胜任工作的。

被派遣劳动者的工伤处理。被派遣劳动者在用工单位因工作遭受事故伤害的，劳务派遣单位应当依法申请工伤认定，用工单位应当协助工伤认定的调查核实工作。劳务派遣单位承担工伤保险责任，但可以与用工单位约定补偿办法。

用工单位对被派遣者应履行的义务。《劳动合同法》第62条规定：“用工单位应当履行下列义务：（一）执行国家劳动标准，提供相应的劳动条件和劳动保护；（二）告知被派遣劳动者的工作要求和劳动报酬；（三）支付加班费、绩效奖金，提供与工作岗位相关的福利待遇；（四）对在岗被派遣劳动者进行工作岗位所必需的培训；（五）连续用工的，实行正常的工资调整机制。用工单位不得将被派遣劳动者再派遣到其他用人单位。”

84. 无固定期限劳动合同是不是“铁饭碗”？

专家解读

无固定期限劳动合同，是指用人单位与劳动者约定无确定终止时间的劳动合同。有人曾笑称，无固定期限劳动合同像是员工和公司领了一张“结婚证”，大家翻开结婚证看看，是不是只有“登记结婚日期”，而没有写明“离婚日期”。无固定期限劳动合同在这一点上和结婚证是相似的，只有起始时间而无结束时间，这意味着公司放弃了以合同到期为由解除劳动合同的权利。但是无固定期限合同并不意味着“铁饭碗”，如果劳动者出现《劳动合同法》第39条规定的情形，公司有权辞退员工且不用支付经济补偿金。用人单位可以解除劳动合同的情形包括：（1）在试用期间被证明不符合录用条件的；（2）严重违反用人单位的规章制度的；（3）严重失职，营私舞弊，给用人单位造成重大损害的；（4）劳动者同时与其他用人单位建立劳动关系，对完成本单位的工作任务造成严重影响，或者经用人单位提出，拒不改正的；（5）因本法第26条第一款第一项规定的情形致使劳动合同无效的；（6）被依法追究刑事责任的。

如果出现《劳动合同法》第40条规定的情形，用人单位提前三十日以书面形势通知劳动者本人或者额外支付劳动者一个月工资后，也可以解除合同，具体为：（1）劳动者患病或者非因工负伤，在规定的医疗期满后不能从事原工作，也不能从事由用人单位另行安排的工作的；（2）劳动者不能胜任工作，经过培训或者调整工作岗位，仍不能胜任工作的；（3）劳动合同订立时所依据的客观情况发生重大变化，致使劳动合同无法履行，经用人单位与劳动者协商，未能就变更劳动合同内容达成协议的。而劳动者，也保有解除劳动合同的权利，根据《劳动合同法》第37条规定，劳动者提前三十日以书面通知用人单位，可以解除劳动合同。这说明即使是签了无固定期限合同，也并未限制双方的权利。

对员工而言，《劳动合同法》第41条规定，公司裁员时应优先留用无固定期限劳动合同的员工。基于此，员工实现了长期稳定就业，对公司产生情感，有忠诚、勤勉义务，可以塌下心来认真钻研业务技术，为企业发展贡献一份力量。

对公司而言，稳定核心人才队伍可节省运营成本，如招聘成本、培训成本等；有助于企业改革发展的连续性，实现人才培育和有序储备；增强企业文化的凝聚力，引领企业开拓进取，创新发展。

85. 项目部采用末位淘汰制考核员工合法吗？

专家解读

有的企业认为“有压力才有动力”，推行绩效考核与个人奖惩挂钩，采用末位淘汰制，以达到激励先进、鞭策后进的目的。但按照末位淘汰制来解除合同是否违法？值得深思和质疑。

双方在劳动合同中约定，用人单位实行末位淘汰制考核，当出现“末位”情形时，按照约定解除合同关系于法不符。解除劳动合同只有出现《劳动合同法》第39条、第40条的法定情形才可以，而且根据规定，劳动者不能胜任工作的，用人单位首先要给予培训或者调整工作岗位，劳动者仍不能胜任工作的，用人单位才可以解除劳动合同，但要给予经济补偿。这一规定给予了职工一个培训和调整工作岗位的过程。

举个例子，某校“尖子班”，所有学生成绩均处于90至100分之间，排在最末位的学生在其他班仍属高分，如果该学生因此被淘汰，下一次考试必定还会产生末位，是不是还应淘汰？问题是排名最后的学生成绩远在及格分之上且属优等生，该班实行末位淘汰制，试问大家合理吗？

最高人民法院曾发布过指导案例，专门针对末位淘汰制度给出了法律上的规则，认为末位淘汰并不等于不胜任工作。法律规定了不胜任工作的处理原则，用人单位可以对员工进行调岗和培训，而不是解除劳动合同。因此实行末位淘汰制不合法。末位淘汰制不属于法定的解除理由，被认定为是违法解除行为。根据我国法律规定，劳动合同解除只能采用法定解除方式。

相关案例：

王某系某通信公司员工，基本工资为每月 3 840 元。王某在某通信公司的三次考核中结果均为 C2。某通信公司认为，王某不能胜任工作，经转岗后仍不能胜任工作，故在支付了部分经济补偿金后解除劳动合同。2011 年 7 月，王某申请劳动仲裁。劳动仲裁委员会作出裁决：某通信公司属于违法解除劳动合同，须向王某支付剩余经济补偿金 3.65 万元。某通信公司不服仲裁裁决诉至法院。法院裁判结果：某通信公司支付王某违法解除劳动合同的赔偿金余额 3.65 万元。宣判后，双方均未上诉，判决已发生法律效力。

裁判要点，劳动者在用人单位等级考核中居于末位等次，不等同于“不能胜任工作”，不符合单方解除劳动合同的法定条件，用人单位不能据此单方解除劳动合同。

86. 员工通过微信等社交软件请假，是否有效？

专家解读

随着网络的快速发展，微信等社交软件作为一种实时通信工具，已然与我们的生活、工作密不可分。企业管理者与员工通过这类社交软件传递信息、接收工作指令成为常态。以微信为例，如果员工通过微信请假算旷工，但日常却通过微信接收工作任务，则显然有失公平。员工通过微信等社交软件请假是否有效，以下从法律的角度分析。

用微信的方式请假，如果能证明通过微信的方式发送的信息对方已经收到且得有效回应，那么这种请假形式是成立的。但对有效回应或批复的方式往往存在争议，如领导回复的“嗯嗯、嗯、哦、知道、呵呵”等词语，或发送表情符号如“OK”是“同意”还是“不同意”？在法律上究竟代表什么意思？

近年来，微信聊天记录渐渐进入诉讼领域，甚至成为法律裁判的证据。2019 年 5 月 1 日施行的《最高人民法院关于民事诉讼证据的若干规定》明确，微信聊天记录正式成为电子证据，重新定义了白纸黑字。在中国裁判文书网通过关键词检索发现，2018 年以后涉及微信等聊天记录的法律文书数量陡增。以微信等软件聊天记录作为审判证据的案件，多发生在自然人与自然人或自然人与公司之间，而公对公的沟通仍以邮件、信函等更为正式的书面形式为主。由于聊天记录中的一些表情符号没有明确的文字解释，容易引起争议，如“尴尬”符号，法官可以认定为否认，也可以认定为默认。“OK”表情符号按照生活常理一般有默认的意思，也有法官不认为“OK”含有认同的意思。例如，广州市中级人民法院在一起仓储合同纠纷案中认为，表情符号是辅助表达心情、情感和想法的可视化图像，不能仅凭表情符号而认定为法律意义上的承诺，故没有认定当事人发送的‘OK’表情符号系同意之意。所以微信聊天记录所证明的事实须法院根据具体案情来裁判或酌定。

以上是关于用微信等聊天软件请假的一些问题。当然，如果单位规章制度对请假方式有具体的形式规定，即明确不允许通过社交软件的方式请假，那么应当服从单位的管理要求，采取微信等社交软件的请假方式也不会得到法院支持。

相关案例：

2018 年 7 月 16 日，某汽车运输公司员工罗女士被诊断为先兆流产，根据医嘱其以微信方式向直属上司刘经理请假一周，并发送了诊断证明书。刘经理同意并回复建议将休病假改为休年假。此后因身体尚未恢复，罗女士再次向另一负责人请假，并请求代为转告刘经理，该负责人同意。7 月 26 日，罗女士收到某汽车运输公司以其违反公司规章制度，多日旷工为由的辞退通知。罗女士不服某汽车运输公司决定申请劳动仲裁，劳动仲裁委员会裁决某汽车运输公司解除劳动合同违法，须支付赔偿金和工资差额 22 万元。某汽车运输公司不服提起诉讼，辩称：罗女士仅通过微信的形式请假，按照公司规定，两人均无审批一周假期的权限。罗女士属于严重违反公司规章制度的旷工行为，公司决定解除劳动合同合情合理。一审法院判决，解除劳动合同违法，二审维持原判。

法官认为，旷工是指劳动者在正常工作日不请假或请假未批准的缺勤行为，带有故意的主观性质。本案中，罗女士因孕期身体不适需要休息，已通过微信方式请假且被批准，虽然请假程序与公司规定不相符，但罗女士不具有旷工的主观恶意，不属于无故拒绝提供劳动的旷工行为，也不属于严重违反用人单位规章制度的情形。某汽车运输公司以此为由解除劳动合同属违法解除，依照《劳动合同法》的规定，某汽车运输公司应支付违法解除劳动关系赔偿金。

87. 劳动者提出辞职申请且用人单位同意后，是否还可以撤回辞职申请？

专家解读

现实中经常遇到员工因各种原因头脑一热，给用人单位提交了辞职报告，用人单位也已下达解除劳动合同的文件，结果员工提出辞职事后又反悔了。那么，劳动者提出辞职申请并经用人单位同意后，是否还可以撤回辞职申请?

劳动者可以向用人单位申请撤回，但能否撤回由单位决定。根据法律规定，劳动者提出辞职的行为属于一种形成权，自解除劳动关系的意思表示到达公司时即发生法律效力，在用人单位收到其书面辞职通知后即产生法律效力，不产生违法解除的法律后果，除非具有法律规定的可撤销的情形，如重大误解等。劳动者提出辞职申请无须用人单位批准或同意，只要作出意思表达即具有法定效力。因为用人单位收到劳动者递交的辞职申请后劳动关系即告解除，所以劳动者不享有单方撤回辞职的权利。如果劳动者想撤回辞职须经用人单位同意才可以，否则只能在规定时间办理离职手续。

《劳动合同法》第 37 条规定:“劳动者提前三十日以书面形式通知用人单位，可以解除劳动合同。劳动者在试用期内提前三日通知用人单位，可以解除劳动合同。”这一条规定表明劳动者虽然与用人单位处于管理与被管理的关系，可以实现“离职自由”，但必须提前 30 日通知用人单位，给用人单位安排调整人员的时间，避免因劳动者离职而造成用人单位被动的情形，以构建和谐的劳动关系。

相关案例:

赵某系某公司员工。2020 年 10 月 15 日，赵某向公司提交辞职信，表示因个人原因将于 1 个月后离职。赵某之后因找工作无果，向某公司表示收回此前提交的辞职信。某公司回复已招聘新员工，不同意赵某撤销辞职信，请赵某按期办理工作交接和离职手续。2020 年 11 月 15 日，某公司向赵某出具了离职证明。赵某认为其未办工作交接、劳动合同未到期，尚未离职，要求继续履行劳动合同，请问赵某的要求有法律依据吗?

律师解析：赵某的辞职信交与公司时，即已完成单方解除劳动合同的意思表示。赵某本人不享有单方撤回辞职的权利。虽然未办理离职工作交接，但并不影响解除劳动合同行为的效力，其主张继续履行劳动合同没有依据。

88. 员工主动或被动辞职的法律风险有哪些？

专家解读

员工离职对于企业的直接影响是人才流失，潜藏的法律风险是容易发生劳动争议纠纷。

员工离职分为四种：一是员工主动提出辞职，用人单位同意的，用人单位不需要支付经济补偿金；二是员工以用人单位有过错提出离职，员工可以单方面解除劳动合同，并且不用提前 30 日通知用人单位，用人单位需要支付经济补偿金；三是用人单位提出辞退，员工表示同意的，用人单位需要支付经济补偿金；四是劳动合同期满解除劳动合同，如果是员工自己提出离职的，用人单位不需要支付经济补偿金，如果是因为用人单位原因导致离职的，用人单位需要支付经济补偿金。

员工离职时用人单位需要注意的事项。

员工主动辞职需留存全部书面材料，以避免日后产生劳动争议纠纷。《劳动合同法》第 37 条规定，劳动者提前 30 日以书面形式通知用人单位，可以解除劳动合同。用人单位须审查辞职报告，一定是因员工个人原因辞职，不能出现因用人单位某种原因辞职，否则用人单位可能需要支付经济补偿金；员工离职审批表要注明员工劳动合同期限、离职的原因、离职时间等。

请注意，辞职报告并非以单位领导同意为生效要件，只要提前 30 天以书面形式通知用人单位辞职的，均能依法离职；因个人原因不能办理离职手续的，可书写委托书，委托他人办理，委托书里应明确双方身份信息及委托权限；离职人员资料须列表汇总统一移交，由本人亲自签收；因离职人员个人原因不能领取的，应以邮寄的方式及时寄出，留存快递凭证；离职手续办理完毕后，用人单位须通知离职人员办理档案交接和社会保险转移手续。

员工以用人单位有过错提出离职。根据《劳动合同法》第 38 条及《劳动合同法实施条例》第 18 条的规定，用人单位存在过错的情形下，劳动者可以单方面解除劳动合同，并且不用提前 30 日通知用人单位，用人单位需要支付经济补偿金。用人单位需要注意以下事项：（1）审查员工书面提出解除劳动合同的原因是否依法合规，有无改正的可能；（2）支付给员工剩余工资、经济补偿金，保留银行凭证或由本人签收的证据；（3）工作交接、办理离职手续。

用人单位以员工存在过错辞退员工。《劳动合同法》第 39 条规定："劳动者有下列情形之一的，用人单位可以解除劳动合同：（一）在试用期间被证明不符合录用条件的；（二）

严重违反用人单位的规章制度的；（三）严重失职，营私舞弊，给用人单位造成重大损害的；（四）劳动者同时与其他用人单位建立劳动关系，对完成本单位的工作任务造成严重影响，或者经用人单位提出，拒不改正的；（五）因本法第二十六条第一款第一项规定的情形致使劳动合同无效的；（六）被依法追究刑事责任的。”只要有证据能够证明员工存在上述规定的过错情形之一的，用人单位可以解除劳动合同，且不用向员工支付经济补偿金。从诉讼实践来看，本条规定第二项、第三项容易产生争议，给用人单位增加了工作难度，必须有经过民主程序的完善的规章制度，目的是保护处于弱势地位的员工。

无论员工以何种原因离职，都应以书面的形式固定并留存相应的证据；作出解除决定前应争取工会的书面意见。人力资源部门应将解除劳动合同通知，以书面的形式交由离职人员签收，只有送达后才算正式生效，否则劳动关系仍然存续。如果出现拒签的情况，可以以邮寄的方式通知，但必须保留快递单据及发票。

合同期满的劳动关系解除。《劳动合同法》第 44 条规定，劳动合同期满劳动合同终止。如果双方不再续签劳动合同，用人单位是否需要支付经济补偿金，可分为以下两种情况。

第一种是需要支付经济补偿金的情况。一是劳动合同期限届满后，用人单位不同意续签，不管员工是否同意续签，用人单位均要支付经济补偿金。二是劳动合同期限届满后，用人单位虽然同意续签，但续签的条件是降低原工资待遇或劳动条件的，员工不同意续签，用人单位也要支付经济补偿金。

第二种是不需要支付经济补偿金的情况。用人单位同意续签劳动合同，并且保持原工资待遇和工作条件不变或者高于原工资待遇，员工不同意续订的，用人单位不需要支付经济补偿金。

针对以上情况，用人单位需要留存好相关的证据材料。用人单位应自劳动合同期限届满前（最好提前 30 日）以书面形式通知员工，写明劳动合同条款，征求员工是否同意续签的意见，让员工亲自签字确认，然后用人单位留存。

89. 在校大学生在项目部实习期间，双方是何种关系？若受伤是否算工伤？

专家解读

有的项目部喜欢使用实习的在校大中专学生，实习期间若发生纠纷如何认定双方的关系？若受伤是否算工伤？

劳动部关于印发《关于贯彻执行〈中华人民共和国劳动法〉若干问题的意见》的通知

第 12 条指出，在校学生利用业余时间勤工助学，不视为就业，未建立劳动关系，可以不签订劳动合同。

学校统一安排的实习，根据教育部的规定，需要签订由企业、学校、学生三方共同签订实习生协议书，明确实习期间每天的实习时间、实习报酬等。项目部在使用实习生时，除签订实习生协议书外，还应与学校核实学生身份，并将身份证明材料复印留存。如未签订实习生协议书或者非有关劳动合同协议的，有可能被认定为事实劳动关系成立，需要承担基于劳动关系下的各种责任和义务。

相关案例：

在校学生实习期间受伤是否算工伤？（来源：北京法院网）

问：我是某高级技工学校的在册学生，经学校与实习单位协商，被安排在一个酒店实习，实习期为半年。实习期间的一天，我在酒店点心房独自一个人上班，在加工面粉过程中，右前臂被机器缠绞轧伤，经诊断为"右前臂旋转撕脱离断伤"，构成五级伤残。事故发生后，酒店认为我是在校学生，又处于实习期，因此拒绝赔偿。学校则认为我在工作期间受伤，也不同意赔偿。请问，我作为在校学生在实习期间受伤是否算工伤？

答：实习学生不具备工伤保险赔偿的主体资格，不享受工伤保险待遇。因为《工伤保险条例》第 30 条规定："职工因工作遭受事故伤害或者患职业病进行治疗，享受工伤医疗待遇。"即只有属于工伤事故的范围的职工，才能依据《工伤保险条例》处理。而在校生并不具备这些劳动者的条件，他们在实习单位实习期间的身份仍然是在校学生，并没有因为学习场所的改变而成为法律意义上的劳动者，可以获得工伤保险赔偿的主体只能是与用人单位建立劳动关系或事实劳动关系的劳动者。

你虽不能享受工伤待遇，但此类事故可以按民事侵权纠纷处理。

90. 员工犯罪的，单位解除劳动合同是否合法？

专家解读

员工犯罪的，单位能否解除劳动合同？根据法律规定是"可以"的，即单位可以选择开除或者不开除。用人单位在这种情形下如果单方解除劳动合同，不需要支付经济补偿。

《劳动合同法》第 39 条规定，劳动者被依法追究刑事责任的，用人单位可以解除劳动合同。刑事责任是指被人民法院判处刑罚，包括管制、拘役、有期徒刑、无期徒刑、死刑 5 类主刑和罚金、剥夺政治权利、没收财产 3 类附加刑；刑事责任还包括被人民法院依据《刑法》第 37 条对于犯罪情节轻微不需要判处刑罚的，虽然是免予刑事处罚但仍属于被追究刑事责任的情形。

员工犯罪的，什么时候才可以解除劳动合同？

员工涉嫌犯罪被法院判决之前，公司不能解除劳动合同，只有经法院判决员工构成犯罪，被依法追究刑事责任的，公司才可以解除劳动合同。

相关案例：

基本案情，孙某系某环保公司项目经理。2017 年孙某受污染环境案牵连被公安机关立案侦查。2017 年 10 月，因检察院不批准逮捕，需继续侦查，孙某取保候审。2018 年 7 月，某环保公司解除与孙某的劳动合同。2018 年 10 月，公安机关解除了对孙某的取保候审。孙某不服某环保公司解除劳动合同的决定，遂申请仲裁，要求某环保公司支付赔偿金。争议焦点为，劳动者被公安机关采取刑事强制措施，用人单位能否以“被依法追究刑事责任”为由解除双方劳动合同？仲裁结果为，某环保公司违法解除与孙某的劳动合同，应当支付赔偿金。案例评析，《劳动合同法》第 39 条规定，劳动者被依法追究刑事责任的，用人单位可以解除劳动合同。孙某被公安机关立案侦查，不能认定为“被依法追究刑事责任”。某环保公司单方解除劳动合同属于违法解除。依据《劳动合同法》第 87 条、第 47 条规定，某环保公司应当向孙某支付赔偿金。

91. 项目部实行劳务工实名制有何法律意义？

专家解读

2016 年 1 月 17 日，国务院办公厅印发《关于全面治理拖欠农民工工资问题的意见》，提出实行农民工实名制管理制度，严厉查处拖欠工资行为，从根本上解决拖欠农民工工资问题。

2020 年 5 月 1 日实施的《保障农民工工资支付条例》，首次将民工实名制管理制度纳入法律层面，该条例规定用人单位实行农民工劳动用工实名制管理，分包单位对所招用农民工的实名制管理和工资支付负直接责任。施工总承包单位、分包单位未实行劳动用工实名制管理，由人社部门、行业主管部门给予停工、罚款、限制投标、降低或吊销资质等处罚。

《保障农民工工资支付条例》第 55 条规定：“有下列情形之一的，由人力资源社会保障行政部门、相关行业工程建设主管部门按照职责责令限期改正；逾期不改正的，责令项目停工，并处 5 万元以上 10 万元以下的罚款；情节严重的，给予施工单位限制承接新工程、降低资质等级、吊销资质证书等处罚：（一）施工总承包单位未按规定开设或者使用农民工工资专用账户；（二）施工总承包单位未按规定存储工资保证金或者未提供金融机构保函；（三）施工总承包单位、分包单位未实行劳动用工实名制管理。”

相关案例：

2022 年 7 月 27 日，中建某局因未落实劳动用工实名制管理，淮南市人力资源和社会保障局依据《保障农民工工资支付条例》第 55 条，给予中建某局罚款人民币拾万元整的行政处罚。

92. 项目部代发农民工工资的法律风险有哪些？

专家解读

代发工资，是指工程建设领域为保护分包方劳务工的利益，根据法律法规和合同的约定，由总包方为分包方的劳务工发放工资。根据《保障农民工工资支付条例》第 31 条规定，工程建设领域推行分包单位农民工工资委托施工总承包单位代发制度。有了这个规定，总包方跨过分包方直接给分包方的工人发工资，通过分包方委托总包方的方式就合法了，也避免了相应的法律风险。关于项目部代发农民工工资的法律风险主要有以下几个方面。

一是分包单位委托手续必须真实、齐全，将总包方替分包方的劳务工代发工资合法化，即使将来出现纠纷，也能得到法律上的支持；二是分包单位要按月对工人完成的工作量进行考核，即对工人每月考勤或工作量考核进行确认，分包方编制的工资表须有工人本人签字；三是分包单位按月把工程进度报量表以及由工人签字的工资表上报给总包单位，这样既确认了当月工程量，方便结算，又保证了发给农民工本人的工资得到了三方确认；四是要保证每个农民工的签字必须是真实的，由本人签认的，避免发生纠纷时，农民工对签字不认可。

关于代发农民工工资的税务问题。《保障农民工工资支付条例》仅规定了由总包方公司代为发放工资的职责，对于分包方公司的工资支付对象和支付数额并没有决定权，分包方公司是个税代扣代缴义务人。因此，为避免因代发工资引发的税务风险，应由分包方提供农民工工资明细单据，并计算出代扣社会保险、个税信息后，由总包方扣下这笔钱后付给农民工，代扣款项转给分包方，由分包方办理社会保险和个税申报缴纳，这样安排可有效避免涉税风险。

施工总承包单位如果未对分包单位的劳动用工实施监督管理，经查证后逾期不改，会受行政处罚。

相关案例：

2021 年 1 月 25 日，北京市朝阳区人力资源和社会保障局日常巡查发现，某建筑公司存在未对分包单位的劳动用工实施监督管理的行为。1 月 29 日，朝阳区人力资源和社会保障局进行立案查处。经查，该公司作为施工总承包单位，未对其劳务分包方的劳动用工、工资支付情况进行监督，不掌握施工现场用工、考勤、工资支付等情况，违反了《保障农民工工资支付条例》第 28 条。2 月 22 日，朝阳区人力资源和社会保障局依法责令该公司限期改正，但该公司逾期未改。2 月 26 日，朝阳区人力资源和社会保障局向该公司送达行政处罚听证告知书，该公司未提出听证要求。3 月 10 日，朝阳区人社局依据《保障农民工工资支付条例》第 56 条规定，按照《北京市人力资源社会保障行政处罚裁量基准》要求，对该公司依法处以罚款 10 万元。该公司在指定期限内缴纳了罚款，并在朝阳区人社局的指导下，按照条例规定配备了劳资专管员，负责项目用工管理工作，监督分包单位劳动用工和工资发放情况。

93. 项目部拖欠农民工工资的法律风险有哪些？

专家解读

《保障农民工工资支付条例》第 53 条规定，违反本条例规定拖欠农民工工资的，依照有关法律规定执行。有关法律主要包括《刑法》第 276 条之一、《劳动合同法》第 85 条、《劳动保障监察条例》第 26 条等。

拖欠农民工工资罪，在刑法上的罪名是拒不支付劳动报酬罪，《刑法修正案（八）》增加的《刑法》第 276 条之一规定：“以转移财产、逃匿等方法逃避支付劳动者的劳动报酬，或者有能力支付而不支付劳动者的劳动报酬，数额较大，经政府有关部门责令支付仍不支付的，处三年以下有期徒刑或者拘役，并处或者单处罚金；造成严重后果的，处三年以上七年以下有期徒刑，并处罚金。”该罪的犯罪主体为企业和自然人。

《劳动合同法》第 85 条规定：“用人单位有下列情形之一的，由劳动行政部门责令限期支付劳动报酬、加班费或者经济补偿；劳动报酬低于当地最低工资标准的，应当支付其差额部分；逾期不支付的，责令用人单位按应付金额百分之五十以上百分之一百以下的标准向劳动者加付赔偿金：（一）未按照劳动合同的约定或者国家规定及时足额支付劳动者劳动报酬的；（二）低于当地最低工资标准支付劳动者工资的；（三）安排加班不支付加班费的；（四）解除或者终止劳动合同，未依照本法规定向劳动者支付经济补偿的。”

《劳动保障监察条例》第 26 条规定：“用人单位有下列行为之一的，由劳动保障行政部门分别责令限期支付劳动者的工资报酬、劳动者工资低于当地最低工资标准的差额或者解除劳动合同的经济补偿；逾期不支付的，责令用人单位按照应付金额50%以上1倍以下的标准计算，向劳动者加付赔偿金：（一）克扣或者无故拖欠劳动者工资报酬的；（二）支付劳动者的工资低于当地最低工资标准的；（三）解除劳动合同未依法给予劳动者经济补偿的。”

《保障农民工工资支付条例》第30条规定：“分包单位对所招用农民工的实名制管理和工资支付负直接责任。施工总承包单位对分包单位劳动用工和工资发放等情况进行监督。分包单位拖欠农民工工资的，由施工总承包单位先行清偿，再依法进行追偿。”

以上就是拖欠农民工工资的主要法律风险。

相关案例：

某工程项目施工总承包单位将部分工程施工劳务分包给某劳务公司。某劳务公司组织石某等12名农民工入场施工作业。离场后，某劳务公司未按时支付12名农民工工资12.5万元。某劳务公司承认拖欠12名农民工工资，但无力支付。2020年8月，石某等农民工向某市人力资源和社会保障局投诉某劳务公司拖欠工资问题。人力资源和社会保障局组织核实，施工总承包单位、分包单位及农民工对欠薪人数和数额进行了确认。9月11日，某市人力资源和社会保障局依法责令施工总承包单位先行清偿。9月16日，施工总承包单位将石某等12名农民工被拖欠工资全部清偿完毕。

94. 按《保障农民工工资支付条例》的规定，项目部做好哪几方面的工作，可减轻相应的法律责任？

专家解读

2020年5月1日，《保障农民工工资支付条例》正式实施，这是中国第一部关于农民工工资支付的法律性文件，从此我国农民工工资有了法律层面上的制度保障。这个条例的实施对各个行业的影响是巨大的，其专门对工程建设领域作了特别规定，明确了工资从哪来、放在哪、谁来发、发给谁、谁监管等五个方面的工作。违反该条例规定，企业及个人都将面临法律风险。作为基层项目部直接面对大量劳务工，必须要做好以下几个方面的工作，以有效规避其中的法律风险。

一是施工总承包单位应当按照有关规定开设农民工工资专用账户，专项用于支付该工程建设项目农民工工资；施工总承包单位应当按照有关规定存储工资保证金，专项用于支付为所承包工程提供劳动的农民工被拖欠的工资。二是施工总承包单位、分包单位必须实行劳动用工实名制管理，未订立劳动合同并进行用工实名登记的人员，不得进入项目现场施工。分包单位对所招用农民工的实名制管理和工资支付负直接责任，总包单位对分包单位负监管责任。三是施工总承包项目部应配备劳资专管员，对分包单位劳动用工实施监督管理，分包单位应当予以配合；掌握施工现场用工、考勤、工资支付等情况，审核分包单位编制的农民工工资支付表。四是施工总承包单位、分包单位应当建立用工管理台账，并保存至工程完工且工资全部结清后至少 3 年。

以上几项工作如果没有做好，即使不拖欠农民工工资，单位和相关个人也要承担法律责任并面临处罚。

相关案例：

2022 年 3 月 31 日，徐某投诉中建某公司承建的某项目欠薪。经调查，欠薪事实存在，同时发现该项目未按规定使用农民工工资专用账户。2022 年 7 月 25 日，珠海市金湾区人力资源和社会保障局依照《保障农民工工资支付条例》第 55 条第一款之规定，对中建某公司给予罚款人民币伍万元的行政处罚。

专题三　项目应急管理

国家预防生产事故态势持续高压，2021 年 9 月 1 日起施行的《安全生产法》大幅提高违法成本，《刑法》也成为惩治相关违法行为的利器，《刑法修正案（十一）》将原来以结果为导向转为关注行为本身，即使整个生产过程中没有发生事故，但出现违法行为的也将受到刑法的惩罚。

建设工程项目实行安全生产“一票否决制”。否决什么？归纳起来主要是“位子、票子、帽子”，总之一个项目出现安全事故，对项目团队和个人都是影响巨大的。因此，积极防范化解安全风险、及时应对处置各类安全事故是项目部的重要职责。

生命至上、人命关天。施工企业及所属项目部应大力弘扬法治精神，广泛传播应急管理法律法规知识，为建设工程项目营造良好的法治氛围。

95. 如何进行工伤认定？

专家解读

规范和推进工伤保险工作，对维护工伤职工的合法权益，分散用人单位的工伤风险，具有重要意义。那么，如何进行工伤认定呢？

一是由所在单位即用人单位提出工伤认定申请。二是用人单位认为与劳动者不存在劳动关系而不愿申请工伤认定，则劳动者本人或者家属可以主动申请工伤认定，如果受理部门发现劳动关系存在争议且无法确认的，应告知当事人可以向劳动人事争议仲裁委员会申请仲裁，待劳动关系依法确认后，该部门收到生效法律文书之日起恢复工伤认定程序。

时限要求。用人单位应当自事故伤害发生之日或者被诊断、鉴定为职业病之日起 30 日内去申请工伤认定，而工伤职工或者其近亲属、工会组织在事故伤害发生之日或者被诊断、鉴定为职业病之日起 1 年内，可以直接向用人单位所在地统筹地区社会保险行政部门提出工伤认定申请。

材料要求。工伤认定申请提交的材料主要包括工伤认定申请表、证明与用人单位存在劳动关系（包括事实劳动关系）的材料、医疗诊断证明或者职业病诊断证明书（或者职业病诊断鉴定书）。工伤认定申请表应当包括事故发生的时间、地点、原因以及职工伤害程度等基本情况。

劳动能力鉴定。职工经治疗伤情相对稳定后存在残疾、影响劳动能力的，应当进行劳动能力鉴定，也称为伤残鉴定。劳动能力鉴定是指劳动功能障碍程度和生活自理障碍程度的等级鉴定。劳动功能障碍分为十个伤残等级，最重的为一级，最轻的为十级。生活自理障碍分为三个等级：生活完全不能自理、生活大部分不能自理和生活部分不能自理。办理部门，一般是由设区的市级劳动能力鉴定委员进行劳动能力鉴定。办理时限，一般会在 60 天或者 90 天之内作出劳动能力鉴定结论。

96. 发生工伤如何快速确定劳务工身份？

专家解读

近年来，施工项目有关劳动争议案件数量有较大幅度增长，这些案件多以分包单位所使用的劳务工因工伤、工资等原因所引发。纠纷发生后分包队伍往往不积极主动解决问题，导致劳务工直接找项目部解决，继而将公司列为被告进行劳动仲裁或诉讼，耗费项目管理人员大量时间和精力。这类案件的焦点之一是劳务工的身份确认，即该劳务工究竟是

“谁的人”？但由于种种原因项目部举证困难，有的是因劳务工刚上班数天，项目部还没有及时收集到该劳务工相关资料，有的是自身管理原因未收集等。此时因无法向仲裁委员会或法院举证可能会导致案件败诉、公司利益受损。

管理分包队伍是项目管理中的一个难点，施工现场劳务用工管理是项目管理的一大痛点，很多项目在规范劳务用工管理方面耗费大量人力、物力，但实际效果却非常有限。项目部发生劳资纠纷，往往因前期工作不到位，缺乏有力证据支撑，最终只得以项目部让步而收场，让项目管理者不胜其烦。因此，现场劳务用工管理对于项目效益、企业发展都有很大的影响。

回到问题本身，工人发生工伤，理应由用人单位依法承担工伤保险责任，但分包单位的工人发生工伤后问题较复杂。按照企业的管理规定，分包队伍的工人进场前，应将其与分包单位签订的劳动合同交项目部备案，但实际中分包队伍与分包单位多属类似挂靠的关系，分包单位仅收取分包队伍（或包工头）部分管理费。因此，分包单位并不同意分包队伍以分包单位的名义与农民工签订劳动合同，而项目部又要求分包队伍必须提供劳动合同，所以项目部实际收上来的劳动合同的真实性严重存疑。笔者曾在某项目部查看备案的分包队伍的劳动合同时发现，分包单位所盖章公章均为电子章套打，所有工人的签名疑似同一人所签。如果分包队伍的工人发生工伤或劳资纠纷，分包队伍（或包工头）不主动出面解决，劳动合同又被否认，则工人的身份难以确认。而分包队伍的工人天天在项目部的工地上班，工资由项目部代发，这些证据很容易收集，此时，项目部将面临很大的法律风险。

基于此，建议要求各项目部在劳务工进场前，可以面签一个进场人员身份确认单，明确该劳务工与项目部之间没有劳动关系，由其本人承诺不会基于劳动关系向项目部主张权利。这种做法旨在减少劳动争议纠纷，敦促分包单位尊重合同主动化解矛盾纠纷。

进场人员身份确认单

<table>
<tr><td>分包单位</td><td colspan="3"></td><td>总包单位</td><td colspan="3"></td></tr>
<tr><td>人员姓名</td><td></td><td>性别</td><td></td><td>民族</td><td></td><td>年龄</td><td></td></tr>
<tr><td>居民身份证号码</td><td colspan="3"></td><td>联系电话</td><td colspan="3"></td></tr>
<tr><td>送达地址</td><td colspan="4"></td><td>邮政编码</td><td colspan="2"></td></tr>
<tr><td>派驻类型</td><td colspan="7">☐ 劳务派遣　☐ 在校生勤工助学　☐ 合作单位借调
☑ 业务外包　☐ 民事承揽　☐ 其他：</td></tr>
<tr><td>派驻期限</td><td colspan="7">年　月　日至　年　月　日</td></tr>
</table>

续表

进场（派驻）人员确认	1. 本人由派出单位（分包单位）派至接收单位（总包单位、项目部），与接收单位之间无劳动关系，本人亦不会基于劳动关系向接收单位提出任何主张； 2. 本人预留的通信地址为有效送达地址，如发生变更，本人将在变更后 3 个工作日内书面通知派出单位和接收单位，否则接收单位仍以原通信地址送达相关文件而出现包括但不限于拒收、迁址、查无此人等情形时，仍视为送达，所产生的后果由本人承担。 本人确认以上事实并无异议。 进场（派驻）人员签字： 年 月 日

97. 职工居家办公期间发生意外，算工伤吗？

专家解读

2019 年新冠肺炎疫情暴发以来，灵活办公、居家办公、混合办公成为保证企业运营的一种新形态。居家办公在提高员工工作的便利性，降低通勤时间成本的同时，也产生了新的法律问题。虽然，各地政府机构都在积极推行“居家办公”政策，但“居家办公”不同于“集中办公”，随着工作场所的转换，员工有着很大的自由性和灵活性，有时公事、私事是难以厘清的，诸如此种工作模式下员工受伤或突发疾病还能认定为工伤吗？目前相关法律法规对此尚无明确规定。综合《工伤保险条例》来看，认定工伤的三要素为工作时间、工作地点、受伤原因。居家办公的特殊点在于工作地点与生活场所高度混同。若员工根据新冠肺炎疫情防控和单位的要求而居家办公，那么此时“家”可以视为工作地点，但在此期间受伤还应判断是否属于工作原因，例如切菜、做家务明显不属于工作原因。

综上，员工根据单位要求而“居家办公”，其在“家”履行工作职责期间，“家”可以视为工作地点，因工作原因受伤，应视为工伤，这也符合《工伤保险条例》保护劳动者的立法本意。

相关案例：

2021 年 2 月 14 日，在某地新冠肺炎疫情防控期间，某公司要求其销售员窦某以“居家办公”方式在家工作，工作内容主要是通过网络与客户沟通发货及对款等工作。2021 年 3 月 13 日 17：22 左右，正在与客户介绍业务的窦某突发疾病，后经抢救无效死亡。人力资源和社会保障部门作出不予认定工伤的决定，窦某家属遂诉至法院，法院经审理判决撤销该不予认定决定书，要求人力资源和社会保障部门重新作出认定。

98. 职工未经单位同意外出当志愿者受到伤害是否为工伤？

专家解读

职工受单位委派从事志愿者服务，在提供志愿者服务过程受伤应当属于工伤。这符合《工伤保险条例》第 14 条的规定：职工因工外出期间，由于工作原因受到伤害的，应当认定为工伤。构成工伤的核心要件是“在工作时间和工作场所内，因工作原因受到事故伤害”。其中所指的“工作”，仅限于劳动者所从事的与用人单位有关或者是受用人单位指派的工作，而不包括与用人单位毫无关联的工作。志愿服务是指在不求回报的情况下，为改善社会，促进社会进步而自愿付出个人的时间及精力所作出的服务工作，这显然与用人单位无关。志愿者服务中受伤害情形也不属于视同工伤的情形。《工伤保险条例》第 15 条第一款第（二）项规定，在抢险救灾等维护国家利益、公共利益活动中受到伤害的视同工伤。此条款强调的是突发意外事故或事件导致的抢险救灾，而志愿服务既不是应对意外事故或事件，也不属于抢险救灾。

因此，未经单位同意在私自参与志愿者活动中受伤，原则上不构成工伤。当然，法律也有关于保障志愿者合法权益的规定，《志愿服务条例》第 17 条规定：“志愿服务组织安排志愿者参与可能发生人身危险的志愿服务活动前，应当为志愿者购买相应的人身意外伤害保险。”

相关案例

李某系顺义区 × 镇 × 村村民，2020 年 6 月 23 日晚上 11 时左右，李某在 × 村村东口执勤时因身体不适被送至顺义区医院救治。事后李某向法院提起诉讼，要求村委会赔偿各项损失约 36 万元。司法鉴定中心的鉴定意见为“李某身体存有高血压、脑血管病及心房颤动等症，在工作状态时因发病致脑梗死……，如果李某与 × 村村委会具备劳动关系，则符合工伤九级伤残”。法院认为，× 村村委会作为农村基层群众自治组织，从公共安全的角度安排本村村民在村口执勤，并要求村民自发自愿，是从公共利益出发，是具有公益性质的活动，虽然 × 村村委会按日发放补贴，但不足以证实李某与 × 村村委会之间存在雇佣关系。李某也认可自己与 × 村村委会之间并不存在劳动关系。从现有证据来看，李某脑梗死系自身疾病所致。× 村村委会对于李某的损害没有过错，李某的自身疾病与 × 村村委会之间亦不存在法律上的因果关系。李某在村口的执勤行为，是其作为村民为了村集体利益和社会公共利益而作出的付出，值得赞许。但李某要求 × 村村委会承担赔偿责任，缺乏事实和法律依据，故对原告诉求，法院不予支持。裁判结果，驳回原告李某的全部诉讼请求。案件受理费、鉴定费均由李某负担。

99. 职工见义勇为受伤，算工伤吗?

专家解读

关于职工见义勇为受伤能否视同工伤的问题，相关法律法规规定得并不十分明确。《工伤保险条例》第 15 条第一款第（二）项规定，职工在抢险救灾等维护国家利益、公共利益活动中受到伤害的，视同工伤。该条中“抢险救灾等”中的“等”是仅包含抢险救灾活动，还是包括见义勇为等其他维护国家核心利益、公共利益的行为？对此专家学者的意见并不一致，相关判例也不多见。

《最高人民法院行政审判庭关于非因工作原因对遇险者实施救助导致伤亡的情形是否认定工伤问题的答复》(〔2014〕行他字第 2 号)：非因工作原因对遇险者实施救助导致伤亡的，如未经有关部门认定为见义勇为，则不属于《工伤保险条例》第 15 条第一款第（二）项规定的视同工伤情形。考虑到请示所涉案件中张某春舍身救人的行为值得提倡，建议你院与下级法院协调当地有关部门，尽可能通过其他方式做好相关安抚工作，以妥善化解争议。通过这个答复，可以看出如果未经有关部门认定为见义勇为，似乎难以认定为工伤，但需有关部门妥善解决。

相关案例：

2011 年 12 月 24 日 8 时 30 分左右，有人在兴华中路宏富大厦附近对一过往行人实施抢劫。正在某小区物业上班的罗某某听到呼喊声后，立即拦住抢劫者的去路，在与抢劫者搏斗的过程中不慎受伤。重庆市涪陵区对罗某某见义勇为的行为发文表彰。经罗某某申请，涪陵区人力资源和社会保障局于 2013 年 6 月 25 日作出认定工伤决定书，认定罗某某受伤属于视同因工受伤。但其物业公司认为人力资源和社会保障局的认定决定适用法律错误，经复议后诉至法院。重庆市涪陵区人民法院于 2013 年 9 月 23 日作出“（2013）涪法行初字第 00077 号”行政判决，驳回物业公司的诉讼请求。一审宣判后，双方当事人均未上诉，判决已生效。

100. 职工工作期间受到暴力伤害能否认定为工伤?

专家解读

项目部人员日常工作中要与形形色色的人打交道，经常会面对这样或那样的矛盾、纠纷和冲突，有的因坚持原则、有的因维护企业利益、有因个人恩怨等。导致职工受到的暴力伤害，通常有以下几种：一是被同事伤害，如上级领导、一般同事、下属等；二是被外来人员伤害，如分包商、供应商等；三是被来自第三方的人伤害，如当地居民、村民等。关于职工在工作期间受到暴力伤害能否认定为工伤的问题，要具体问题具体分析。职工在工作中与他人发生纠纷，应当以适当的方法和手段妥善处理，用暴力的方式解决问题，有违职业道德和劳动纪律，其所受伤害不受法律保护。

《工伤保险条例》第 14 条第（三）项规定，在工作时间和工作场所内，因履行工作职责受到暴力等意外伤害的应当认定为工伤。该规定中“因履行工作职责受到暴力等意外伤害的”，是指他人因不服从职工履行其工作职责的管理行为而施加暴力对职工造成的伤害，该暴力伤害与履行工作职责应具有直接的因果关系。其中应包含两层含义：一是指在工作时间和工作场所内，职工因履行工作职责受到的暴力伤害；二是指在工作时间和工作场所内，职工履行工作职责期间由于意外因素导致的人身伤害，如甲工人违规高处抛物致正在工作的乙工人受伤。该条规定明确了应当认定为工伤的法定情形，只要符合上述法定情形，职工所受伤害无论是否由第三人侵权引起，都应当认定为工伤。换言之，是否存在第三人侵权不影响工伤的认定。

虽然法律没有明确规定，职工本人对所遭受暴力伤害负有责任的，该如何认定工伤？但是参照《工伤保险条例》第 14 条第（六）项、第 16 条的规定以及《工伤保险条例》的立法目的和原则，如果有证据证明伤害后果系因职工故意或严重过失造成的，或者职工对伤害后果的发生负有主要责任的，即伤害后果主要是人为因素或个人恩怨造成的，则不应认定为工伤。反之，则应认定为工伤。

相关案例一

应某系某用人单位职工，2020 年 6 月 9 日，根据公司安排在收费口收取停车费时，为追赶一辆为逃避缴费而加速驶离车时多处受伤。逃避缴费的一方涉嫌故意伤害罪。2020 年 8 月 17 日，区人社局作出了认定为工伤的结论。

相关案例二

严某系某公司门卫。2016 年 9 月 17 日 18 时许，金某和其妻印某驾驶汽车出门时，被严某以其未缴纳停车费为由拒绝放行。双方争执中，印某将严某的茶杯摔碎，严某持链条锁砸印某的肩部，金某遂用拳头击打严某面部，导致严某鼻部受伤。2016 年 11 月 25 日，严某的用人单位某公司向人力资源和社会保障局申请工伤认定。2017 年 4 月 28 日，人力资源和社会保障局认定严某在工作过程中与他人发生争吵，虽然起因于工作，但其所受伤害系因先攻击对方而招致，性质上不属于因履行工作职责受到暴力伤害，因而不符合工伤保险条例第 14 条第（三）项的规定，决定不予认定为工伤。严某不服，遂向法院提起诉讼，法院判决驳回严某的诉讼请求。

101. 职工下班后在家加班时突发疾病猝死能否认定为工伤?

专家解读

“互联网+”时代已经来临，工作场所早就不限于公司，许多员工已习惯把未完的工作带回家或宿舍去做，工作时间、工作地点、工作场所和非工作时间、非工作地点、非工作场所已经难以严格区分。为了单位的利益把工作带回家，占用个人时间在家中继续工作，不要加班费也就算了，但如果突发疾病或更为严重的后果在法律上有保障吗?

《劳动法》第 41 条规定，用人单位由于生产经营需要，经与工会和劳动者协商后可以延长工作时间。法律上没有规定劳动者“私自”和“在家”加班的情形。《工伤保险条例》明确规定了工伤和视同工伤的法定情形，其中《工伤保险条例》第 15 条第（一）项规定，在工作时间和工作岗位，突发急病死亡或者在 48 小时之内经抢救无效死亡的视同工伤。该条规定的“工作岗位”中不包含地理位置信息，是指一个岗位所需要去完成的工作内容和应当承担的责任范围。所以职工为了单位的利益，在家加班工作期间，理应属于上述“工作时间和工作岗位”。在有事实和证据证明的情况下，职工下班后在家加班时突发疾病猝死的应当认定为工伤。

相关案例

何某系某电商公司员工，2018 年 11 月 10 日 20 时 17 分，何某在家中通过手机微信与同事群、客户群保持联系与沟通。凌晨 2 时许，何某突发疾病，经 120 急救医生抢救无效后死亡，死亡原因为猝死，正值电子商务的“双十一”活动日。2019 年 2 月 18 日，某电商公司向人力资源和社会保障局申请工伤认定，同年 3 月 13 日，人力资源和社会保障局决定不予认定为视同工伤。原告亲属向法院提起行政诉讼。法院经审理查明某电商公司申请工伤认定，已经超过了用人单位申请工伤认定期限（事故伤害发生之日 30 日内），且无申请延期的情形，区人力资源和社会保障局受理程序违法。鉴于其受理程序违法，本案不宜判决重作，可由何某的亲属另行主张（事故伤害发生之日起 1 年内）。法院裁判结果，撤销区人力资源和社会保障局作出的不予认定工伤决定。

102. 职工外出学习被人打伤，能按工伤办理吗？

专家解读

职工根据单位安排外出学习期间，在培训机构所安排的学习场所、休息宿舍以及与学习有关的活动中，无故被人殴打致伤的，除了根据伤情可以追究侵权人的民事、刑事责任外，还可以向人社局依法提出工伤认定申请。

《工伤保险条例》第 14 条第（五）项中规定，因工外出期间，由于工作原因受到伤害或者发生事故下落不明的应当认定为工伤。职工根据单位安排外出学习、休息等相关过程中发生的伤害，均属于由于工作原因受到伤害，包括在培训机构安排的宿舍、餐饮等场所受到他人的伤害，应视为因工作原因受到的伤害。《工伤保险条例》第 16 条规定："职工符合本条例第十四条、第十五条的规定，但是有下列情形之一的，不得认定为工伤或者视同工伤：（一）故意犯罪的；（二）醉酒或者吸毒的；（三）自残或者自杀的。"这些均为受害人自身原因导致伤害发生。结合《劳动法》第 1 条、《劳动合同法》第 1 条、《工伤保险条例》第 1 条的规定，可以明确法律法规的立法宗旨是保护劳动者的合法权益。

国务院法制办公室对《关于职工参加单位组织的体育活动受到伤害能否认定为工伤的请示》的复函（国法密函〔2005〕311 号）认为，作为单位的工作安排，职工参加体育训练活动而受到伤害的，应当依照《工伤保险条例》第 14 条第（一）项中关于"因工作原因受到事故伤害的"的规定，认定为工伤。这个文件对回答本问题也有参考意义。

因此，职工受单位指派外出学习期间受到他人伤害的，可以申请认定为工伤。

103. 职工因公参加应酬，饮酒醉亡属于工伤吗？

专家解读

由于业务工作需要或领导要求陪酒导致受伤甚至醉亡的是不是工伤？关于工伤认定的标准，《工伤保险条例》第 14 条、第 15 条已有明确规定，即要求在工作时间、工作场所，因为工作原因导致的伤害。但是《工伤保险条例》第 16 条又将醉酒列为排除工伤的情形之一，而且，目前这类案件在各地法院的裁判结果并不一致，需结合个案具体分析。醉酒是否应一律作为不予认定工伤的事由，应根据职工醉酒与自身伤亡事故之间存在因果关系区别对待。普遍观点是，职工醉酒造成行为失控进而引发自身伤亡事故的，对于职工不予认定工伤；反之，如果职工醉酒与自身伤亡事故之间不存在因果关系，一般不得以醉酒为由对职工不予认定为工伤。而且只有达到醉酒标准导致的伤亡才不符合工伤认定，未到醉酒标准的也应认定为工伤。例外情况，品酒师在工作中饮酒或醉酒后发生的伤害应属于工伤。

相关案例一：

李某系某工程公司经营部业务员，2019 年 3 月 6 日，经营部主管明某通知李某晚上参加公司组织的小型研讨会并就餐。当晚李某喝酒后，告诉明某自己身体有点儿不舒服，21 时许，明某安排车将其送至公司 10 楼仓库值班室。次日早上 7 时左右，明某发现李某呼之不应，立即拨打 120 急救电话，经医护人员现场确认李某施救前已死亡，公安局意见为猝死。其家属对死因无异议。李某所在公司向市人力资源和社会保障局提出工伤认定申请，2019 年 7 月 2 日市人力资源和社会保障局作出不予认定工伤决定书。李某亲属对该决定不服，向法院院提起诉讼。

本案争议焦点在于李某是否因工作原因突发疾病经抢救无效死亡，是否适用《工伤保险条例》第 14 条、第 15 条认定工伤或者视同工伤的情形，对此，法院评判如下。

首先，李某的工作性质具有特殊性，作为经营部业务员参加业务活动，是受领导指派的职务行为，是其工作内容、工作时间和工作地点的延伸，就餐中饮酒符合常理，不能因死亡前有饮酒的行为，就作为不符合工伤或者视同工伤的情形。其次，关于李某就餐中饮酒是否属于醉酒的问题，应依据检测结果认定，参照《车辆驾驶人员血液、呼气酒精含量阈值与检验》。本案中未进行酒精检测，主张李某属于醉酒的证据不足。医院院前急救病历显示，佐证李某系猝死。另外有证据显示，李某就餐后到公司值班室休息系值班。在证据不足，合理的可能性未排除的情形下，应根据工伤认定倾向保护职工合法权益的原则，作出有利于受伤害职工的工伤认定，才符合《工伤保险条例》的立法本意。

综上，法院判决：撤销市人力资源和社会保障局不予认定工伤决定书；市人力资源和社会保障局于本判决生效之日起 60 日内重新对李某作出工伤认定决定。

相关案例二：

陈某是某公司的销售，工作期间受两名经理指派陪客户喝酒。席间四人共喝了一瓶白酒，陈某约喝了二两。归家途中陈某突然出现呕吐休克症状，两名经理赶紧将其送医，经诊断，陈某入院前已死亡。司法鉴定显示陈某属于心源性猝死，饮酒为猝死的诱因。陈某妻子阿慧向有关部门递送材料申请工伤认定。市人力资源和社会保障局认为，陈某在非工作时间、非工作岗位上突然死亡，不符合《工伤保险条例》相关规定，因而不属于工伤。阿慧不服，一纸诉状将市人力资源和社会保障局告上了法院。

一审法院认为，陈某是在接受单位领导指派陪客户吃饭的岗位上，因饮酒而导致心源性猝死，可视为在工作时间和岗位上病发，根据《工伤保险条例》，陈某的死亡应视为工伤。一审法院遂作出判决，撤销市人力资源和社会保障局作出的工伤认定书，并限定其在法定期限内重新作出具体行政行为。

被告市人力资源和社会保障局不服一审法院判决，提出上诉。

二审法院审理后认为，根据《工伤保险条例》第16条的规定，醉酒属于排除工伤的情形，因此不得认定为工伤或者视同工伤：陈某陪客户吃饭不属于正常的工作范畴，且因醉酒死亡的不能认定为工伤。二审法院作出判决，撤销一审法院对工伤认定书的撤销判决，维持原市人力资源和社会保障局作出的工伤认定书。

由此可见，陪酒醉亡，即使是工作原因都不能认定为工伤。

104. 农民工的工伤保险费用由谁负责缴纳?

专家解读

《工伤保险条例》第10条规定："用人单位应当按时缴纳工伤保险费。职工个人不缴纳工伤保险费。"2010年12月31日公布的《部分行业企业工伤保险费缴纳办法》(人社部令第10号)第3条的规定："建筑施工企业可以实行以建筑施工项目为单位，按照项目工程总造价的一定比例，计算缴纳工伤保险费。"人力资源和社会保障部关于执行《工伤保险条例》若干问题的意见（人社部发〔2013〕34号）第7条规定："具备用工主体资格的承包单位违反法律、法规规定，将承包业务转包、分包给不具备用工主体资格的组织或者自然人，该组织或者自然人招用的劳动者从事承包业务时因工伤亡的，由该具备用工主体资格的承包单位承担用人单位依法应承担的工伤保险责任。"项目部自聘农民工的工伤保险由项目部负责，这没有争议，但分包单位工人的工伤保险到底应由谁来缴纳？人力资源和社会保障部规定可以实行以项目为单位，并未强制规定由项目部负责缴纳，虽然部分地方政府已出台强制规定，要求建筑施工企业以工程项目为单位为农民工办理工伤保险参保手续，但其性质不属于法律法规的强制性规定。

最高人民法院《关于审理工伤保险行政案件若干问题的规定》(法释〔2014〕9号)第3条第一款第（四）项规定："用工单位违反法律、法规规定将承包业务转包给不具备用工主体资格的组织或者自然人，该组织或者自然人聘用的职工从事承包业务时因工伤亡的，用工单位为承担工伤保险责任的单位；"该款第（五）项规定："个人挂靠其他单位对外经营，其聘用的人员因工伤亡的，被挂靠单位为承担工伤保险责任的单位。"该条第二款规定："前款第（四）、（五）项明确的承担工伤保险责任的单位承担赔偿责任或者社会保险经办机构从工伤保险基金支付工伤保险待遇后，有权向相关组织、单位和个人追偿。"

综上所述，关于当前分包队伍所聘农民工的工伤保险费用承担问题，可以由项目部统一缴纳也可由分包单位自行缴纳，至于费用承担问题应在合同中明确约定。违法分包、转包给不具备用工主体资格的分包队伍或“包工头”，应由总包项目部及其所属公司承担工伤保险责任，项目部承担赔偿责任后有权向分包队伍追偿。

105. 工伤保险和意外伤害保险有什么区别？可否同时赔付？

专家解读

根据分包合同的性质和人员属性，一般分包合同会约定由分包方为其工人购买工伤保险，往往有些分包方认为意外伤害保险可以代替工伤保险，其实，工伤保险与意外伤害保险看似相似，但区别很大。

（1）性质不同。工伤保险是社会保险，在社会保险中心缴纳，费用交给国家；意外伤害保险是商业保险，费用交给保险公司。工伤保险属于强制性保险，不缴或不按期缴纳保险费用，人力资源和社会保障部门会要求限期改正、收取滞纳金、罚款等。意外伤害保险费用交给保险公司，属于鼓励性质，国家不强制。单位所有参加社会保险的人都要参加工伤保险，工伤保险时限是从入职到离职。意外伤害保险的被保险人是现场作业人员，一般保障时限是从开工到竣工的整个施工过程。

（2）范围不同。工伤保险属于社会保险，享受工伤保险的前提是经人力资源和社会保障部门认定为工伤的，包括医药费在内的相关权利保障及待遇，工伤保险没有限额的规定。意外伤害保险属于商业保险，主要针对伤者的医药费，且有限额的规定。两者不能相互替代，但可以同时适用。即职工因工伤获得意外伤害保险赔偿后，仍可以主张工伤保险赔偿，用人单位不能以职工已获得意外伤害保险赔偿为由进行抗辩。职工受到意外伤害的，如果经认定不属于工伤的，不能主张工伤保险待遇，但可主张意外伤害保险赔偿。

（3）顺序不同。两者不能同时申请，须有先后顺序。基于保险的补偿原则，会扣除已经得到赔付的金额，仅对剩余部分进行赔付，且总的赔付金额不超过总的花费。这体现了保险保障的是损失而不可以因伤害而获利的性质。

工伤保险是社会保险的一种，具有强制性质，不买违法，其保险力度大、保险范围广；意外伤害保险是商业保险的一种，自愿投标购买，其保险力度和范围均不及工伤保险。

106. 航空意外伤害保险，该不该买？如何买？

专家解读

“3·21”东航 MU5735 航空器飞行事故让国人再次担忧飞机的安全问题。飞机是人类最伟大的发明之一，虽诞生不过百年，却极大推动了社会的进步，成为当前社会快捷的出行方式之一。当然历史上也不乏空难的发生，而且每一次空难几乎都无人生还，其实空难和交通事故一样，但空难发生的概率与交通事故相比不足其万分之一，可以说坐飞机出行比开车出行的安全系数高若干倍。据 2021 年官方统计数据，在过去的三年中交通事故亡人数每年大约 6 万多人。我国作为航天大国空难发生的概率是非常低的，“3·21”东航 MU5735 航空器飞行事故发生前，我国已保持近 12 年 4 227 天超 1 亿小时的安全飞行记录，该记录目前全球领先——全球飞机事故率为 0.43%，我国为 0.04%。

那么乘坐飞机出行，要不要买航空意外伤害保险呢？答案是必须要买。虽然乘坐飞机出行是安全的，但事故降临到个人头上，灾难是不可避免的，且对于每一个家庭来说都是灭顶之灾，保险赔偿是留给亲人的最后抚慰，不要以侥幸心理看待航空意外伤害保险，机票费用与保险费用相比，数额很小，这也是保险存在的意义。我国空难罹难者家属及受伤乘客获得的赔偿有两部分：一是承运人（航空公司）所承担的赔偿；二是保险公司所承担的赔偿，包括乘客购买的航空意外伤害保险以及投保的其他保险等。当然如果没有购买航空意外伤害保险等，就得不到这部分的赔偿。

承运人的赔偿标准，按照 2006 年中国民用航空总局令第 164 号《国内航空运输承运人赔偿责任限额规定》，国内民用航空运输旅客，伤亡赔偿责任限额为人民币 40 万元，每名旅客随身携带物品的赔偿责任限额为人民币 3 000 元，旅客托运的行李的赔偿责任限额为每公斤人民币 100 元。这个规定是不管乘客是否购买保险公司的保险，若发生伤亡都可以最高获得 40 万元的赔偿。虽然已有专家学家呼吁，现行标准与当前的经济社会水平不符亟待调高，但新的赔偿标准尚未出台。所以航空意外伤害保险应该买，毕竟花费不高，关键时有大用。

航空意外伤害保险怎么买？一定不要在订机票的时候购买捆绑销售的航空意外伤害保险。我们在各类订票网站、手机 APP 上购票时，经常会发现与机票捆绑销售的航空意外伤害保险，这种航空意外伤害保险的费用通常为 30 元，最高可以赔付 320 万元，有些人感觉这种保障还不错。其实这种航空意外伤害保险是非常不划算的，一般只能用于当次所乘航班，性价比极低，因为这种保险产品大部分的利润被机票销售方赚取了。但如果在订票以外的其他地方购买航空意外伤害保险，就有可能花更少的钱获得更高的保额。银保监会在调研摸排中也发现了这个问题，2020 年 3 月 5 日印发的《关于加快推进意外险改革的意见》，提出重点整顿捆绑销售、手续费畸高等问题，也许这些问题在今后能够得到解决。

有的企事业单位选择购买团体航空旅客人身意外伤害保险或团体综合意外保险（包含飞机意外险），团体综合意外保险是企事业单位为其雇员（职工）投保的保险，被保险人是企事业单位的雇员（职工），出险后赔付的对象为被保险人或是其法定的受益人，可解决经常出差人员的后顾之忧、节约单位差旅费、减少报销票据。但这里需要提醒的是，单位购买团体综合意外保险之后若规定不再报销个人机票保险费，就应公布团体综合意外保险的保障期限及标准，个人认为不合适的可自费补充购买。假设哪一天真的不幸出现意外事故，家属得不到保险赔偿，单位处理起来会非常棘手，甚至诉诸法院。

综上所述，航空意外伤害保险得买，且单位购买的应该让职工知道。

107. 职工上下班途中发生交通意外的一定能认定为工伤吗？

专家解读

2019 年热播的电视剧《精英律师》的第一集中有段剧情讲的是关于工伤的事。外卖小哥的父亲在上班路上自己骑摩托车摔倒了，想以工伤为由要求公司赔偿，女主戴曦听后便告诉外卖小哥，他的父亲因为是在上班路上受的伤，所以理应属于工伤。当外卖小哥强调“可是他是自己骑摩托车摔的”时，女主仍然确定这也属于工伤，建议外卖小哥查一下《工伤保险条例》，并说道：“职工在上下班途中，遇到的机动车事故伤害，应该认定为工伤。”其实女主戴曦所引用的法条没有说完整，大家试想一下，如果不分青红皂白，只要是上下班途中，受到机动车事故伤害的一律认定为工伤，那么用人单位的用工风险就太大了。

所以法律是这样规定的，《工伤保险条例》第 14 条第（六）项规定，在上下班途中，受到非本人主要责任的交通事故或者城市轨道交通、客运轮渡、火车事故伤害的，应当认定为工伤。

再举一例。某职工骑自行车上班途中，发现鞋带松了，便单手骑车用另一只手系鞋带，结果摔伤了，这种情况是不是工伤？再引申一下，如果是因为路滑呢？答案都是“不能”。需要提醒的是，同样“上班路上摔倒受伤”，也存在着可以被认定为工伤的情形，如下面的案例。

相关案例：

贾某系速递公司员工。2016 年 8 月 13 日 18 时 30 分，贾某从其所在单位宿舍步行至工作地点上夜班途中，因下雨路滑摔倒致伤。2017 年 6 月 28 日，贾某提出工伤认定申请，2017 年 8 月 25 日，人力资源和社会保障局作出不予认定工伤决定，认为贾某所受伤害不属工伤。贾某不服，提起行政诉讼，一审法院判决：上班途中因下雨路滑摔倒致伤不能认定为工伤。贾某不服，提起上诉，二审法院驳回上诉，维持原判。贾某仍不服，向高级人民法院申请再审，高级人民法院认为，此种情形下职工意外摔伤，符合在工作时间前后、在工作场所内，从事与工作有关的预备性或者收尾性工作受到事故伤害的情形，符合工伤认定的标准。若不认定工伤有违《工伤保险条例》立法本意，亦有悖生活常识。为此，2019 年 6 月 15 日，高级人民法院作出判决：撤销一审、二审判决，撤销人力资源和社会保障局作出的不予认定工伤决定书，责令重新作出工伤认定决定。

108. 员工因病或非因工死亡的，能否一次性解决（补偿）？是否合法、有无标准？

专家解读

非因工死亡常容易引发纠纷，因为人命关天，死者家属情不自已，有的甚至向用人单位提出高额赔偿，双方容易僵持不下，引发舆情。

为保障企业职工基本养老保险参保人员及其遗属的合法权益，人力资源保障部和财政部于 2021 年 2 月 22 日联合印发《企业职工基本养老保险遗属待遇暂行办法》（人社部发〔2021〕18 号，以下简称《暂行办法》。《暂行办法》明确规定了，参保职工因病或非因工死亡的，其遗属可以领取丧葬补助金和抚恤金（含遗属待遇），并且明确了支付标准、支付方式、遗属待遇领取地等，于 2021 年 9 月 1 日起施行。

《暂行办法》第 2 条规定："参加企业职工基本养老保险的人员（包括在职人员和退休人员，以下简称参保人员）因病或非因工死亡的，其遗属可以领取丧葬补助金和抚恤金（合称遗属待遇）。"

《暂行办法》第 3 条规定："遗属待遇为一次性待遇，所需资金从企业职工基本养老保险统筹基金中列支。"

《暂行办法》第 4 条规定："丧葬补助金的标准，按照参保人员死亡时本省（自治区、直辖市，以下简称本省）上一年度城镇居民月人均可支配收入的 2 倍计算。"

《暂行办法》第 5 条规定："抚恤金标准按以下办法确定：（一）在职人员（含灵活就业等以个人身份参保人员），以死亡时本省上一年度城镇居民月人均可支配收入为基数，根据本人的缴费年限（包括实际缴费年限和视同缴费年限，下同）确定发放月数。缴费年限不满5年的，发放月数为3个月；缴费年限满5年不满10年的，发放月数为6个月；缴费年限满10年不超过15年（含15年）的，发放月数为9个月；缴费年限15年以上的，每多缴费1年，发放月数增加1个月；缴费年限30年以上的，按照30年计算，发放月数最高为24个月。（二）退休人员（含退职人员），以死亡时本省上一年度城镇居民月人均可支配收入为基数，根据本人在职时的缴费年限确定最高发放月数（计算方法与在职人员相同），每领取1年基本养老金减少1个月，发放月数最低为9个月。本条所述缴费年限和领取基本养老金时间计算到月。"

《暂行办法》第6条规定："参保人员因病或非因工死亡，累计缴费年限不足5年的，其遗属待遇标准不得超过其个人缴费之和（灵活就业等以个人身份参保人员以记入个人账户部分计算）。"

企业没有为员工购买社会保险的，因病或非因工死亡的，也可以参照《暂行办法》规定的支付标准一次性补偿，作为用人单位理应厚植为民情怀，关爱每一名劳动者。对市场主体而言，法不禁止即自由，企业对员工因病或非因工死亡，进行一次性补偿且参照《暂行办法》的标准，笔者认为是合法的。

从企业合规的角度考虑，企业为员工缴纳包括养老保险在内的社会保险是企业的基本法律义务，也是避免企业自行承担遗属待遇的有效措施。

109. 已办理退休手续又返聘的人员发生工伤的，如何处理?

专家解读

《最高人民法院关于审理劳动争议案件适用法律若干问题的解释（一）》第32条第一款规定："用人单位与其招用的已经依法享受养老保险待遇或者领取退休金的人员发生用工争议而提起诉讼的，人民法院应当按劳务关系处理。"即对退休返聘人员，用人单位重新雇佣的，法律性质为劳务关系，可以不受劳动关系的约束。依据《工伤保险条例》的规定，享受工伤保险待遇需要用人单位与劳动者具备劳动关系。那么，已办理退休手续又返聘的人员发生工伤的，是否可以享受工伤保险待遇呢?

《最高人民法院关于超过法定退休年龄的进城务工农民在工作时间内因公伤亡的，能否认定工伤的答复》（〔2012〕行他字第13号），"用人单位聘用的超过法定退休年龄的务工农民，在工作时间内、因工作原因伤亡的，应当适用《工伤保险条例》的有关规定进行工伤认定"。这样规定，主要基于进城务工农民一般没有享受基本养老保险待遇，如果他们在工作时间内因工伤亡而享受不到应有的社会保险待遇，则可能导致其基本生活难以得到保证。虽然该答复针对的是特定的请示事项，但其中体现了将超过法定退休年龄的务工农民纳入《工伤保险条例》的保护范围的法律适用原则，对于同类情形的均可以参考与使用。此类情形多发生在建设工程领域，由此可见使用超过法定退休年龄的务工农民工风险还较大的，施工企业应加强用工管理或通过项目参保方式分散企业风险。

对于已办理退休手续又返聘的人员能否享受工伤保险待遇的问题，《工伤保险条例》规定，劳动者与用人单位间存在劳动关系是工伤保险关系构成的前提。随着经济社会的发展，劳动者的身体健康水平不断提高，现实中一些达到或超过法定退休年龄的退休返聘人员仍在继续工作，当其遭遇职业伤害后如何保障其合法权益，一直是社会关注的焦点。在实践中各地做法也不尽相同，有的通过工伤保险予以保障，有的通过民事赔偿予以解决。为更好地保障这部分人员的工伤保险权益，进一步规范各地做法，在总结地方实践经验的基础上，依据相关政策规定，《人力资源社会保障部关于执行〈工伤保险条例〉若干问题的意见（二）》（人社部发〔2016〕29 号）中分两种情况予以明确规定：一是达到或超过法定退休年龄，但未办理退休手续或者未依法享受城镇职工基本养老保险待遇，继续在原用人单位工作期间受到事故伤害或患职业病的，用人单位依法承担工伤保险责任；二是用人单位招用已经达到、超过法定退休年龄或已经领取城镇职工基本养老保险待遇的人员，在用工期间因工作原因受到事故伤害或患职业病的，如招用单位已按项目参保等方式为其缴纳工伤保险费的，应适用《工伤保险条例》。

110. 工伤私了协议是否有效?

专家解读

如果用人单位已经依法为劳动者缴纳工伤保险，则大部分款项是由工伤保险基金支付的，用人单位仅承担工伤期间的工资福利、五六级伤残津贴、一次性伤残就业补助金等费用；如果用人单位没有依法为劳动者缴纳工伤保险，则全部费用由用人单位承担。经梳理该问题分三个层次解读，一是工伤为什么要私了？二是工伤私了协议是否合法？三是工伤私了协议无效的情形？

工伤为什么要私了？私了一般指在用人单位在没有为劳动者缴纳工伤保险或购买商业保险的情况下，为避免损失扩大、尽快消除事故的不良影响，一般会采取或督促相关方尽快一次性解决。多数情况下，劳动者也不愿走烦琐的司法程序，他们希望能尽快解决问题一次性拿到补偿，于是就有了“私了”的合意。

工伤私了协议是否合法？工伤发生后，如果用人单位既未向行政主管部门上报，又未向劳动保障部门申请认定工伤，则工伤私了协议是无效的。因为该行为属于隐瞒不报，逃避劳动监管部门的监管，既破坏了国家的劳动安全制度，也损害了劳动者的健康权，这种违反法律强制性和禁止性的规定的协议无效。如果用人单位及时向行政主管部门上报，并启动工伤认定程序，则工伤私了协议是有效的，因为《劳动法》赋予用人单位与劳动者自行和解的权利，这种权利的行使是在遵守国家安全劳动制度的前提下完成的。当发生劳动事故时，当事人可以依法申请调解、仲裁，也可以协商解决。

工伤私了协议无效的情形。一份工伤私了协议可能出现有效、无效、可变更或撤销三种情况。协议也就是合同，合同是一种民事法律行为，《民法典》第一编第六章关于民事法律行为无效有 5 种情形，一是无民事行为能力人实施的民事法律行为无效；二是行为人与相对人以虚假的意思表示实施的民事法律行为无效；违反法律、行政法规的强制性规定的民事法律行为无效；违背公序良俗的民事法律行为无效；行为人与相对人恶意串通，损害他人合法权益的民事法律行为无效。

用人单位与劳动者谈判私了一次性解决，即解除劳动合同与工务保险待遇赔偿合并处理。但不少劳动者签订工伤私了协议后，经“高人指点”又以协议赔偿数额过低为由，要求加钱甚至诉至法院请求认定协议无效或者予以撤销。该如何避免这种情况发生？其实，工伤私了协议本质上是一份民事合同，其效力会因争议而发生改变。要想让其产生法律效力，在协议起草、签订时可以邀请地方调解机构见证，也可以到仲裁机构或司法机关进行确认，这样就可保证协议的法律效力。

相关案例一：

私了协议明显不公平，法院判决无效。唐先生入职某公司，某公司未与其签订劳动合同、购买工伤保险。唐先生入职仅一周就在工作中受伤，伤愈出院时，某公司支付了医药费，随后双方签订了“事故处理协议书”，约定由某公司支付唐先生赔偿费用 7 200 元，唐先生自愿放弃基于劳动关系的各项权利。“事故处理协议书”签订后，市人力资源和社会保障局作出工伤认定，经鉴定构成十级伤残。因为伤残情况严重，唐先生申请劳动仲裁，要求某公司按照十级伤残标准支付伤残补助金，但遭到劳动仲裁委驳回。唐先生遂向法院提起诉讼。法院认为，双方签订的“事故处理协议书”是在唐先生工伤认定、劳动能力鉴定结论作出之前进行的，对照唐先生的伤残等级差距巨大，属于显失公平的情形，按法律规定显失公平的合同可撤销。法院遂依法撤销了双方之前签订的“事故处理协议书”，并判决某公司一次性支付唐先生各类伤残补助金 12.7 万余元。

相关案例二：

私了协议约定的赔偿金额与法定赔偿标准接近，更高赔偿请求遭驳回。温某在一家花炮厂打工，工作期间不慎被烧伤，被认定为工伤，经鉴定为十级伤残。后温某与花炮厂达成和解，并签订了协议书。后来，温某对此反悔了，认为自己依法应当享受的各项工伤保险待遇高于与花炮厂签订的协议约定标准，协议明显剥夺了自己根据“工伤保险条例”等所应享受的各项保障性利益，违反了法律法规的强制性规定，显失公平，故起诉至法院，要求撤销与花炮厂的和解协议，并主张更高的赔偿。法院认为，显失公平是指双方当事人的权利、义务明显不对等，使一方遭受重大不利。温某在工伤认定和劳动能力鉴定后，再与花炮厂签订赔偿协议，根据双方的协议，花炮厂除已经支付给温某的医疗费、伙食补助费、住宿费、交通费外，还向温某支付一次性伤残补助金、一次性医疗补助金、一次性就业补助金等赔偿费用共55 005元，可以认定温某已经对自己的受伤情况有了清楚的认知，用人单位没有欺诈和隐瞒行为，且是双方真实意思表示，双方私了协议约定的赔偿金额与法定赔偿标准差距不大，不应认定存在显失公平。法院遂依法驳回了温某的诉讼请求。

以上两个案例均引自：长沙晚报掌上长沙，2022年4月15日。

111. 分包方人员发生安全事故，总承包单位是否要承担责任？

专家解读

关于分包方人员发生安全事故，总承包单位是否要承担责任？主要观点汇总如下。

总承包单位不因将工程分包给具有相应资质的分包人而当然免责，不因与分包人之间通过合同约定而当然免责，也不因分包人存在违法分包行为而当然免责。保证施工现场具备安全生产条件，是总承包单位的法定义务。总承包单位对于安全生产事故的发生具有过错，应承担相关的责任。

我国《建筑法》第45条规定：“施工现场安全由建筑施工企业负责。实行施工总承包的，由总承包单位负责。分包单位向总承包单位负责，服从总承包单位对施工现场的安全生产管理。”

《建设工程安全生产管理条例》第24条规定：“建设工程实行施工总承包的，由总承包单位对施工现场的安全生产负总责。总承包单位应当自行完成建设工程主体结构的施工。总承包单位依法将建设工程分包给其他单位的，分包合同中应当明确各自的安全生产方面的权利、义务。总承包单位和分包单位对分包工程的安全生产承担连带责任。分包单位应当服从总承包单位的安全生产管理，分包单位不服从管理导致生产安全事故的，由分包单位承担主要责任。”这些条款均明确规定了工程为施工总承包的，总承包单位对施工现场的安全负总责。

虽然总承包单位对安全负责，要承担赔偿责任，但承担的责任也是有主次之分的，若总承包单位与分包人之间签订的分包合同有效，且在《安全生产协议》中约定了分包人对施工安全负责，则出现安全事故应由分包单位承担主要责任。若双方签订的分包合同无效，对于无效分包合同所发生的安全事故，则应由总承包单位来承担责任。

对于分包方人员发生的安全事故，总承包单位要承担责任的，具体的法律依据如下。

《建筑法》第 44 条第一款规定："建筑施工企业必须依法加强对建筑安全生产的管理，执行安全生产责任制度，采取有效措施，防止伤亡和其他安全生产事故的发生。"第 45 条规定："施工现场安全由建筑施工企业负责。实行施工总承包的，由总承包单位负责。分包单位向总承包单位负责，服从总承包单位对施工现场的安全生产管理。"

《建设工程安全生产管理条例》第 24 条第一款规定："建设工程实行施工总承包的，由总承包单位对施工现场的安全生产负总责。"该条第三款规定："总承包单位依法将建设工程分包给其他单位的，分包合同中应当明确各自的安全生产方面的权利、义务。总承包单位和分包单位对分包工程的安全生产承担连带责任。"该条第四款规定："分包单位应当服从总承包单位的安全生产管理，分包单位不服从管理导致生产安全事故的，由分包单位承担主要责任。"

《民法典》第 791 条第三款规定，禁止承包人将工程分包给不具备相应资质条件的单位。因此，总承包单位应当就其选定的分包单位是否具有相应资质条件承担审查义务。但是，总承包单位难以就其分包给相应资质的公司而当然免除责任。

《安全生产法》第 20 条规定："生产经营单位应当具备本法和有关法律、行政法规和国家标准或者行业标准规定的安全生产条件；不具备安全生产条件的，不得从事生产经营活动。"第 49 条第一款规定："生产经营单位不得将生产经营项目、场所、设备发包或者出租给不具备安全生产条件或者相应资质的单位或者个人。"

《建筑法》第 13 条规定："从事建筑活动的建筑施工企业、勘察单位、设计单位和工程监理单位，按照其拥有的注册资本、专业技术人员、技术装备和已完成的建筑工程业绩等资质条件，划分为不同的资质等级，经资质审查合格，取得相应等级的资质证书后，方可在其资质等级许可的范围内从事建筑活动。"

根据上述规定可知，生产经营单位或建筑施工企业在从事建筑活动中，不仅要取得相应的资质，而且必须加强安全生产管理，确保具备安全生产条件。具有相应的资质，并不意味着在具体的建筑活动中就当然具备了安全生产条件。对于虽具备相应资质，但疏于安全生产管理，不具备安全生产条件，导致发生安全生产事故的，亦应认定相关单位具有过错，并承担相应的责任。

112. 安全员在现场检查中发现违章作业，且已经口头或书面制止，但依然发生事故。安全员是否有责任？

专家解读

安全员在现场检查中发现违章作业，虽已经口头或书面制止，但没有现场监督整改或采取进一步措施从而避免事故发生，也未将该情况及时上报的，属于未认真履行安全生产工作职责，对该起事故负有一定责任。

主要法律依据如下。

《安全生产法》第 25 条规定的 7 项职责，是安全生产管理人员的基本职责，其他法律、行政法规、部门规章可能会作更具体的规定，但都是基于这 7 项职责展开的：（1）组织或者参与拟订本单位安全生产规章制度、操作规程和生产安全事故应急救援预案；（2）组织或者参与本单位安全教育生产培训，如实记录安全生产教育和培训情况；（3）组织开展危险源辨识和评估，督促落实本单位重大危险源的安全管理措施；（4）组织或者参与本单位应急救援演练；（5）检查本单位的安全生产状况，及时排查生产安全事故隐患，提出改进安全生产管理的建议；（6）制止和纠正违规指挥、强令冒险作业、违反操作规程的行为；（7）落实本单位安全生产整改措施。

《安全生产法》第 93 条规定："生产经营单位的决策机构、主要负责人或者个人经营的投资人不依照本法规定保证安全生产所必需的资金投入，致使生产经营单位不具备安全生产条件的，责令限期改正，提供必需的资金；逾期未改正的，责令生产经营单位停产停业整顿。有前款违法行为，导致发生生产安全事故的，对生产经营单位的主要负责人给予撤职处分，对个人经营的投资人处二万元以上二十万元以下的罚款；构成犯罪的，依照刑法有关规定追究刑事责任。"

《安全生产违法行为行政处罚办法》（2015 修正）第 44 条规定："生产经营单位的主要负责人未依法履行安全生产管理职责，导致生产安全事故发生的，依照《生产安全事故罚款处罚规定（试行）》的规定给予处罚。"第 45 条规定："生产经营单位及其主要负责人或者其他人员有下列行为之一的，给予警告，并可以对生产经营单位处 1 万元以上 3 万元以下罚款，对其主要负责人、其他有关人员处 1000 元以上 1 万元以下的罚款：（一）违反操作规程或者安全管理规定作业的；（二）违章指挥从业人员或者强令从业人员违章、冒险作业的；（三）发现从业人员违章作业不加制止的；（四）超过核定的生产能力、强度或者定员进行生产的；（五）对被查封或者扣押的设施、设备、器材、危险物品和作业场所，擅自启封或者使用的；（六）故意提供虚假情况或者隐瞒存在的事故隐患以及其他安全问题的;（七）拒不执行安全监管监察部门依法下达的安全监管监察指令的。”

相关案例一:

2021年9月4日，某生物医药智创中心在建工程在墙体拆除过程中发生一起1人死亡的生产安全事故。

2021年9月4日15时许，劳务分包单位现场负责人李某安排3名工人卢某生、凌某强及肖某旺开始对7#楼11区5层西侧外墙蒸压加气块墙体及构造柱进行拆除作业。17时许，项目安全管理人员梁某强及监理郭某彪巡查发现上述3名工人采取墙身下部掏空式破拆的违章作业行为。2人随即现场制止并口头警告，要求作业人员爬上外墙脚手架从墙身上部开始破拆，3名工人表示不会再违章作业。3名工人爬上脚手架规范作业约10分钟，待梁某强及郭某彪离开后，肖某旺（死者）又指使鼓动工友从脚手架下落至楼面进行墙身下部掏空式破拆。工人发现有倒塌的迹象时迅速躲避，肖某旺由于躲避不及时，被倒塌的构造立柱砸中头部，安全帽受打击后弹开。肖某旺后经送某医院抢救无效死亡。

事故直接原因：肖某旺及其工友在墙体拆除作业过程中未按照“墙体拆除施工方案”及技术交底要求进行作业，而是违章采取墙身下部掏空式破拆的违章作业方式导致墙身倒塌。事故间接原因：劳务分包单位对现场安全隐患排查不到位，未及时发现并消除墙体拆除过程中的事故隐患；劳务分包单位主要负责人胡某广督促检查安全生产工作不到位，未及时发现并消除墙体拆除过程中的事故隐患；劳务分包单位现场负责人李某履行职责不到位；总承包单位对施工现场发现违章冒险作业行为制止不力；监理单位对施工现场发现违章冒险作业行为制止不力。

处理意见，市应急管理局依据《安全生产法》对施工劳务分包单位及其主要负责人胡某广的违法行为进行行政处罚。

区管委会依据《建筑法》等法律法规对施工总承包单位及监理单位的违法行为依法处理。

劳务分包单位现场负责人李某履行职责不到位的行为建议由其所在公司依据相关制度内部处理，并将处理结果报事故调查组。

本次事故报告中未提到对安全员的处罚，但提到总承包单位对施工现场发现违章冒险作业行为制止不力，所以处理意见中提到要对总承包单位进行依法处理。

相关案例二:

2021年1月3日15时许，江门某公司谭某与班组人员陈某星、张某桃、张某华从地面通过安全爬梯到洪鹤大桥3#桥墩桥面，然后通过梯子下至桥墩下横梁平台做桥底泄水管的管撑安装前准备工作（下横梁平台距离底部水泥承台面高度为29.8米）。谭某、陈某星、张某桃在桥墩下横梁平台上收拾施工材料，完善临边防护设施；张某华从下横梁平台西南侧的登车平台进入桥梁检修车收拾整理材料。为方便下一步施工，谭某带领其他3人利用在下横梁平台上收集到的钢管、钢丝防护网、铁丝和铁脚手板等材料，在下横梁平台靠近北侧塔柱位置与桥梁检修车之间搭设了一条临时简易通道。16时许，某重工公司安全员钱某景到3#桥墩下横梁平台巡查时发现此临时简易通道（已搭建成型），当场口头制止4人继续搭设，并下发“安全隐患整改通知单”要求谭某等人于1月4日前拆除该通道。

17时15分许，谭某、陈某星、张某桃解下安全带准备下桥下班，谭某（只佩戴安全帽）说了句“取东西”，从下横梁桥面折返至临时简易通道，当行走在临时简易通道上时，该通道突然发生解体，谭某情急下双手抓住钢丝防护网，身体悬空挂在该通道下部。谭某挣扎着想往上爬，位于桥梁检修车上的工人张某华见此情景急忙向谭某抛绳索施救，尝试了两次，未能成功。17时16分许，谭某因体力不支，坠落于3#桥墩底部水泥承台面上。

事故报告中对安全员的处理意见：未认真履行安全生产工作职责，虽在检查中发现谭某等人搭设的临时简易通道，但没有现场监督其拆除，也未将该情况及时上报，对该起事故负有责任，建议市交通运输部门依据《安全生产法》第93条规定对其进行处理。

相关案例三：

2020年7月5日16时许，淮南市某双创产业园项目C区6号楼塔式起重机安装过程中发生倒塌事故，造成5人死亡，直接经济损失959.1万元。

事故发生前起重机安装单位严重违章作业，安全员闫某涛当即责令作业人员停止作业，但起重机安装单位负责人陈某堆告知因顶升作业已经开始，临时停止作业风险更高，待完成正在顶升的标准节后再停止。随后，安全员闫某涛在起重机附近等待，但陈某堆等人在安装完正在顶升的标准节并未停止，继续作业。最终导致事故发生。

调查报告认定，事故的直接原因为：塔式起重机顶升作业人员违章作业，在顶升横梁北侧的轴头未完全放置在踏步半圆弧内，未使用顶升横梁防脱销装置的情况下，进行塔式起重机顶升作业，致使塔式起重机失稳倒塌。事故的间接原因：一是项目各参建单位未落实安全生产主体责任；二是地方政府及其有关部门安全监管不到位。

调查报告提出，事故直接责任人陈某堆，鉴于其已在事故中死亡，建议免于追究刑事责任；安全员闫某涛因涉嫌重大责任事故罪已被公安机关采取强制措施；对事故相关单位的8名人员给予行政处罚；对事故相关政府、部门（单位）等12名人员分别给予相应的党纪、政务处分和作出组织处理；对事故相关4家责任单位分别给予相应的行政处罚。

专题四　项目法律事务应对

企业的风险主要来自项目，项目的法律风险是企业的主要风险。工程项目建设周期长、参与主体多、涉及面广，极易产生各种纠纷。据统计，近年来施工企业法律纠纷案件呈上升态势，给社会稳定、企业健康发展带来挑战。企业应加强项目管理有效防范法律风险。

项目部是法律风险防范的前沿阵地，是最先听到“炮声”的地方。项目管理中的法律风险无处不在。项目专兼职法律合规人员是法律风险管理的哨兵，他们及时发现并预警法律风险，筑牢依法合规屏障，有效降低法律风险，助推项目部效益最大化，助力项目提质增效。

项目团队要树立法律风险辨别与防范意识，全面做好内部控制，做到防患法律风险于未然，为企业的持续发展保驾护航。

113. 施工企业的项目部是什么法律性质?

专家解读

项目部最早出现在20世纪80年代后期，是伴随项目法施工而生的，是施工企业适应市场经济发展、深化项目法施工管理，为完成项目管理目标而建立的一次性生产管理组织。大中型施工项目，应当在施工现场设立项目部。项目经理是对施工项目全面负责的项目管理者，是施工企业内部的岗位职务。项目部一般不具有独立法人资格，无法独立承担民事责任，因此其行为的法律后果原则上应由企业法人承担。

施工企业项目部的设立依据，一般是各级公司机构编制部门所下达的机构设置令等“红头”文件。从法律角度上讲，这些文件实质构成法人对项目的授权，授权项目部在施工期间代表企业实施项目管理活动，因此项目部处于委托代理人的地位。

以项目部的名义对外签订合同的效力问题。项目部实质上是施工企业内部临时机构，不具备合同当事人主体资格，对外只能以施工企业的名义从事民事法律行为。在没有企业明确授权的情形下，项目部若以自己的名义对外签订各类经济合同，从现有法律规定看，其签订的合同属于效力待定合同。施工企业将要承担合同被撤销或变更的风险以及其他经营风险。如果合同相对方行使合同撤销权，合同文本中有关主要条款对双方不产生约束力，法院仅在客观事实层面要求各方履行现行义务。

项目经理的表见代理权。表见代理是行为人本没有以本人名义实施相关法律行为的代理权限，但因行为人拥有代理权的表象，使善意的相对人对其产生合理信赖，而与之实施法律行为。为保护无辜的相对人，《民法典》规定该无权代理行为（包括行为人没有代理权、超越代理权或者代理权终止）与有权代理行为具有同等法律效果的制度。

项目部对外代表施工企业，而项目经理作为项目主要负责人，客观上存在代理权的表象，其实施的客观事实与代理权表象之间若存在关联性，而相对人又因此权利外观产生合理信赖，则法院从保护善意第三人的角度上会认定项目经理的行为构成表见代理。例如，项目经理以项目部的名义对外举债，签字并加盖项目公章，企业法人可能为此承担法律责任。为避免陷入表见代理纠纷，施工企业应完善自身管理制度，规范项目经理的经营行为。

114. 项目部能当被（原）告吗?

专家解读

这个问题的实质是项目部能不能被人告或去告别人？这涉及项目部的诉讼主体资格问题。《民事诉讼法》第51条第一款规定：“公民、法人和其他组织可以作为民事诉讼的当事人。”

根据上述规定，项目部要成为法律意义上的“其他组织”，除了应由具备法人资格的施工单位下文批复合法成立、安排一定的人员、拨付一定的财产外，最主要的还要到项目部所在地的工商行政管理部门办理注册登记手续并领取营业执照。否则只能将其认定为法人设立的没有领取营业执照的分支机构，在具体的民事诉讼中以设立该分支机构的施工企业为当事人。也就是说，项目部不具有民事主体资格，不具有民事法律行为能力，既不能以自己的名义作为原告起诉，也不能作为被告应诉。

诉讼实践中，申请人或原告以项目部名义起诉或者将项目部列为被申请人或被告的，司法机关在立案审查阶段应告知其只能以设立项目部的法人作为被申请人或者被告，其坚持不改则不予受理，已经受理的，动员其撤诉或者裁定驳回起诉。项目部所成立的施工企业本身亦可主张就项目部不具备诉讼主体资格，直接向法庭提出异议，要求裁定驳回起诉。

相关案例：

2010年，某厂与某公司项目部签订“机械设备租赁合同”，该合同上盖有某公司项目部公章。合同签订后，某厂按合同约定向项目部提供了建筑机械设备，但项目部却未按合同约定结算租金。某厂起诉某公司项目部，要求其给付租金和修理费，法院告知项目部没有营业执照，不是适格的被告，遂裁定不予立案处理。

115. 项目部印章是否具有法律效力？存在哪些法律风险?

专家解读

项目部一般属于内设独立经济核算单位，有自己的资金账户，掌握着一定的人、财、事权，为便于其在授权范围内开展生产经营活动，项目部印章便得到了广泛的运用。由于项目部系施工企业的内部机构，不具备法人资格，未办理工商登记，项目部印章所产生的法律后果一般将由企业概括承受，并在一定程度上起到代替企业公章的作用。对于施工企业而言，为项目部刻制一枚印章容易，但管理起来却不易，由项目部印章使用不当而引发的法律风险时有发生，有的企业曾因项目部印章管理问题遭受了重大经济损失，因此企业和项目管理者务必高度重视印章管理。

项目部印章对外签订合同的效力是如何认定的？

（1）项目部的签约行为在施工企业的授权范围内。基于项目部施工现场管理机构的特点，施工企业一般会将施工图纸、设计变更确认、工程量清单、往来函件等工程文件的签章事宜授权给项目部，用以提高施工效率。若项目部的签约行为在施工企业的授权范围内，则其签约属于项目部履行职务的行为，此时项目部直接代表施工企业，其合同效力除存在《民法典》第 144、146、153、154 条规定的情形外，原则上应属有效，相关的法律后果应直接归于施工企业。

（2）项目部的签约行为超出了施工企业的授权范围。实践中经常出现以项目部名义对外签订劳务分包合同，采购、租赁合同，甚至个人借款等情形，导致施工企业莫名承担了不必要的债务，而这些事宜一般不会约定在施工合同中。若项目部的签约行为超出了施工企业的授权范围，则应当适用《民法典》第 171 条之规定，即“行为人没有代理权、超越代理权或者代理权终止后，仍然实施代理行为，未经被代理人追认的，对被代理人不发生效力。”项目部在未经施工企业授权的情形下，擅自以企业名义对外施工的民事法律行为，且施工企业事后也不予以追认的，应认定对该企业不发生法律效力，该合同约定的相应责任应当由实际签订的主体承担。

（3）项目部的签约行为超出了施工企业的授权范围，但构成表见代理。表见代理是指行为人没有代理权、超越代理权或者代理权终止后以被代理人名义订立合同，相对人有理由相信行为人有代理权的，代理行为有效，表见代理本质上是无权代理的一种例外情形。《民法典》第 172 条规定：“行为人没有代理权、超越代理权或者代理权终止后，仍然实施代理行为，相对人有理由相信行为人有代理权的，代理行为有效。”因此在施工领域如果出现了项目部虽未得到施工企业的授权，但施工企业存在受领工程材料、支付款项等履行合同义务的情形，则交易相对方有理由认为项目部具有代理权，签约合同的法律后果应由施工企业承担。

但上述情形施工企业往往因证据不足而难以自证其说。

相关案例一：

分包商自行采购、租赁，总承包单位项目部在其合同上加盖项目部印章，总承包单位须承担责任；项目部印章的效力等同于企业公章的效力。

2012 年 2 月 13 日，某公司合肥市 ×× 路高架工程二标项目部分包队伍负责人黄某与某钢管租赁站（系个体工商户俞某男开办）达成财产租赁合同，黄某因分包工程需要租赁脚手架、钢管等物，但俞某男不愿与黄某发生租赁业务，黄某找到项目部，以工程急用等为由，请求项目部用印，项目部未经严格审核便在黄某与某租赁站的合同乙方空白处用印。之后黄某不仅租赁费254.98万元分文未付，甚至连租赁物亦未归还。

俞某男遂将该公司诉至法院。本案经多次开庭，终以公司败诉结束。后该公司又向黄某及其挂靠的某公司进行追偿，历经多轮诉讼历时隔多年仍未完全追回。

相关案例二：

公司项目部负责人向当事人借款，并提供公司项目部相关资料，加盖公司项目部印章，该借款是否应由公司偿还？

裁判要点：表见代理是指行为人虽无代理权，但由于本人的行为，造成了足以使善意第三人相信其有代理权的表象，而与善意第三人进行的由本人承担法律后果的代理行为。根据《民法典》第172条规定："行为人没有代理权、超越代理权或者代理权终止后，仍然实施代理行为，相对人有理由相信行为人有代理权的，代理行为有效。"公司项目部负责人向当事人借款，并提供公司项目部相关资料，加盖公司项目部印章，其行为致使当事人有理由相信项目部代理公司借款，即构成表见代理，因此公司下属的项目部的借款行为可以认定为公司的借款行为。因而，该借款应由公司偿还。（采编自"北大法宝"）

116. 公司如何约束项目经理及管好项目部印章？

专家解读

项目经理是项目部印章管理的第一责任人。施工企业应选用专业能力强、职业道德高尚的项目经理管理项目，并通过建立年度信用评估机制，认真考核项目经理任职情况，对信用记录良好的项目经理，按规定给予物质奖励，若出现违法违规情形使公司遭受损失的，则给予其经济处罚、降级处理，情况严重的可以追究其法律责任。施工企业在设立项目部时，还应以授权委托书的方式明确项目经理的授权事项、授权范围、授权期限，在授权事项下可以加盖项目部印章，规范项目经理的经营行为。对不适宜由项目部决定的事项加以确定排除。

管好项目部印章，首先，应建立健全项目部印章管理制度，明确项目部印章的使用范围，禁止在空白介绍信、空白纸张、空白单据等空白文件上盖印章。实行严格的审批及登记制度，做到"一章一请示，一章一登记"，使得对印章的使用情况可以有效跟踪。项目竣工后及时向公司印章管理部门移交项目部印章。其次，设立专门的项目部印章管理人员，并签订法律风险岗位承诺书，明确印章管理岗位的法律风险防控职责。外出用印要由专管员协助加盖。加强印章的保管力度和防盗防盖措施，如存放印章的钥匙不离身，或者向保管钱财一样将印章存放保险柜中。再次，向项目经理和项目部印章管理人员宣传项目印章使用的法律风险，提高印章管理的技能和增强法律风险防范意识。宣传违规对外使用印章的法律后果，违规用印章造成经济损失的，要追究经济责任，涉及犯罪的要移送公安机关追究刑事责任。最后，企业必须定期检查印章使用情况。企业印章管理部门应按照印章管理规定对所属单位印章使用情况进行检查，发现问题及时采取相应措施。当遇到仿冒项目部印章的情况时，企业印章管理部门要及时向公安机关报案，并将有关情况通报法规部门，由法规部按法律规定解决。

相关案例：

某施工企业项目经理将一张盖有企业公章的白纸交给某分包商，某分包商在这张白纸上打印了一份结算单，该结算单中超算了98万元货款，因此双方诉至法院。法院认为，由于印章是真实的，先盖章还是先打印文字并不影响结算单的法律效力。故法院判决某施工企业承担相应款项。

点评：公章是企业对外从事民事活动并作出意思表示的工具，一般而言，在文本上留印，基于公示的公信力和对抗效力，便可推定具备企业意思表示的法律效力。根据《最高人民法院关于民事诉讼证据的若干规定》相关规定，企业如果无法提出其他证据证明加盖公章材料的真实性问题，就必须自行承担加盖印章的空白文书所导致的风险和法律后果。故项目部应对盖有公章的空白纸张、空白介绍信严加管理，避免承担不利后果。

117. 项目部职员擅自加盖项目部印章或公司印章签订合同的，应当如何处理？

专家解读

职员私盖公章签订合同可能会被认定为表见代理。所谓表见代理是指行为人本没有以本人名义实施相关法律行为的代理权限，但因行为人拥有代理权的表象，使善意的相对人对其产生合理信赖，而与之实施法律行为。为保护无辜的相对人，《民法典》规定该无权代理行为（包括行为人没有代理权、超越代理权或者代理权终止）与有权代理行为具有同等法律效果的制度。所以，若善意第三人有理由相信该职员有权利签订合同并持有公章，此行为构成表见代理，其法律后果应由公司承担。若第三人明知该职员没有签订合同的权利而与之签订合同，双方的行为可以被认定为恶意串通损害公司合法权益，公司可以向法院主张合同无效。

职员私盖公章直接侵害公司公章的管理和使用权，给公司造成损失的，应依法承担赔偿责任。公司可以依据《劳动合同法》第 39 条第（二）项以严重违反用人单位的规章制度为由与其解除劳动合同。情节严重的，职员私盖公章以签订合同的方式骗取他人财产资金，涉嫌合同诈骗，公司可以报警处理，检方会对该职员提起公诉，公司因管理不善须承担清偿责任，就损失部分可以向该职员进行追偿。

为最大限度地杜绝项目部印章使用不当所带来的法律风险，项目部应做好以下几点。

一是建立健全企业印章管理制度，对印章保管、使用、登记、审核、审批、注销等进行严格管控，明确责任人，做好书面凭证。

二是控制项目印章数量，合理设计印章内容，限制印章的使用范围，如资料专用章、文件往来专用章等。

三是界定项目印章权限，如分包、买卖合同超过一定标的额的必须加盖公司公章，法律文书一律交由公司接收，把印章使用风险严格限定在可控范围。

四是对项目部及项目经理的特别授权应具体明确，授权范围严格限制，降低被认定为表见代理的可能性。

五是在内部承包协议的醒目位置（首页抬头）明确约定内部承包人无权对外以项目建设名义借款、担保、签订其他经济类合同，规避表见代理或职务行为。

六是发现伪造企业印章行为，及时向公安机关报案，保留企业追诉权和否认证据。

总之，施工企业应加强对项目部印章的管理，对违反印章管理制度的，必须予以严肃处理。

118. 律师函是干什么用的？项目部如何应对？

专家解读

什么是律师函？顾名思义，就是律师发的函。用法律的语言来解释，律师函是律师接受客户的委托，就有关事实或法律问题进行披露、评价，进而提出要求，为达到一定效果而制作，并以律师事务所和律师的名义发送的专业法律文书。

有人把律师函比作合法的恐吓信，某种程度上律师函能起到一种警示作用，还能引起诉讼时效中断的法律后果。为避免诉端收到律师函后，项目部应该积极应对。首先核实律师函所述的事实有无遗漏和错误，其次针对律师函的要求，综合分析律师函的真正目的。如果债务真实、欠款金额无争议，己方处于明显弱势的地位，应当积极主动地与对方取得联系，能够协商的尽量协商，请求对方能够给予一定的付款宽限期。如果争议较大，且己方有充分的证据及理由的（如付款期限未到，对方事先具有违约行为等），可以理性回应，双方互相让步，也可寻求第三方民事调解协商解决，协商不成，可以应诉维护自己的合法权利。如果是多年前的供应商突然发律师函催款的，应警惕诉讼时效问题，将具体情况转告公司法规部或向专业人士咨询，综合研判如何应对。

此外，律师函必须要有律师签章和盖章，代表对此函负有法律责任，如无则为伪造。如因收到律师函受到威胁、恐吓、损失等，可向公安机关报警，追究委托人和律师的责任。

119. 微信等社交软件的聊天记录所确认、承诺的事项是否有效？

专家解读

最高人民法院发布的《最高人民法院关于民事诉讼证据的若干规定》规定，2020 年 5 月 1 日起，微信、微博聊天记录可正式作为打官司的证据。

民事诉讼有 8 大证据种类，包括当事人的陈述、书证、物证、视听资料、电子数据、证人证言、鉴定意见、勘验笔录，这是《民事诉讼法》第 66 条的规定。《最高人民法院关于民事诉讼证据的若干规定》第 14 条规定，电子数据包括：网页、博客、微博客等网络平台发布的信息，手机短信、电子邮件、即时通信、通信群组等网络应用服务的通信信息，等等。所以微信等社交软件的聊天记录属于电子数据的一种，属于合法的证据形式，具有证据的法律效力，可以作为电子证据向法庭出具。

但聊天信息须经鉴定并质证查证属实后，才可以作为认定事实的根据。微信的聊天记录是否被采信首先须提交聊天记录的原始载体，审查证据的真实性与聊天内容的完整性及与案件纠纷事实是否存在关联性。其次核实双方实名信息，并且证明对方当事人是该微信账号的使用者，通常由当事人当庭自认，若一方未到庭或者不自认，则可以申请第三方平台调取其实名认证时的真实信息。

相关案例：

某材料供应商与某施工企业签订“混凝土买卖合同”，合同约定“甲方于每月 25 日向乙方提供下月使用计划……浇筑前提前 3 小时正式通知乙方开盘时间”，双方工作人员组建微信群联络供货信息。后双方因欠款纠纷诉至法院，某施工企业提出逾期供货的反诉请求，并向法庭提交该微信群的部分聊天记录的打印件。聊天记录显示，某施工企业当天中午 12 点发出要货信息，要求下午 2 点半送至现场，原告（某材料供应商）辩称项目部要求 2 个半小时内供货到位违反合同约定的通知义务，不承担逾期供货的违约责任。经了解合同履行过程中一直通过微信群的方式发出供货信息，且合同实际履行方式不分昼夜、随要随到，已对合同约定的方式作出了实质变更。因某施工企业当庭未能提交微信群信息的原始载体，无法对工作全部信息作出呈现，导致法院未能支持其反诉请求。

120. 何为诉讼时效？履约保证金是否受诉讼时效限制？

专家解读

有一句法律谚语，“法律不保护躺在权利上睡觉的人”，这其实说的就是诉讼时效问题。

所谓诉讼时效，是指民事权利受到侵害的权利人在法定的时效期间内不行使权利，当时效期间届满时，债务人获得诉讼时效抗辩权。换言之，在法律规定的诉讼时效期间内，权利人提出请求的，人民法院强制义务人履行所承担的义务。而在法定的诉讼时效期间届满之后，权利人行使请求权，且义务人提出诉讼时效抗辩的，人民法院不再予以保护。诉讼时效的期限在符合法律规定的条件下可以中止、中断或延长。

诉讼时效期间为法定的期间并且强制适用，禁止当事人通过约定排斥时效规范的适用、禁止当事人约定延长或缩短诉讼时效期间、禁止当事人就诉讼时效的计算方法作出约定、禁止当事人就诉讼时效中止、中断的事由作出约定。当事人对诉讼时效利益的预先放弃无效。

根据不同纠纷的法律特点，法律规定不同的诉讼时效。《民法典》第 188 条第一款规定，向人民法院请求保护民事权利的诉讼时效期间为 3 年；《民法典》和民事单行法另行规定了部分特别诉讼时效，如国际货物买卖合同诉讼时效为 4 年；诉讼时效期间最长为 20 年。

诉讼时效主要适用于债权请求权。诉请履约保证金属于债权纠纷的一种，受诉讼时效期间的限制，自约定的履约保证金返还时间届满之日起计算。

因此，对于企业的债权进行诉讼时效管理十分必要，企业应定期进行债权审计，对于诉讼时效即将过期的债权，要采取措施延长，对已过诉讼时效的债权，应采取措施挽救。工程款的清欠适用一般诉讼时效的规定，即 3 年。诉讼时效自最后一期履行期届满之日起计算，如索要工程款应自最后一笔质保金到期后开始计算。

诉讼时效的“续命”措施。直接上门清欠并保留证据；发催款函或律师函；协商签订还款计划、协议或对账并双方确认；会议协商并形成会议纪要；提起诉讼或申请仲裁。总之，一切能证明我们一直在主张权利的各种材料都可能成为延续时效的证据。

诉讼时效的“回天之术”。和对方协商，争取签订还款计划；和对方重新对账，明确截至何时尚欠多少金额，再约定还款期限，或者要对方承诺还钱，否则对方仍可主张诉讼已过。

121.“失信”与“限高”有何联系与区别，如何解除?

专家解读

“限高”和“失信”，它们之间有什么关系?

“失信”和“限高”都是当事人因没有履行生效法律文书确定的义务，而被法院施加的信用惩戒手段。比如你欠别人钱，法院判决你还钱，但你因种种原因没还，所以法院要对你作出一些限制。但要怎样限制呢?要看是什么原因不还钱，简单来说有两种情形：一是有钱不还，二是确实没钱。有钱不还属性质恶劣的情形，将被列入失信黑名单，简称“失信”。如果确实没钱还，那就省着点花钱，别再高消费了，维持基本生活就可以了，这就是“限高”。

（1）适用的对象不同。

“失信”针对的是“故意不还钱”的被执行人，简单地说就是有能力履行而拒不履行，甚至转移财产等。“失信”是指将被执行人纳入失信被执行人名单，对其进行信用惩戒。除了被执行人未履行生效法律文书确定的义务外，还需要满足以下任一条件：一是有履行能力而拒不履行生效法律文书确定义务的；二是以伪造证据、暴力、威胁等方法妨碍、抗拒执行的；三是以虚假诉讼、虚假仲裁或者以隐匿、转移财产等方法规避执行的；四是违反财产报告制度的；五是违反限制消费令的；六是无正当理由拒不履行执行和解协议的。

“限高”针对的是“没钱还”的被执行人，是“限制高消费”的简称。当被执行人未在指定的期间履行生效法律文书确定的义务时，法院就可以采取该措施，限制其高消费及非生活或者经营必需的有关消费。“限高”只需满足一个条件，即“被执行人未按执行通知书指定的期间履行生效法律文书确定的给付义务的”，法院可以限制其高消费。

“限高”和“失信”之间的关系，“失信”必然要“限高”，但“限高”未必会“失信”。此外，被执行人如果是未成年人，则人民法院不得将其纳入失信被执行人名单。

（2）受影响的范围不同

“限高”限制的是九种高消费及非生活或者经营必需的消费行为。如果被执行人是自然人，被采取限制消费措施后，不得有以下高消费及非生活和工作必需的消费行为：一是乘坐交通工具时，选择飞机、列车软卧、轮船二等以上舱位；二是在星级以上宾馆、酒店、夜总会、高尔夫球场等场所进行高消费；三是购买不动产或者新建、扩建、高档装修房屋；四是租赁高档写字楼、宾馆、公寓等场所办公；五是购买非经营必需车辆；六是旅游、度假；七是子女就读高收费私立学校；八是支付高额保费购买保险理财产品；九是乘坐“G”字头动车组列车全部座位、其他动车组列车一等以上座位等其他非生活和工作必需的消费行为。

被执行人为单位的，被采取限制消费措施后，被执行人及其法定代表人、主要负责人、影响债务履行的直接责任人员、实际控制人不得实施前款规定的行为。因私消费以个人财产实施前款规定行为的，可以向执行法院提出申请。执行法院审查属实的，应予准许。

“失信”则是将被执行人的相关信息公之于众，对其予以信用惩戒。各级法院可根据各地实际情况，将失信被执行人名单通过报纸、广播、电视、网络、法院公告栏等方式予以公布，并可以采取召开新闻发布会或者其他方式对本院及辖区法院实施失信被执行人名单制度的情况定期向社会公布。相关单位依照法律、法规和有关规定，在政府采购、招标投标、行政审批、政府扶持、融资信贷、市场准入、资质认定等方面，对失信被执行人予以信用惩戒。国家机关、事业单位、国有企业等被纳入失信被执行人名单的，人民法院应当将失信情况通报其上级单位、主管部门或者履行出资人职责的机构。

（3）期限不同。

“限高”原则上要一直限制到被执行人的义务履行完毕为止。

纳入失信被执行人名单的期限为两年。被执行人以暴力、威胁等方法妨碍、抗拒执行情节严重或具有多项失信行为的，可以延长一至三年。

失信被执行人积极履行生效法律文书确定义务或主动纠正失信行为的，人民法院可以决定提前删除失信信息。

（4）法律后果不同。

被执行人违反限制消费令进行消费的行为属于拒不履行人民法院已经发生法律效力的判决、裁定的行为，经查证属实的，依照《民事诉讼法》第 111 条的规定，予以拘留、罚款；情节严重，构成犯罪的，追究其刑事责任。

有关单位在收到人民法院协助执行通知书后，仍允许被执行人进行高消费及非生活或者经营必需的有关消费的，人民法院可以依照《民事诉讼法》第 114 条的规定，追究其法律责任。

被列入失信被执行人名单的人还可能面临最高刑期 7 年的刑事处罚。《刑法》第 313 条规定：“对人民法院的判决、裁定有能力执行而拒不执行，情节严重的，处三年以下有期徒刑、拘役或者罚金；情节特别严重的，处三年以上七年以下有期徒刑，并处罚金。单位犯前款罪的，对单位判处罚金，并对其直接负责的主管人员和其他直接责任人员，依照前款的规定处罚。”

（5）如何删除失信信息。

具有下列情形之一的，人民法院应当在三个工作日内删除失信信息：①被执行人已履行生效法律文书确定的义务或人民法院已执行完毕的；②当事人达成执行和解协议且已履行完毕的；③申请执行人书面申请删除失信信息，人民法院审查同意的；④终结本次执行程序后，通过网络执行查控系统查询被执行人财产两次以上，未发现有可供执行财产，且申请执行人或者其他人未提供有效财产线索的；⑤因审判监督或破产程序，人民法院依法裁定对失信被执行人中止执行的；⑥人民法院依法裁定不予执行的；⑦人民法院依法裁定终结执行的。

122. 刑事拘留、行政拘留、司法拘留，有何不同?

专家解读

刑事拘留、行政拘留、司法拘留都是法律规定的暂时限制人身自由的强制措施。

刑事拘留是指行为人触犯了《刑法》，公安机关对罪该逮捕的现行犯或重大犯罪嫌疑人实施的一种强制措施。其目的是保证刑事诉讼的顺利进行，防止现行犯或重大犯罪嫌疑人对社会造成危害。刑事拘留一般为 10~14 日，对流窜作案、多次作案、结伙作案的重大犯罪嫌疑分子的最长拘留期限为 37 日。被拘留人的辩护律师可以与其会面和交谈，刑事拘留期间家属不可以探视，但可与辩护律师会面和交谈。采取刑事拘留的人经公安机关侦查不一定会判刑，但存在判刑的可能性，一旦判刑，刑事拘留的期限可以折抵刑期。刑事拘留为《刑法》所规定，属于司法程序。

行政拘留是指行为人触犯了《治安管理处罚法》，公安机关对违反治安管理的人，依法作出短期内限制其人身的一种处罚。其目的是惩罚和教育有一般违法行为的人。行政拘留的期限一般为 10 天以内，若有多起违法行为合并执行最长不超 20 日；行政拘留期间家属可以探视。行政拘留不会留下“案底”，用人单位也不得因员工被行政拘留而解除劳动合同。行政拘留为《行政法》所规定，遵循行政程序。

司法拘留是指人民法院对妨害民事诉讼、行政诉讼、刑事诉讼情节严重的人，在一定期间内限制其人身自由的一种强制措施。处罚对象为具有妨碍诉讼、妨碍审理、妨碍执行，打击报复司法工作人员，阻碍执行公务以及哄闹冲击法庭行为的人员。对这些人员，人民法院作出决定交公安机关看管。司法拘留的期限为 15 日以下。在司法拘留期间，被拘留人承认并改正错误的，人民法院可以决定提前解除司法拘留。被拘留人对人民法院的决定不服的，可以向上一级人民法院申请复议。但复议期间，人民法院的决定继续执行。

相关案例：

在一起劳动争议执行案中，施工企业欠薪，被员工申请强制执行，因被执行人拒不履行法定义务且不如实申报财产，法院依法对公司负责人作出司法拘留15日的决定，并最终促成当事人达成和解。

123. 什么是行政处罚？如何进行行政处罚救济？

专家解读

行政处罚是指行政机关依法对违反行政管理秩序的公民、法人或者其他组织，以减损权益或者增加义务的方式予以惩戒的行为。

法律、行政法规规定的行政处罚的种类包括：①警告、通报批评；②罚款、没收违法所得、没收非法财物；③暂扣许可证件、降低资质等级、吊销许可证件；④限制开展生产经营活动、责令停产停业、责令关闭、限制从业；⑤行政拘留；⑥其他。行政处罚的种类和设定由法律、法规、规章明文规定，对违法行为给予行政处罚的规定必须公布；未经公布的，不得作为行政处罚的依据。

《行政处罚法》规定行政处罚的救济包括事前救济措施和事后救济途径。

（1）事前救济措施包括陈述权、申辩权和听证权。

在行政机关作出行政处罚之前，必须随时听取当事人的陈述、申辩。对当事人提出的事实、理由或者证据成立的，行政机关应当采纳，否则行政处罚无效。行政机关不得因当事人申辩而加重处罚。当事人的陈述权和申辩权属于维护自己合法权益的法定权利，贯穿行政处罚的全过程。

听证是当事人在行政处罚之前维护自己合法权益的另一项救济措施，在听证会上，当事人以平等的身份面对调查人员，不仅可以充分阐述自己对案件的观点、主张和要求，还可以进行申辩和质证，具有准司法的特征。但并不是所有的行政处罚都可要求听证，听证措施只限于责令停产停业、吊销许可证件或者执照、较大数额罚款这三种类型的行政处罚。

（2）事后救济途径包括行政复议、行政诉讼权以及因行政机关违法给予行政处罚受到损害的，有权依法提出赔偿要求。

行政复议是指行政行为相对人认为行政主体的具体行政行为违法或不当侵犯其合法权益，依法向该行政机关的上一级行政机关或本级人民政府提出复查该具体行政行为的申请，行政复议机关依照法定程序对被申请的具体行政行为进行合法性、适当性审查，并作出行政复议决定的一种法律制度，属于自我审查的“自律”机制。行政诉讼是指公民、法人或者其他组织认为行政机关的行政行为侵犯其合法权益，向人民法院提起诉讼，人民法院依法予以受理、审理并作出裁判的活动。行政诉讼救济为相对人维护自己合法权益设立了三道防线，为公民权益救济中最主要的和最为有效的途径。如果行政机关作出的行政行为违法，致使相对人的权益造成损害，则行政相对人可以向法院提出行政赔偿。法律赋予行政相对人的三种事后救济措施，使得行政违法行为或不当的行政处罚得以纠正，保障当事人的合法权益。

124. 劳动争议案件，为什么往往由劳动仲裁委员会首先受理?

专家解读

《劳动法》第 79 条规定:“劳动争议发生后，当事人可以向本单位劳动争议调解委员会申请调解；调解不成，当事人一方要求仲裁的，可以向劳动争议仲裁委员会申请仲裁。当事人一方也可以直接向劳动争议仲裁委员会申请仲裁。对仲裁裁决不服的，可以向人民法院提起诉讼。”法律明文规定“先裁后审”的劳动争议处理机制。因此，劳动仲裁是劳动争议诉讼的法定前置程序，只有仲裁机构对劳动争议案件作出不予受理的决定或逾期不作出裁决或当事人对仲裁机构的裁决书不服的，才可以向法院提起诉讼。

将劳动仲裁设置为解决劳动争议案件的必经程序，其立法本意具有多方面的原因。其一，使得处于弱势地位的劳动群体多一道保护屏障，并能及时高效地解决劳资争议。劳动仲裁程序的审限一般为 45 天，最多为 60 天，若部分事实已经清楚，还可以就该部分先行裁决。而民事案件的一审普通程序的审限为 6 个月，简易程序的审限为 3 个月，故与法院诉讼程序相比，劳动仲裁程序比较快速、及时，可以在短时间内使劳动争议案件得以妥善解决。其二，劳动仲裁不收费，这在劳资关系不对等的情形下是对劳方的一种隐性救助，同时降低了劳动者维权成本，鼓励更多劳动者通过法律途径维护自身合法权益。其三，仲裁具有“准司法”特性，当事人可直接凭生效的仲裁裁决书到人民法院申请强制执行。其四，有效分流案件，缓解法院“案多人少”的压力。

相关案例:

2021 年 4 月，某劳务分包公司与王某（1970 年 12 月出生）签订劳动合同，安排王某到施工项目工地工作。同年 6 月王某在工作中受伤，经劳动能力鉴定为十级伤残。王某于 2022 年 5 月向当地人事争议仲裁委员会申请仲裁，仲裁委员会以当事人主体不适格为由作出不予受理的决定，王某随即向当地法院提起诉讼，法院已受理此案。本案中王某在工作中已达到法定退休年龄，双方签订的劳动合同属于无效合同，双方实为劳务关系。依据《最高人民法院关于审理劳动争议案件适用法律问题的解释（一）》第 32 条规定，用人单位与其招用的已经依法享受养老保险待遇或者领取退休金的人员发生争议而提起诉讼的，人民法院应当按照劳务关系处理。故本案不属于劳动争议，所以当地人事争议仲裁委员会作出不予受理的决定。

125. 仲裁与诉讼的区别有哪些？

专家解读

诉讼与仲裁属于两种不同的争议纠纷解决方式，二者之间区别很大，主要表现为如下几个方面。

（1）机构性质不同。诉讼的审理机构为人民法院。人民法院属于国家审判机关，按照行政区划分为四级，上级法院对下级法院具有监督、指导的职能。仲裁委员会与行政机关没有隶属关系，属于中立者的“民间”商业组织，一般在省级政府所在地的市设立，不按行政区划层层设立，仲裁委员会经省司法行政部门登记后，其裁决具有法律效力。

（2）管辖的规定不同。诉讼实行级别管辖和地域管辖。合同或者其他财产权益纠纷的当事人可以书面协议选择与争议有实际联系的地点的人民法院管辖，但协议管辖违反级别管辖和专属管辖的无效。仲裁不实行级别管辖和地域管辖。当事人可以在全国范围内任意选择裁决水平高、信誉好的仲裁机构，但需要在协议中约定明确的仲裁机构名称，否则仲裁条款无效，只能向法院提起诉讼。

（3）选择裁判员的权利不同。在仲裁中，当事人约定由三名仲裁员组成仲裁庭的，应当各自选定或者各自委托仲裁委员会主任指定一名仲裁员，第三名仲裁员由当事人共同选定或者共同委托仲裁委员会主任指定仲裁员。而在诉讼中，当事人无权选择审判员。但是在法定的情况下，可以要求审判员回避，或者要求将审判由简易程序（只有一位审判员）转入普通程序（三位审判员组成合议庭）。

（4）审限不同。《民事诉讼法》明确规定各类诉讼程序的审限，如简易程序的审限为自立案之日起三个月内，普通程序的审限为六个月，二审审限为三个月。而《仲裁法》没有规定仲裁审理期限，只对作出裁决书的期限作了规定，由国家行政主管部门或各地在制定仲裁规则中给予明确。

（5）终局的程序不同。仲裁实行一裁终局制，仲裁庭开庭后作出的裁决是最终的裁决，立即生效。诉讼则实行两审终审制，一个案件经过两级人民法院审理，即宣告终结，产生法律效力。

（6）强制执行程序的不同。当事人拒不履行仲裁机构作出的裁决的，仲裁机构无权强制执行，只能由一方当事人持裁决书，申请人民法院执行；人民法院作出的生效判决，当事人拒不履行义务的，人民法院可以自行决定或者依当事人的申请，采取强制执行的措施。

126. 合同争议解决的管辖法院如何选择？

专家解读

《民事诉讼法》第 24 条规定，因合同纠纷提起的诉讼，被告住所地或者由合同履行地人民法院管辖。《民事诉讼法》第 34 条规定，合同或者其他财产权益纠纷的当事人可以书面协议选择被告住所地、合同履行地、合同签订地、原告住所地、标的物所在地等与争议有实际联系的地点的人民法院管辖，但不得违反本法对级别管辖和专属管辖的规定。所以，当事人能够改变管辖的途径，就是通过合同约定管辖法院。

约定的管辖法院只能为基层人民法院，不能约定中级人民法院管辖。如果当事人选择了与合同没有实际联系的地点的人民法院，该协议无效。必须以书面形式选择管辖法院，口头协议无效。约定的管辖法院不得违反专属管辖的规定。例如建设工程、房屋租赁这类交易产生的纠纷一般只能在工程所在地、房屋所在地提起诉讼。

选择合同纠纷案件的管辖法院，对涉诉当事人来说具有重要意义，它不仅关系到当事人诉讼成本和诉讼效益，还关系到诉讼案件的结果。因为不同法院、不同法官对同一经济类型纠纷案件可能存在不同的处理结果。当事人选择管辖法院时应考虑是否有利于己方起诉或者应诉，是否节约诉讼成本、减少开支，是否有利于案件的公正审理，是否有利于判决结果的最终执行。

相关案例：

某项目部与分包商、供应商分别签订经济合同，两种合同的违约责任条款及管辖法院约定相同。后均因欠款纠纷诉讼法院，因建设工程施工分包合同纠纷属于法律专属管辖，由工程所在地法院管辖；买卖合同纠纷按照合同约定的由甲方（某项目部）所在地法院管辖。两地法院对项目部逾期付款的违约责任作出了不同的判决，工程所在地法院按照银行同期贷款利率并且上浮 30%计算违约金，甲方所在地法院则按照合同约定银行存款利率计算利息。故对于诉讼当事人应尽量约定由己方所在地的法院进行管辖。

127. 如何应对诉讼保全、执行保全等导致的账户被法院冻结？

专家解读

账户冻结又称财产保全。法院财产保全分为诉讼保全和执行保全，诉讼保全又分为诉前财产保全和诉中财产保全。

诉前财产保全。双方可以在裁定文书送达后及时达成和解协议，申请人向法院申请解除保全；在法院采取保全措施后申请人三十日内不起诉的，法院应当依职权解除保全。

诉中财产保全。首先核实保全裁定的事由是否正确，如有证据证明保全裁定有误，可以向法院提出不服财产保全裁定的复议申请，理由成立的，法院应当变更或者撤销原裁定。也可以在诉讼中反诉对方，请求对方赔偿被申请人因为保全错误而造成的损失。其次，若已被裁定的银行账户资金需急用，被申请人可以向对方当事人提供等价值的（银行或实物等）担保，然后直接向法院提出申请解除财产保全，或者在诉讼中跟对方当事人谈判，让对方向法院提出申请，请求解除诉讼财产保全。财产保全裁定的效力至生效法律文书执行时止。此时，被申请人应及时联系法官解除保全或要求对方申请解除保全，以免被申请人因保全时间过长而增加经济损失。

执行财产保全。当案件程序进入执行阶段时，根据当事人申请，法院在执行中可采取冻结、划拨存款、提留、搜查、查封、扣押、拍卖、变卖财产等强制措施或原诉中财产保全会直接转为执行财产保全，以保证权利人的权利得以实现。此时，被申请人应及时联系对方以求执行和解或履行全部给付义务才能解除执行措施。最后，是否作出保全裁定是由法官决定的。

128. 项目常见的侵权责任有哪些？如何应对？

专家解读

工程项目常见纠纷类型有以下几种。

（1）侵犯承包经营权纠纷和物权保护纠纷。

项目建设期未取得相应批复或未尽合理注意义务导致侵犯他人权益。例如，某风力发电股份有限公司与樊某某财产损害赔偿纠纷一案中，法院判决指出，在草原上修建工程设施需要符合法定条件，并履行相关程序。而被告占用原告承包的草原建设工程设施，不符合法律规定，其行为侵害原告对草原的承包经营权，构成侵权。

不难发现，该类纠纷的法律关系并不复杂，法院的判决也十分明确：未履行相关程序在他人承包经营的范围进行建设，不符合法律规定，构成侵权，应承担相应责任。还有一类是已经履行相关用地审批程序，但尚未签署补偿协议。这类纠纷虽然是公益征收、征用，事由正当，但因未签署补偿协议、补偿未到位，人民法院依然会判决承担相应的法律责任。

为了避免该类纠纷的发生，笔者建议国有企业在项目建设阶段应严格按照规划进行施工，不应以自身建设便利为由随意侵犯他人承包经营权；在确已侵权的情况下，应当积极与被侵权人沟通解决，不能因企业系国有企业、中央企业而拒绝沟通；同时，沟通过程中应当注意保留相关记录，如需赔偿，则一定要形成相关协议，避免当事人出尔反尔。

（2）提供劳务者受害责任纠纷或工伤赔偿纠纷。

实践中，在项目部标段上发生工人因工伤亡的，受害人家属首先想到的就是向项目部维权，因为他们对工程项目的分包、转包无力查询，也不愿查询，使根据建设工地公示牌直接找到了发包人和转包人。此时，项目公司往往会被动卷入信访和诉讼法律关系当中，甚至还会引发舆情。

根据最高人民法院的观点（编号 1427）：在建设工程施工过程中，作为实际施工人的自然人与其非法招用的劳动者产生纠纷，劳动者申请仲裁或者提起诉讼的，应将具备用工主体资格的发包方列为被诉人或被告，并可视案情需要将施工的自然人、转包人、违法分包人列为被诉人或被告、第三人。

最高人民法院民一庭意见：如果具备用工主体资格的发包人将工程发包给同样具备主体资格的承包人，则承包人招用的劳动者与承包人之间形成劳动关系，与发包人之间不存在劳动关系；如果承包人又将工程层层分包或者转包给不具备用工主体资格的承包人或者实际施工人，则该承包人与其招用的劳动者之间不构成劳动关系，而是形成劳务雇佣法律关系，发包方与劳动者之间不存在劳动关系，但发包人仍负有支付劳动者工资报酬和承担工伤保险责任的法定义务。实际施工人招用的劳动者请求确认与发包人之间存在劳动关系的，不予支持。

对于应对此类侵权纠纷，应先落实建筑项目“先参保、再开工”的国家政策，购买工程建设项目工伤保险。2018 年人力资源社会保障部联合水利部、国家能源局等共 6 部委联合下发《关于铁路、公路、水运、水利、能源、机场工程建设项目参加工伤保险工作的通知》（人社部发〔2018〕3 号）。此外，还应加强本单位的合同管理，既要对分包商资质进行审慎性审核，也要对分包商进行管理，特别是安全管理落实到位。

（3）噪声污染纠纷。

工程项目施工特别是隧道施工、风力发电机组建设周边如有养殖户，可能会因噪声而引发侵权纠纷。

在最高人民法院 2017 年 6 月 22 日发布的典型案例中，辽宁省高级人民法院（2013）辽审三民提字第 45 号案件内容大致如下：倪某某于 1993 年建温室养殖场养殖中华鳖。2000 年 3 月，某风力发电公司在倪某某养殖场周边村落建成大规模风力发电机组，其中两组发电机位于养殖场附近（一组位于养殖场东南约 100 米处，另一组位于养殖场西北 400~500 米处）。2000 年 9 月后倪某某养殖的中华鳖大量死亡。倪某某自行委托监测站针对某风力发电公司的风力发电机组对倪某某养殖的中华鳖产生的影响进行了论证，又委托鉴定机构进行评估，结论为损失总计 1 637 966 元，倪某某向法院提起诉讼。本案一、二审均以不存在因果关系为由驳回诉讼请求。

而在本案的再审过程中，再审法院依据农业农村部渔业局资源环保处的意见，对鉴定机构“农业农村部黄渤海区渔业生态环境监测中心”对于本案纠纷是否具有鉴定资质进行了分析和判断。判决指出，农业农村部渔业局在答复中称：“农业农村部黄渤海区渔业生态环境监测中心虽具有渔业污染事故鉴定资质，但‘关于风车的噪声、电磁辐射、转动阴影等因素对中华鳖的存活和生活影响的试验鉴定”已经超出其持有的《渔业污染事故调查鉴定资格证书》的业务范围。”同时依据风力发电机组与养殖场的距离、风力发电厂生态建设相关规范文件，结合中华鳖的习性，认定了风力发电产生的噪声、光影及电磁与中华鳖的死亡具有一定的因果关系，某风力发电公司应承担相应的民事责任。因此再审法院裁定撤销原判决，改判某风力发电公司承担本案损失 80%的民事责任，赔偿倪某某经济损失 1 310 327.8 元。

在蒋某某、陈某某等 28 名原告与某风力发电有限公司噪声污染责任纠纷案[（2018）苏 06 民终 4256 号]中，某风力发电有限公司在纠纷发生前就已与全体原告签署了《经济补偿协议》，明确某风力发电有限公司将风力发电机进行了降噪改造，已符合了国家有关噪声排放标准，并经协商对于风力发电机周围 350 米范围内的居民按 3 500 元/人实行一次性经济补偿，受补偿人同意此一次性补偿并今后不再就风力发电机相关问题提出任何意见。被告某风力发电有限公司已经按照约定支付了补偿款。隧原告方的额外赔偿请求被依法驳回未得到法院的支持。

选址规划时应充分注意与噪声敏感目标保持一定的防护距离，应对周边情况进行摸底调查，特别是生产经营情况，尽量避开近距离的生产经营设施；出现侵权纠纷后，应积极与潜在被侵权人沟通，通过签署协议的形式对被侵权人所受侵害作出补偿，并应注意及时固定证据，选择有资质的鉴定机构对因果关系及损失进行鉴定和评估，避免项目遭受诉累；同时，取得当地村民的理解，也可以大大降低项目建设阶段阻工的风险。

129. 项目部如何应对阻工?

专家解读

建设工程施工项目具有投资规模大、建设周期长、施工环境相对开放、工程接洽主体繁多等特点。这些特点决定了该行业开放、复杂、多层次的特征，并因此导致阻工现象时常发生。阻工的情况一旦发生可能给施工单位造成非常大的损失，故阻工已成为项目风险管理的重中之重。

阻工行为实施人（下称阻工人）一般为在建工程施工人员以外的人员，如施工现场周边的村民、居民或有关单位人员，物资材料设备供应商等，还有就是在建工程分包方施工人员。梳理后发现，有些阻工有一定的合理理由，比如：对征收、征用补偿标准不认可或发放补偿款不及时，施工扬尘、震动、噪声污染影响群众生活，施工企业拖欠农民工工资，等等。但有些阻工是无正当理由的，只为了非法获取利益。

阻工的预防很重要，预防工作做得好，阻工必然会大大减少。笔者建议施工企业可以从以下几个方面预防阻工的发生。

（1）审查是否具备进场条件。进场条件可能关系到施工现场周边土地、道路、环境等问题，如不具备进场条件而进场，遇有上述问题引发的阻工，则施工企业必先失一理。特别是要审查施工用水、电、路、地等与村集体和村民的关系。建设工程规模大、工期长，施工用水、电、路、地等往往与村集体或村民有关系，施工噪声也可能扰民。建议施工企业进场前与施工场地周边村集体领导交流沟通，根据情况可考虑采取适当的亲民措施，争取获得支持、理解。通过村集体领导，对村民进行适当的法制宣传、引导，如可印制部分阻工被判承担行政、刑事责任的案例等。

（2）慎重选择分包人，项目总承包单位与分包人的合同期限可能为三年、五年，甚至更长。合作对象没选好，轻者“磕磕绊绊”，重者“不欢而散”，甚至有的分包人一直赖着不走还阻工，令项目经理头痛不已。项目部在签署分包合同时，在合同条款中应当约定如分包单位人员阻工闹事对承包人造成损失的，施工单位（项目部）有权直接将各种损失在工程款中扣除，不够的部分由分包人另行支付。这样可以最大限度地预防分包人带领人员阻工闹事。

需要明确的是无论有无合理理由，阻工行为都是缺乏法律法规依据的，属违法行为。当阻工发生时，施工企业人员注意不要采取过激应对行为，尽量沟通说服。同时，除阻工行为影响轻微、很快停止外，施工企业还要做两件事：一报警，二收集证据。

一般情况下，应将报警作为阻工事件处理的必要前置程序。对于可能会持续一段时间或可能会有一定影响的阻工，施工企业还应向当地政府部门和业主报告。报警时一定要让接警员、应出警警员意识到问题的严重性，如阻工已成恶性事件、已造成重大影响、已出现严重后果，或可能会造成重大影响、出现严重后果。此外还应收集有关证据，这里的证据包括以下几个方面。

第一，关于报警的证据，应有报警的时间、次数和内容。虽然 110 一般都会存有报警时间、通话内容的录音记录，但仍然建议施工企业使用能够录音的电话报警并将通话内容录音以备用。

第二，关于向当地政府部门和业主报告的证据，如电话报告的，最好也将通话记录录音以备用。确对施工产生一定影响的阻工，无论有无电话报告，施工企业最好都向当地政府部门和业主提交书面报告，说明事态的严重性，以期得到重视、妥善处理，同样注意留有递交或邮寄证据。

第三，关于阻工事实及损失证据。该方面的证据应包括参与阻工具体人员、人数、实施的阻工行为、施工企业等人员与阻工人的沟通、相关阻工造成的损失证据，具体可通过摄像、拍照、录音等方式保存。摄像、拍照、录音公开进行还是非公开进行，应根据阻工现场情况灵活掌握。有的施工企业在项目部、施工现场及周边已安装摄像头，这些摄像头可能将有阻工现场的状况记录下来，需要时可调用。施工企业就阻工事件提起诉讼、申请仲裁时，围观人员的证人证言、施工资料等亦可作为有关事实、损失方面的证据。

第四，在应对阻工时，施工企业有必要请专业律师指导或参与，由其在法律层面、谈判技巧、证据收集方面给予支持。 施工企业应尽量做好沟通，查找自身有无不当之处。对于纯粹无理阻工又不听劝阻的，方考虑采取进一步应对措施。施工企业应对阻工也应做到有理、有力、有节，包括沟通分寸的掌握、不同情形的应对策略等。

对于劝阻无效的阻工，施工企业应考虑多途径应对，具体包括施工企业与阻工人协商解决、交由公安机关处理、请求政府部门或村集体领导调处、提起诉讼、申请仲裁（主要为分包合同约定可仲裁情形）。诉讼、仲裁是非常必要的辅助应对措施。施工企业可据具体情形在阻工发生后即提起诉讼或申请仲裁，请求裁决阻工人排除妨碍、赔偿阻工造成的损失等。有时阻工人接到文书副本、传票后即担心赔付巨款而停止阻工，未停止的也会考虑其可能承担法律责任。这些都有利于阻工的调处。

相关案例：

广西德保某工程的四名农民工，面对工程老板拖欠工钱，他们没有选择通过合法途径索要报酬、维护权利，而是通过非法手段强行索要，最终受到了法律制裁。2013 年 7 月 25 日，广西德保县人民法院公开宣判了这起聚众扰乱社会秩序犯罪案件，认定被告人陆某斌、龙某高、黄某虎、陶某贤四人均犯聚众扰乱社会秩序罪，分别判处有期徒刑两年，缓刑两年。

经审理查明，被告人陆某斌、龙某高、黄某虎、陶某贤以某工程劳务队老板黄某某拖欠他们工钱为由，多次在该工程便道上用机械、土石方进行堵路阻工。

由于被告人陆某斌、龙某高、黄某虎、陶某贤等人堵路阻工，阻挠项目部及县公安局治安工作人员清理路障，致使该工程多次停工，造成工程拖延，损失重大。经鉴定，停工期间造成的经济损失为 174.586 3 万元。

法院认为，被告人陆某斌、龙某高、黄某虎、陶某贤以追讨工资为由，多次对某工程实施堵路阻工，情节严重，致使企业无法进行生产经营，造成严重损失，其行为已构成聚众扰乱社会秩序罪。鉴于案发后四名被告人能如实供述其罪行，且能当庭自愿认罪，有一定悔罪表现，故可对四名被告人从轻处罚。另外，该案系事出有因，法院认为对四名被告人适用缓刑不致再危害社会，可依法适用缓刑。法院遂依法作出以上判决。（来源：中国法院网）

130. 项目部如何应对发包人停工？

专家解读

界定工期纠纷的责任归属，是审判实践中的难点、热点问题。法律赋予承包人单方停工权。停工权是指承包人依据法律规定或合同约定的条件及程序将建设工程的一部或全部建设施工工作暂时停止的权利。承包人单方停工的主要法律依据为《民法典》的相关规定。

承包人施工主要受法律和施工合同约束，行使停工权的诱因主要有两方面：从依法停工方面讲，主要为开工许可未办理齐备、设计图纸作重大变更和其他施工过程中行政许可不完备；从依约停工方面讲，主要为发包人未履行施工合同主要义务、发包人未履行协助承包人等其他合同义务。

承包人行使单方停工权必须要有法律依据和事实依据。行使停工权正确，承包人在停工原因消除后恢复施工不影响工期的，可主张停工赔偿，不需要对工期进行顺延；承包人在停工原因消除后恢复施工影响工期的，可申请顺延工期。行使停工权错误，承包人无权就停工期间的损失要求发包人赔偿，并须承担工期延误赔偿责任。

笔者认为项目部要思考的是如何正确行使停工权以保护自己的合法权益？项目部在发包人具有怎样的违约行为情况下才享有单方停工权？项目部如何行使停工权，停工后应该怎么做？

（1）行使停工权必须履行通知义务。

（2）发包人不按合同约定支付工程预付款时，承包人可以行使停工权。

《建设项目工程总承包合同（示范文本）》（GF-2020-0216）通用合同条款第 14.2.1 项规定："预付款的额度和支付按照专用合同条件约定执行。预付款应当专用于承包人为合同工程的设计和工程实施购置材料、工程设备、施工设备、修建临时设施以及组织施工队伍进场等合同工作。除专用合同条件另有约定外，预付款在进度付款中同比例扣回。在颁发工程接收证书前，提前解除合同的，尚未扣完的预付款应与合同价款一并结算。发包人逾期支付预付款超过 7 天的，承包人有权向发包人发出要求预付的催告通知，发包人收到通知后 7 天内仍未支付的，承包人有权暂停施工，并按第 15.1.1 项[发包人违约的情形]执行。"基于该条款，发包人未支付预付款直接影响建材采购、设备调度和人员组织的，承包人可行使停工权，但须注意应事先应履行通知义务。

（3）发包人不履行主合同义务且构成严重违约时，承包人可以行使停工权。

《建设项目工程总承包合同（示范文本）》（GF-2020-0216）通用合同条款第15.1.1项规定，因发包人原因未按合同约定支付合同价款的，承包人可行使停工权。停工权等后履行抗辩权的行使基础是双方当事人因同一双务合同互负债务，彼此义务在履行上存在关联性，形成对价关系。

发包人部分履行付款义务的情形。发包人已支付绝大部分工程款，拖欠的工程款仅占总价款的一小部分数额，如工程价款总额为1 500万元，而拖欠的工程款为15万元，这属于程度轻微的违约。通常认为，如果一方的违约在性质上和后果上是轻微的，则另一方在此种情况下援用履行抗辩权，拒绝履行自己的义务，将违背诚实信用原则。而且，工程能否如期完工是判断能否实现施工合同目的的重要因素，而承包人停工在后果上无疑属于激烈的抗辩行为，造成的后果与发包人轻微的违约行为不具有对价关系。

发包人未履行主债务或主给付义务以外的其他义务的情形。有承包人因发包人未按约定返还履约保证金而停工的案例。这种做法明显不妥，一般认为，除直接影响合同目的实现和导致合同履行不能的情形外，承包人不得行使停工抗辩。

（4）依法或依约停工后，项目部应当积极采取措施予以减损，做好工人调整和机械设备的撤离等安排，不能放任停工损失扩大。

在“（2011）民提字第292号”案中，最高人民法院认为：因发包人过错导致停工的，应根据案件事实综合确定一定的合理期间作为停工时间。因发包人提供错误的地质报告致使建设工程停工，当事人对停工时间未作约定或未达成协议的，承包人不应盲目等待而放任停工状态持续以及停工损失扩大。对于由此导致的停工损失所依据的停工时间的确定，也不能简单地以停工状态的自然持续时间为准，而应根据案件事实综合确定一定的合理期间作为停工时间。

（5）积极准备停工索赔资料，必要时可以选择解除合同。

申请工期延期、主张停工损失都要提供充分的证据材料，证明是发包人违法或违约导致的停工。无证据即无损失，这是法律真实的应有之义。施工单位如不能证明停工是发包人原因导致的，不仅不能挽回自己的损失，还可能承担工期延误的违约责任。

工程施工过程中存在发包人原因造成案涉工程停工，并导致工期拖延的，承包人有权根据发包人确认的结算审核书等证据主张停工损失。

在“（2016）最高法民终259号”中，裁判要旨是天津博海缘置业投资有限公司（以下简称博海缘公司）（上诉人）是否应当支付北京住总第六开发建设有限公司（以下简称住六公司）（被上诉人）停工损失、延期付款损失及拖期损失。根据双方签订的“建设工程施工合同”约定，案涉工程开工日期为2008年6月25日，竣工日期2009年1月14

日。2009年11月10日博海缘公司给住六公司通知载明“由于受到金融危机的影响及我公司原因，经公司研究决定，将原合同约定的竣工日期顺延至2010年5月30日。”因而，可以认定案涉工程施工中确实存在博海缘公司原因造成案涉工程停工，并导致工期拖延。本案诉讼中，博海缘公司并不否认有停工事实，但主张停工期间不清楚。因此，住六公司主张停工损失，符合本案事实。博海缘公司上诉主张一审判决采信只有复印件的备忘录，认定住六公司停工损失及延期付款利息损失600万元是错误的。本院认为，一审判决结合本案其他证据，尤其是博海缘公司盖章确认的求实结算审核书内容，与住六公司提交的备忘录复印件相互印证，进而采信备忘录，认定博海缘公司应当给付住六公司停工损失及延期付款利息损失600万元，并无不当。博海缘公司上诉主张求实结算审核书是为办理案涉工程竣工验收手续而作出的，并非双方认可，不是双方的真实意思表示。且求实结算审核书中经济洽商部分600万元没有明确为停工损失费及延期付款利息，也有可能包括塔吊基础等施工费用。但从求实结算审核书的形成来看，是博海缘公司委托求实公司审核后，并由博海缘公司盖章，说明博海缘公司对该审核结果是认可的。博海缘公司以求实结算审核书不是双方达成合意为由否认其认可的事实，不能成立。此外，求实结算审核书中送审金额中塔吊基础及预制桩等5项施工费用共2 535 851元，远低于审核金额600万元，且从时间上看，该结算审核书的时间晚于备忘录的时间，能够与备忘录的内容相互印证。故博海缘公司上诉主张求实结算审核书中审核金额为600万元的项目没有明确是停工损失费及延期付款利息，缺乏依据。关于600万元利息的起算时间问题，因为双方对于600万元没有明确约定支付时间，一审法院自住六公司起诉之日开始计算600万元款项的利息并无不当。

对于住六公司主张的复工后拖期损失问题，因住六公司与博海缘公司并未就复工后拖期损失问题协商一致，住六公司二审中也明确对于该部分损失没有证据证明。故一审判决对住六公司该项请求未予支持，并无不当。

另外，对于因发包人原因引起停工的，发包人在合理期限内未通知复工的，承包人可以解除合同。

在上诉人上海佳程企业发展有限公司（以下简称上海佳程公司）因与被上诉人上海建工四建集团有限公司（以下简称四建公司）、原审被告上海栩宽企业发展有限公司（以下简称栩宽公司）、北京佳程房地产开发有限公司及原审第三人浙江省浙商资产管理有限公司建设工程施工合同纠纷一案[（2021）最高法民终717号]中，裁判要旨为讼争合同性质和效力以及是否应当解除的问题。讼争“总承包协议”“3-1项目施工合同”“61丘项目施工合同”系四建公司与上海佳程公司、栩宽公司就涉案项目签订的建设工程施工合同，是各方当事人真实意思表示。四建公司具备承包人的施工资质，涉案项目性质不属于必须招标项目，讼争合同不违背法律强制性规定，系依法有效的合同。《民法典》第563条规定，当事人一方迟延履行主要债务，经催告后在合理期限内仍未履行；或其他违约行为致使合同目的不能实现的，当事人可以解除合同。上海佳程公司、栩宽公司自认在讼争合同履行过程中迟延支付进度款和工程款，四建公司通过工作联系单和会议纪要备忘录等多次协商支付工程价款事宜未果，且目前涉案项目处于停工状态，上海佳程公司、栩宽公司无法明确复工的时间和条件，讼争合同无法继续履行，四建公司据此以其合同目的不能实现为由主张依法解除讼争合同，有事实依据和法律依据，予以支持。

131. 如何进行工程保险理赔？

专家解读

工程保险是建设工程领域各参与主体有效转移风险的重要手段。工程保险是一种综合性的保险，主要有建筑工程一切险、安装工程一切险等，是专门对工程项目建设期间可能出现的自然灾害、意外事故、自身物质损失、第三者人身及财产损失提供保障的保险。承保范围包括主体工程保险、场地清理费用保险、附加工程和临时工程保险、施工机具和车辆保险、其他工程险和附加险、工程第三者责任保险、施工人员意外伤害责任保险、雇主责任险。保险责任包括：洪水、暴雨、地震等自然灾害损失；火灾损失；爆炸、飞行物体坠落等意外事故损失；盗窃、恶意行为等人为损失；原材料缺陷、工艺缺陷等工程事故损失以及对第三人的赔偿责任。工程保险规定有免赔额与赔偿限额。

保险合同涉及以下合同主体：保险人，又称承保人，是指与投保人订立保险合同，并承担赔偿或者给付保险金责任的保险公司；投保人，与保险人订立保险合同，并按照保险合同负有支付保险费义务的人（业主、总承包方、施工企业，目前法律法规无强制规定）；被保险人或称被投保人，受保险合同保障、享有保险金请求权的人，投保人可以是被保险人；保险经纪人，是基于投保人的利益，为投保人与保险人订立保险合同提供中介服务，并依法收取佣金的机构，简单地说保险经纪人其实是投保人的风险管理顾问。

如何进行工程保险理赔。项目进场后应明确一个部门负责保险业务，指定专人熟悉保险业务知识并负责与保险公司联系，保管保险合同、保单、收集证据材料。一旦出现保险事故，各个环节都要认真对待，同时要发挥保险经纪人的作用，保证被保险人的合法权益。

保险理赔的简要流程：报案出险—现场查勘—调查取证—损失理算—保险赔付。

事故发生时现场人员应立即报告现场经理或项目经理，同时安排专人与保险经纪人、保险公司联系，保护好事故现场，若事故仍在继续，应采取措施防止损失扩大，在此过程中需要安排人员拍照、录像留证，并记录好现场参与人员，将来这些人员可能需要作为证人出庭。关于保险报案时限，法律法规并没有具体的规定，一般是在保险合同中约定，《保险法》第21条规定，投保人、被保险人或者受益人知道保险事故发生后，应当及时通知保险人。保险合同通用条款约定“被保险人未履行通知义务，因上述保险合同重要事项变更而导致保险事故发生的，保险人不承担赔偿责任”。项目部要特别注意报案时间、报案事实方面证据的取得和保留。

现场查勘环节很重要，现场查勘记录也很重要，作为被保险人的施工企业对此都应予以充分重视。经保险人与被保险人签字或盖章确认后，现场查勘记录将成为保险事故发生时间、原因、损失责任、损失数额方面的认定依据。除存在法定可撤销、无效情形外，均具有法律效力。

收集整理理赔材料，包括但不限于保险单、出险通知、索赔申请、事故证明材料、损失清单等。另外，在理赔期间由第三方机构公估公司参与现场查勘、协商确定最终的损失。

保险拒赔处置方案。如保险被拒赔，会收到一个拒赔通知书。收到拒赔通知书后，应认真研究保险合同，核实保险事故是否属于合同约定的理赔范围，可向公司法务部门、专业律师等寻求帮助。在确认属于保险公司应该理赔事项后，以下三条途径可供参考，可以分别或同时进行：一是向保险公司总部投诉；二是向中国银行保险监督管理委员会（银保监会）投诉；三是按合同约定的争议解决方式提起诉讼或申请仲裁。

132. 如何依法合规快速处置网络舆情事件？

专家解读

网络舆情是互联网上对社会热点问题的网络舆论，是社会舆论的一种表现形式。网络舆情是一股重要的社会力量，下面谈谈如何依法合规处置网络舆情事件。

网络舆情主要以互联网为媒介传播，网民通过各类自媒体如微博、抖音等自由发布或发表看法，导致某一事件发酵成为网络舆情事件，由于事发突然、传播迅速进而防范困难。处置舆情事件的目的是控制、压缩事件的负面影响。企业及所属项目部应根据工作实际制订相关应急工作预案，针对不同网络舆情按照分级应对的原则，采取不同的应对措施。处置网络舆情事件没有范本，要根据实际情况采取有针对性的措施，下面以某地铁项目都成功快速处置一起网络舆情事件为例介绍一个解决方案。

事件概况。某地铁项目部的专业分包单位某佳公司的供应商郭某多次在微博上发帖，声称地铁某线、项目部及所属公司、某佳公司等“欠其货款、不负责任、市政工程不靠谱”等，并擅自在其微博中公开项目部和项目经理照片。虽然微博发表后点击量极低，但地铁公司高度重视，要求尽快解决，为此公司领导指派专人协助项目部处理该事件。

事件处置情况。经查，项目部与某佳公司签订分包合同，某佳公司与供应商郭某签订木材买卖合同，按合同相对性原则，项目部与供应商郭某没有合同关系和债权债务关系等任何法律关系。虽经各方多次协调、沟通，但郭某执意不肯删除微博，而且每一次协商后，郭某都感到是其所发的微博起到了作用，态度变得更加强硬，反而继续发表新的不实言论。

处置过程。项目部经研究决定将以下四个方面的工作同步进行。一是督促分包队伍与其供应商郭某继续沟通，要求先删帖再核对账款、发票、协商付款事宜；二是跟进派出所处置进度（之前已报警，但警方以经济纠纷为由不愿过多介入），请警方施压；三是运用法律手段，收集证据、发律师函、准备起诉；四是加强与地铁公司领导沟通，表明该发帖人与项目无法律关系，微博点击量不高，事件正在积极处理，请予理解并给时间处理。随后，项目部分别给新浪公司和供应商郭某发了律师函；联系市公证处办理证据保全；到法院申请立案，准备申请先予执行等材料。法院高度重视该案，快速立案并分配了承办法官。承办法官接案后第一时间联系了郭某，阐明其中的利害关系，最终郭某同意删除其在微博发表的不实文章。项目部因全部诉求和目的已达到，故同意本案撤诉。

以上案例是因发帖人罔顾事实，在网上发表不实言论并涉嫌人身攻击，项目部才能有理有据地从容处理。如果对方所发表的言论基本属实，则建议以协商为主，主动协调解决矛盾纠纷，争取由其本人删除有关言论，这才是最快的解决方式。

133. 施工现场宣传图片涉嫌侵犯知识产权如何应对?

专家解读

为维护企业形象，项目部都非常重视宣传工作。项目驻地、施工现场的形象宣传，需使用大量图片。制作公司设计人员图省事、法律意识不强，项目部未经审核，直接使用网络上的图片、字体导致发生侵犯著作权的纠纷案件时有发生。

项目部在使用来源不明的图片时，要尽到合理注意义务，在未经权利人授权或支付对价的情况下，不得将图片用于施工现场宣传、发布到公众号等媒介上，否则就有可能涉嫌侵犯著作权，承担停止侵权、删除图片及赔偿损失的民事责任。

随意使用字体也是侵权行为，《著作权法实施条例》第 4 条第（八）项规定：美术作品，是指绘画、书法、雕塑等以线条、色彩或者其他方式构成的有审美意义的平面或者立体的造型艺术作品。字体的设计和独特的美感体现了创作者的劳动，单个字体构成审美意义、独特造型的艺术作品，可以被认定为著作权法规定的美术作品，受法律法规保护。所以项目部宣传时也不能随意使用网络上的字体。

《著作权法》第 54 条规定，侵犯著作权或者与著作权有关的权利的，侵权人应当按照权利人因此受到的实际损失或者侵权人的违法所得给予赔偿；权利人的实际损失或者侵权人的违法所得难以计算的，可以参照该权利使用费给予赔偿。对故意侵犯著作权或者与著作权有关的权利，情节严重的，可以在按照上述方法确定数额的一倍以上五倍以下给予赔偿。权利人的实际损失、侵权人的违法所得、权利使用费难以计算的，由人民法院根据侵权行为的情节，判决给予五百元以上五百万元以下的赔偿。赔偿数额还应当包括权利人为制止侵权行为所支付的合理开支。

项目部与广告制作人签订合同时，应在合同中明确，不得使用有著作权争议的图片、文字，当发生著作权争议时由广告制作人承担责任等。

相关案例：

2017 年 9 月 13 日，李某发现合肥地铁某工地围墙处使用其摄影作品《金秋逍遥津》，该照片底部标有“市精神文明建设指导委员会、中铁某局集团有限公司、市轨道交通有限公司宣”，工棚上有中铁某局字样。李某认为中铁某局擅自使用其作品的行为已构成侵权。遂诉至法院，要求判令中铁某局赔偿损失 15 000 元。

一审法院认为，本案系侵犯著作权纠纷案。我国《著作权法》规定，作品的著作权属于作者，作者对作品享有我国《著作权法》规定的人身权和财产权。李某提供的证据，证明其为案涉作品的著作权人并享有著作权。中铁某局辩称其不是商业用途。一审法院认为，案涉作品凝聚了摄影者的构思和创意，未经许可在公共场所传播，正是利用作品的创意、美感，吸引公众的注意，且使用涉案作品的过程中亦未指明作者姓名、作品名称，因此损害了李某的商业利益，故对中铁某局称涉案作品为合理使用的抗辩事由，不予采信。中铁某局未经李某的许可，擅自在其承建的工程中使用李某摄影作品，也未向著作权人李某支付报酬，构成对李某著作权的侵犯，应赔偿损失。关于赔偿损失的数额，鉴于李某对其实际损失及中铁某局获利未举证，考虑涉案摄影作品的数量、涉案作品的类型、侵权的性质及情节、李某为制止侵权所支出的合理费用，一审法院酌定中铁某局赔偿李某经济损失 5 000 元。

2019 年 9 月 29 日，合肥市中级人民法依法驳回中铁某局的上诉，维持原判。

134. 路人因误入施工现场而受伤，项目部一定有责任吗？

专家解读

在道路施工过程中，路人误入施工现场而受伤的事故经常发生。作为施工人的项目部通常要承担一定的侵权责任，但不是一定要承担侵权责任。由于地面施工具有一定的危险性，但又未达到高度危险作业中的危险性，加之这种施工大多服务于公共利益而不是纯粹的私人谋利行为，若实行无过错责任原则未免过于严苛。同时，由于地面施工多发生在人群密集的地方，为增加施工人的义务，防范风险的发生，有必要将不存在过错的举证责任分配给施工人，而且此时受害人也很难举证施工人存在过错。为平衡受害人和加害人之间的利益关系，采用过错推定责任比较合理，施工人认为自己无过错的，应举证，没有证据或者所举证据不足以证明自己没有过错的，应承担民事责任。《民法典》中也明确了地面施工损害责任承担实行过错推定的归责原则。

《民法典》第 1258 条第一款规定："在公共场所或者道路上挖掘、修缮安装地下设施等造成他人损害，施工人不能证明已经设置明显标志和采取安全措施的，应当承担侵权责任。"可见，此类案件发生后，首先法律推定施工人有过错，但是施工人只要履行了设置明显标志和采取安全措施的法律义务就可以证明自己无过错，可以不承担侵权责任。本条款中对设置明显标志及采取安全措施两项义务之间采用的是"和"字，这说明施工人要同时履行两项注意义务，二者缺一均推定过错成立。

如何设置明显标志和采取安全措施才可以达到证明施工人无过错免责的标准呢？司法实践对施工人提出了较高的注意义务，警示标志须达到显著程度，采取的安全措施须足以达到防范风险的程度。具体而言，警示标志和安全措施应足以保证一切在施工地点的正常活动，足以使任何人以通常之注意可避免损害发生。所以，即使设置明显标志和采取措施但未达到足以保障他人安全的程度，仍然可能构成未履行注意义务，而承担一定的侵权责任。

地面施工须采取必要的安全保障措施，除设置警示标志外，还应采取更为合理、正当的措施，如在夜间设置警示灯、将危险部分用围栏等进行阻挡，以最大限度地尽到明示、警示的安全保障义务，避免人员伤亡，减少损害事故的发生。

此外，施工作业单位应该加强施工现场安全管理，严格在批准的路段和时间施工作业，并在距离施工作业地点来车方向安全距离处设置明显的安全警示标志，采取必要的保护措施，防止事故发生；施工作业完毕，施工作业单位应迅速清除道路上的障碍物，排除安全隐患，确保道路畅通和人员安全。

在这类案件中，施工人免责很困难，但是减轻责任还是很容易的。施工人一定要在诉讼中提出抗辩，证明受害人存在过失。《民法典》中延续了《侵权责任法》（2021 年 1 月 1 日废止）中的过失相抵制度，该制度制定的基础是诚实信用原则和利益平衡原则。受害人因自身过错致使损害发生或扩大的，其应就自己的过错行为导致损害发生或扩大承担责任，在法律效果上则相应地减轻或免除加害人的赔偿责任。

135. 分包单位签订分包合同时资质不满足要求，但完工或起诉前满足要求，合同是否有效?

专家解读

劳务分包企业不具有相应资质原则上属于不导致合同无效的情形，且在完工或起诉前已满足要求取得资质，倾向于合同有效。《民法典》第 153 第一款的规定：“违反法律、行政法规的强制性规定的民事法律行为无效。但是，该强制性规定不导致该民事法律行为无效的除外。”强制性规定通常分为效力性强制和管理性强制。管理性强制规定的违反导致合同无效。

目前，国家对工程资质管理进行了改革，总体趋势是逐步放宽对施工劳务资质的强制性约束，《建筑业企业资质管理规定》第 5 条第二款规定“施工劳务资质不分类别与等级”。2020 年 11 月 30 日，住房城乡建设部印发了关于《建设工程企业资质管理制度改革方案》的通知，将施工劳务企业资质改为专业作业资质，由审批制改为备案制。2021 年 6 月 29 日，住房城乡建设部办公厅发布《住房和城乡建设部办公厅关于做好建筑业“证照分离”改革衔接有关工作的通知》（建办市〔2021〕30 号），明确自 2021 年 7 月 1 日起，建筑业企业施工劳务资质由审批制改为备案制。

虽然已有多个省份（如浙江、安徽、江苏、山东、河南、贵州）明确取消了劳务资质，但除了已明确发布取消劳务资质的省份外，其他省份（如云南）的劳务资质仍然存在。

《最高人民法院新建设工程施工合同司法解释（一）理解与适用》一书中明确，对于浙江、安徽等取消劳务资质的省份发生的劳务分包合同纠纷，将不再依据《建筑法》及《民法典》第 791 条第三款“禁止承包人将工程分包给不具备相应资质条件的单位”规定为由认定劳务分包合同无效，同时也明确对于将来发生的劳务分包合同纠纷案件，如果劳务分包企业不具有相应资质，但不具有相应资质原则上属于不导致合同无效的情形，不应当轻易认定劳务分包合同无效。

136. 如何在分包、买卖合同纠纷诉讼案件中提起反诉？

专家解读

设立反诉制度，是为了充分保障被告的合法权益，亦是民事诉讼中双方当事人法律地位平等原则的重要体现。而通过本诉与反诉合并审理，则可以达到减少当事人讼累、降低诉讼成本、节约诉讼资源和避免诉讼程序拖延的目的。反诉是指在已经提起的诉讼中，被告为了维护自己的权益，以本诉的原告为被告，向法院提出与本诉相关的独立的诉讼请求，以达到对抗、吞并本诉的目的。本诉和反诉虽不是同一法律关系，但应具有牵连关系。反诉具有如下特征：反诉当事人的特定性、反诉请求的独立性、反诉目的的对抗性、反诉标的的关联性。

反诉是司法实践中常见的被告一方针对原告的诉讼请求而使用的对抗手段。项目部在分包合同、买卖合同纠纷诉讼中，常常会针对对方的违约行为提出反诉，维护其合法权益。反诉虽然很常见，但也存在一些疑惑和分歧，比如如何与抗辩区分、何时能提起反诉等等。反诉虽然是独立的诉，但反诉与本诉之间存在事实或法律上的牵连关系，若没有牵连关系，则反诉不能成立。

何时提出反诉呢？笔者的观点是最好在举证期限届满前提出。《最高人民法院关于适用〈中华人民共和国民事诉讼法〉的解释》第 232 条规定："在案件受理后，法庭辩论结束前，原告增加诉讼请求，被告提出反诉，第三人提出与本案有关的诉讼请求，可以合并审理的，人民法院应当合并审理。"但是，最高人民法院民事审判第一庭编的《民事审判实务问答》（2021 年 7 月）中对当事人申请变更、增加诉讼请求或者提出反诉，第三人提出与本案有关的诉讼请求的期限，明确答复如下。

对此期限，《最高人民法院关于适用〈中华人民共和国民事诉讼法〉若干问题的意见》（已废止，以下简称《92 年意见》）第 156 条规定："在案件受理后，法庭辩论结束前，原告增加诉讼请求，被告提出反诉，第三人提出与本案有关的诉讼请求，可以合并审理的，人民法院应当合并审理。"后《最高人民法院关于适用〈中华人民共和国民事诉讼法〉的解释》第 232 条仍保留了《92 年意见》第 156 条规定的内容，坚持了在案件受理后、庭辩论结束前的立场。

从目前司法实践来看，在立案后，人民法院一般都会向当事人送达举证通知书，该通知书上一般会载明："申请鉴定，增加、变更诉讼请求或者提出反诉，应当在举证期限届满前提出。"可见，人民法院在实践中都是以举证期限届满为提出变更诉讼请求的截止日期。

《最高人民法院关于适用〈中华人民共和国民事诉讼法〉的解释》第225条第二项也规定，根据案件具体情况，庭前会议可以“审查处理当事人增加、变更诉讼请求的申请和提出的反诉，以及第三人提出的与本案有关的诉讼请求”。一般认为，至少在庭审开庭前，应已固定当事人的诉讼请求。然而为最大限度地避免法律适用上无谓的争执与风险，最好在举证期限届满前提出变更、增加诉讼请求的申请。当庭提出反诉有违诚实信用原则，阻断法官正常审理思路，严重影响审判活动的顺利进行。

项目部在买卖、分包合同纠纷诉讼案件中，提起反诉应注意以下问题。

（1）如何区分买卖合同纠纷诉讼案件中的反诉与抗辩？

由于买卖合同是最典型的合同，法律关于买卖合同的规定对处理其他合同纠纷诉讼案件具有重要指导意义。《最高人民法院关于审理买卖合同纠纷案件适用法律问题的解释》对于买卖合同纠纷中关于反诉和抗辩的区分，体现了最高人民法院对此反诉和抗辩区别所持的观点，不仅适用于买卖合同纠纷，对其他诉讼案件也有重要指导意义。该解释第31条规定：“出卖人履行交付义务后诉请买受人支付价款，买受人以出卖人违约在先为由提出异议的，人民法院应当按照下列情况分别处理：（一）买受人拒绝支付违约金、拒绝赔偿损失或者主张出卖人应当采取减少价款等补救措施的，属于提出抗辩；（二）买受人主张出卖人应支付违约金、赔偿损失或者要求解除合同的，应当提起反诉。”权利转让或者其他有偿合同参照适用买卖合同的有关规定的，人民法院应当首先引用《民法典》第646条的规定，再引用买卖合同的有关规定。也就是说，最高人民法院对反诉和抗辩采用相对严格的标准，即在本诉请求范围内的属于抗辩，超出本诉请求范围，有新的诉讼请求的，应当提出反诉。另外因违约金过高而要求降低的提出抗辩即可，不需要反诉。

（2）分包工程未完工，分包人起诉索要工程进度款，承包人反诉要求修复质量问题，可以提出反诉吗？

最高人民法院的观点是否定的。上诉人中铁北京工程局集团有限公司（以下简称中铁公司）与被上诉人迅通（西安）仓储发展有限公司（以下简称迅通公司）建设工程施工合同纠纷案[最高人民法院（2018）最高法民终96号]裁判要旨：最高人民法院认为关于一审判决对迅通公司的反诉请求未予涉及，对迅通公司的鉴定申请未予准许是否正确的问题。一审审理中，迅通公司提起反诉，要求中铁公司对涉案项目一期商务办公大厦A、B座及广场地下车库防水工程、土方回填工程以及混凝土结构工程等质量问题进行整改、修复、改建直至工程质量合格。由于中铁公司在本案中主张的是工程进度款而非工程全部结算价款，且根据双方当事人在二审庭审过程中的陈述，涉案项目一期商务办公大厦A、B座并未完工，亦未进行最终的竣工验收。因此，一审判决未审理迅通公司的反诉请求并无不当。由于工程未进行最终竣工验收，迅通公司提交的证据不足以证明案涉工程存在其主张的质量问题，故迅通公司要求鉴定工程质量与修复方案、修复费用的条件亦不成就。一审法院不准许迅通公司的鉴定申请亦无不当。

（3）分包合同诉讼中，总包单位对工程质量造成自己损失的是在本诉中抗辩还是提起反诉？

通过查阅各省级法院关于审理建设工程施工合同纠纷案件若干疑难问题的解答或指导意见可以看出：发包方以工程质量存在问题为由要求承包人支付违约金或赔偿损失的，在发包人应以反诉形式提出。

在发包人以质量不符合合同约定为由请求拒付或减付工程款，但没有提出承包人因质量不符合合同约定应当承担的违约金或赔偿金的情形下的诉求视为抗辩权的行使，发包人无须提起反诉。

此外，《最高人民法院关于审理建设工程施工合同纠纷案件适用法律问题的解释（二）》第7条规定：发包人在承包人提起的建设工程施工合同纠纷案件中，以建设工程质量不符合合同约定或者法律规定为由，就承包人支付违约金或者赔偿修理、返工、改建的合理费用等损失提出反诉的，人民法院可以合并审理。

因此，在项目部涉及的分包合同诉讼案件中，应通过抗辩保护自己权益的情形包括：仅以工程质量问题主张减少工程款或拒付工程款，应作为抗辩；因分包人在施工过程中存在偷工减料、未按图施工等情形，要求减少工程价款的，应作为抗辩；因分包人拒绝维修工程而另行委托他人修复后，主张抵扣修复费用的，可以构成一个独立的诉，但该主张未超出分包人的诉讼请求范围，因此项目部有权选择以抗辩形式提出还是以反诉形式提出；施工合同约定违约金可以直接从工程款中抵扣，发包人主张减少工程款并抵扣的，若承包人也同意在本诉中根据合同约定直接结算抵扣的，发包人的该主张可以视为抗辩，无须再提起反诉。

项目部应通过反诉维护自己合法权益的情形包括：项目部要求分包人支付违约金或者赔偿损失的，属于独立的诉，应作为反诉处理；项目部要求分包人赔偿因工程质量不符合合同约定而造成的其他财产或者人身损害的，该请求为侵权损害赔偿之诉，不能提起反诉主张权利，只能另行起诉；项目部要求分包人承担返修义务或赔偿损失的，应提出反诉或者另诉；分包人逾期完工，发包人主张工期延误索赔的，已构成独立的诉，应作为反诉提出。

（4）在买卖合同纠纷中项目部针对提出的质量问题提出反诉，项目部如何避免屡屡败诉？

败诉的原因通常是质量异议期没有约定好，在对方提出付款请求时，质量异议期已过；尚在质量异议期内的，但是提出质量异议后，没有留下具有法律效力的证据。

质量异议期是指买受人应为检验出卖人交付的标的物、发现瑕疵时适时提出质量异议所必需的时间。检验期限对买卖合同的双方当事人都至关重要，买受人若在检验期限内没有提出质量异议，就可能导致无法请求出卖人承担违约责任的风险。

《民法典》第620条、621条、622条、623条完善了买卖合同中的质量异议期制度，以检验期限表示质量异议期，买受人负有在检验期限内检验标的物及提出质量异议的义务。但同时规定过短的检验期限，一是保护买受人对隐蔽瑕疵提出异议的合法权利；二是当事人的约定与法定权利冲突时，否定当事人的约定，以保护当事人的法定权利不受侵犯。

《民法典》第622条规定："当事人约定的检验期限过短，根据标的物的性质和交易习惯，买受人在检验期限内难以完成全面检验的，该期限仅视为买受人对标的物的外观瑕疵提出异议的期限。约定的检验期限或者质量保证期短于法律、行政法规规定期限的，应当以法律、行政法规规定的期限为准。"

检验期限内需要检验的内容包括外观瑕疵和隐蔽瑕疵。

外观瑕疵是指当事人尽合理注意义务可以发现的瑕疵。隐蔽瑕疵通常是指无法通过肉眼发现，需要通过使用专业工具或者经过专门鉴定才能发现的瑕疵。故外观瑕疵的检验要比隐蔽瑕疵的检验简单得多，需要花费的时间也少得多。

当标的物存在隐蔽瑕疵时，通常需要考量双方约定的检验期限是否过短。在没有法律、行政法规规定检验期间的情形下，须结合标的物的性质和交易习惯来判断约定的检验期限是否过短。

《民法典》第621条第二款规定："买受人在合理期限内未通知或者自收到标的物之日起二年内未通知出卖人的，视为标的物的数量或者质量符合约定。"

"合理期限"是认定检验期限的关键。《最高人民法院关于审理买卖合同纠纷案件适用法律问题的解释》第12条规定："人民法院具体认定民法典第六百二十一条第二款规定的'合理期限'时，应当综合当事人之间的交易性质、交易目的、交易方式、交易习惯、标的物的种类、数量、性质、安装和使用情况、瑕疵的性质、买受人应尽的合理注意义务、检验方法和难易程度、买受人或者检验人所处的具体环境、自身技能以及其他合理因素，依据诚实信用原则进行判断。"

此外，出卖人明知标的物存在质量瑕疵的，《民法典》第621条第三款规定："出卖人知道或者应当知道提供的标的物不符合约定的，买受人不受前两款规定的通知时间的限制。"

由此可以看出，当产品的出卖人知道或者应当知道提供的标的物不符合约定的，前述约定的检验期限、合理期限、两年、质量保证期，均不适用。由于出卖人存在恶意，故意提供不符合约定的标的物，实际上构成了欺诈，对于实施欺诈行为的人，不应享有法律规定的利益。

137. 何为实际施工人？“包工头”一定是实际施工人吗？

专家解读

实际施工人是指无效建设工程施工合同的承包人，即违法的专业分包和劳务分包合同的承包人、转承包人、借用资质的施工人（挂靠施工人）；建设工程经数次转包的，实际施工人应当是最终实际投入资金、材料和劳力进行工程施工的法人、非法人企业、个人合伙、“包工头”等民事主体。实际施工人应有如下特征。

（1）实际施工人是履行承包人义务的人，既可能对整个项目工程进行施工，也可能对部分工程进行施工。

（2）实际施工人与发包人之间不存在直接的合同关系。

（3）实际施工人同所签订合同的企业不存在劳动人事关系或劳务关系。

（4）实际施工人根据所签订的合同自主组织施工、自担风险、自享利润。

对于工程中常见的“包工头”或班组长，应从实质上去分析其是否属于实际施工人。通常认为单纯召集工人施工的“包工头”或班组长不属于实际施工人。如果“包工头”或班组长仅仅作为工人的代表组织工人集中施工，在工程中获取的报酬属于劳动对价而不涉及工程利润，则该“包工头”或班组长不能被认定为实际施工人。

如果施工队伍完全由“包工头”或班组长负责，“包工头”或班组长一方面对外揽工，独立经营、自负盈亏，并负责向转包人、违法分包人和发包人承担保质保量交付合格工程的义务，另一方面负责招工，负责向其招来的工人支付工资。这时的“包工头”或班组长就属于实际施工人。

138. 如何防止“包工头”以挂靠为理由请求确认合同无效并以“实际施工人”身份主张工程款？

专家解读

《最高人民法院关于审理建设工程施工合同纠纷案件适用法律问题的解释（一）》第43条第二款规定，实际施工人在一定条件下可以突破合同相对性原则向发包人主张权利。该条款为解决拖欠农民工工资问题提供了司法保障。

挂靠在现行法律意义上主要是指没有资质的实际施工人借用有资质的建筑施工企业名义进行工程建设的行为，即工程实务中常说的“借名合同”“戴帽子合同”。挂靠是法律所禁止的行为，但同时也是实务中普遍存在的行为。

“包工头”以挂靠为由请求确认合同无效并以“实际施工人”身份主张工程款是否都可以得到支持呢？答案是否定的。

通过检索相关案例后发现，能够获得人民法院支持的案例应满足如下条件：挂靠人被纳入实际施工的文义范围被人民法院认定为“实际施工人”，发包人明知挂靠关系的存在；还存在发包人不仅明知挂靠的事实，甚至有些实际施工人就是发包人所选定的，而选择挂靠的方式实现双方目的的案件。

在发包人明知实际施工人是挂靠人的情况下，发包人接受挂靠人工作成果，与实际施工人形成了事实承发包合同关系，从而产生向其对应给付的义务。比如在“（2016）最高法民终 361 号”民事判决书中最高人民法院认为，出借资质的建设工程施工合同中，如果建设工程发包方对于建筑工程施工企业出借资质、由实际施工人予以施工事实明知，出借资质的建筑工程企业实际仅为名义上承包方，在该工程价款的结算中，应当由实际施工人直接向发包方主张工程价款。持有该裁判观点的案例还有“（2015）民抗字第 36 号”“（2017）最高法民终 177 号”“（2018）最高法民终 128 号”“（2019）最高法民终 353 号”。

如果发包人明知挂靠行为且未提出异议，发包人与挂靠人形成事实建设工程合同关系，挂靠人可以直接向发包人主张工程款；如果发包人对挂靠情形不知情，挂靠人又不能证明其与发包人之间存在事实施工合同关系，根据合同的相对性原则，挂靠人无权直接向发包人主张权利或者以实际施工人身份直接向发包人主张支付工程价款。“（2019）最高法民终 1350 号”案件对此的裁判说理比较充分，最高人民法院认为，在处理无资质的企业或个人挂靠有资质的建筑企业承揽工程时，应进一步审查合同相对人是否善意、在签订协议时是否知道挂靠事实来作出相应认定。如果相对人不知晓挂靠事实，有理由相信承包人就是被挂靠人，则应优先保护善意相对人，双方所签订协议直接约束善意相对人和被挂靠人，此时挂靠人和被挂靠人之间可能形成违法转包关系，实际施工人可就案涉工程价款请求承包人和发包人承担相应的民事责任；如果相对人在签订协议时知道挂靠事实，即相对人与挂靠人、被挂靠人通谋作出虚假意思表示，则挂靠人和发包人之间可能直接形成事实上的合同权利义务关系，挂靠人可直接向发包人主张权利。

作为发包人在合同缔结过程中，要从合同条款设计角度，明确不存在挂靠情形；合同签署时，如果签字人不是法定代表人就必须让对方提交签字人的授权委托书和居民身份证复印件、劳动合同，避免挂靠人以代理人身份签字；合同履行过程中，往来函件一定要送到相对方的住所地，而不是负责人家庭住址；施工管理一定落实到签约单位。合同履行成果反映的是签约单位和发包人在履行合同，而不是某个人在履行合同。总之，从合同的缔结到履行，发包人是善意的，不知挂靠法律关系的存在，法律是要保护发包人的信赖利益的。

139. 项目分包单位、供应商可以委托第三人代收款项吗？有何法律风险？

专家解读

委托第三方收款，是指在合同关系中，享有收款权利的一方，指示付款义务人将款项支付给合同以外的第三方主体的法律行为。

《民法典》第 919 条规定，委托合同是委托人和受托人约定，由受托人处理委托人事务的合同。《民法典》第 920 条规定，委托人可以特别委托受托人处理一项或者数项事务，也可以概括委托受托人处理一切事务。因此，项目分包单位、供应商可以委托第三方代收款项。委托收款的注意事项：（1）授权委托书，包括写明委托人、被委托人、委托权限、委托期限，这是被委托人行使代收工程款权利的凭证；（2）委托收取的工程款凭证。这是被委托人代收工程款数额等的依据；（3）委托人和被委托人的身份证明，包括企业的营业执照复印件、居民身份证复印件，这是证明委托人与被委托人身份的证件。

但在项目日常管理中，须认清分包商、供应商委托第三方代收款项背后的具体原因，受委托款项付给第三方存在较大法律风险。（1）因对方银行账户被冻结，对方客观上涉及逃避国家公权机关强制执行，逃避债务。（2）代收款的背后是对方借资质分包、转包工程，存在违反相关法律禁止规定的风险。（3）财务制度和税法都要求票款一致，甚至要求合同约定信息、付款信息与发票信息三者相符。如果发生委托第三方收款行为，则必然无法实现上述一致和相符。对于合同付款人来讲，往往会导致税务机关不能将该笔付款确认为成本或支出，进而导致按照 25%所得税率征缴所得税。通过协议或授权委托第三方收款，对于合同交易相对方来讲，向第三方付款的行为，是否能够从法律意义上完全替代合同付款义务的履行？这需要有关当事人的书面认可，甚至在发生争议时还需要司法认定。有关当事人应该妥善保存付款记录和有关凭证，以便在发生争议后维护自己的权利。

140. 项目部是纳税主体吗？施工期间项目部有无纳税义务？

专家解读

建筑产品在空间上的固定性，导致施工企业的生产经营模式异于其他行业，为保证建筑产品的生产，施工现场一般要成立相应的组织机构（项目部）。项目部负责本工程项目的生产经营，公司机关为所属项目部提供管理支持。

根据《跨地区经营汇总纳税企业所得税征收管理办法》(国家税务总局公告2012年第57号)的规定，居民企业在中国境内跨地区(指跨省、自治区、直辖市和计划单列市，下同)设立不具有法人资格分支机构的，该居民企业为跨地区经营汇总纳税企业。汇总纳税企业实行“统一计算、分级管理、就地预缴、汇总清算、财政调库”的企业所得税征收管理办法。国家税务总局关于发布《纳税人跨县(市区)提供建筑服务增值税征收管理暂行办法》第3条规定，纳税人跨县(市、区)提供建筑服务，应按照财税〔2016〕36号文件规定的纳税义务发生时间和计税办法，向建筑服务发生地主管税务机关预缴税款，向机构所在地主管税务机关申报纳税。

总公司直属项目部，各税种的纳税主体均为总公司，发票也由总公司向发包方开具，主要涉税问题如下。

一是跨区域涉税事项报告。跨省施工的，必须办理跨区域涉税事项报告，工程结束时还要办理核销；省内施工的，是否需要办理，由各省自行决定；本县(市、区)施工的，无须办理。

二是预缴增值税及其附加税。总公司机构所在地和项目所在地在同一个地级行政区的，无须预缴税款；不在同一个地级行政区(如跨省或省内跨地级市)的，一般计税方法项目按照2%预缴增值税，一般纳税人简易计税项目按照3%预缴增值税。

三是企业所得税的预缴。跨省施工的按照实际经营收入(一般不让扣分包款)的0.2%由总公司机构向项目地预分企业所得税，由项目部在当地预缴；省内施工的是否预缴，由各省自行决定。

分公司管理的项目部的施工地点与分公司机构所在地通常属于同一县(市、区)，因此，一般不存在跨区域涉税事项报告以及异地预缴的问题，增值税由分公司按期申报缴纳，企业所得税并入二级分支机构，通常实行汇总纳税。

但是，实践中也不排除分公司跨地区施工的情形，比如广东某建筑总公司在天津设立了天津分公司，天津分公司承揽了安徽的某项目。此时须注意以下两点。

一是需要办理跨区域涉税事项报告，而且应由广东总公司开具，由天津分公司安徽项目部向项目地税务机关报验，增值税需要向安徽预缴。

二是企业所得税不需要在安徽预缴，而是将项目的相关数据汇总到天津分公司核算，由天津分公司根据《跨地区经营汇总纳税企业所得税征收管理办法》的规定在天津预缴企业所得税。

需要注意的是根据国税函〔2010〕156号文件的规定，无论是总公司直属项目部还是分公司管理的项目部，只要涉及跨省施工都应当及时办理跨区域涉税事项报告，否则将被作为独立纳税人就地缴纳企业所得税。

141. 项目部如何处理多主体管项目的问题？如何规避“母揽子干”的法律风险？

专家解读

近年来，随着施工建筑行业外部环境的不断变化，国家各部委及发包方对建筑企业的施工管理模式要求越来越严，子公司通过与集团签订内部总分包合同的模式已不能全面应对当前的变化和要求，而子分公司并行将成为常态和首选模式。在实际操作中，往往没有完全做到在组织机构、文件制度、人员管理等方面进行严格区分，“一套人马、多块牌子”的管理模式，导致多方面存在企业法人“人格混同”风险。

公司人格混同通常表现为三种情形，即人员混同、财产混同和经营业务混同。为规避企业法人“人格混同”风险，应从以下几方面进行防范。第一，健全法人的治理结构，保证法人人格独立。在公司上下都树立“独立主体独立治理”的管理观念。完善公司治理机构，规范建立各子、分公司的管理制度，保证民事活动的独立意志，明确多主体成员之间资金、财务、人事、业务等关系，避免成员人格虚化。第二，各子分公司应按法律法规的规定，建立独立的财务、会计制度，设立完整、独立的会计账簿。各公司业务独立核算，防止财产混同，资产权属不清。第三，明确管理人员职责范围，建立相应的监督机制，避免公司之间人员任意相互兼任和调配。第四，各公司的交易应具有明确的交易主体，并由各自单独实施，避免不同的关联企业在同一合同中参与不同环节，共同实施交易行为。若交易过程中需要其他关联企业参与，则应签订相应的书面法律文件，明确各方之间的权利、义务，防止经营业务混同发生。

2019 年 1 月 3 日，住房城乡建设部颁布的《建筑工程施工发包与承包违法行为认定查处管理办法》，对建筑工程施工领域的违法发包、违法分包、转包、资质挂靠等违法行为的认定进行了具体规定。其中第 8 条明确规定，母公司承接建筑工程后将所承接工程交由具有独立法人资格的子公司施工的情形属于转包行为。

相关案例：

南通某建公司与某坤公司签订“建设工程施工合同”后，在建承揽的工程以与其子公司某建东林公司签订内部履约责任书的方式由某建东林公司施工。人民法院依照《建筑工程施工发包与承包违法行为认定查处管理办法》的规定，将其认定为转包。

为防范法律风险，针对规避“母揽子干”行为有如下建议。(1) 在投标阶段，提前做好策划，安排子公司与母公司组建联合体进行投标。在联合体模式下，子公司与母公司可以自行进行内部责任分工，实现资源最优的配置。但需要注意的是《建筑工程施工发包与承包违法行为认定查处管理办法》第 8 条规定，联合体一方不进行施工也未对施工活动进行组织管理的，并且向联合体其他方收取管理费或者其他类似费用的，视为联合体一方将承包的工程转包给联合体其他方。所以母公司和子公司采取联合体方式承接工程的，母公司不得只收管理费，而不承担任何施工管理责任。（2）通过分包方式，将部分工程交由子公司施工。根据有关法律规定，承包人可以将非主体性、关键性工程交由其他有资质的单位实施，总公司将部分施工作业分包给子公司并不违反法律规定。特别是在工程总承包模式下，设计单位作为总承包商，可以将全部施工工作发包给具有施工资质的单位，也可以把全部设备材料采购工作对外分包。（3）将工程设备、材料采购等非工程施工类工作交由子公司实施。根据有关法律规定，转包或违法分包，一般仅指工程施工作业权利、义务的转移，设备材料采购、物资运输、工程安保、系统调试等服务并非施工范围，母公司可以将相关工作委托子公司实施，并与子公司签订相关合同。（4）通过设立分公司模式，将工程交由分公司实施。根据有关法律规定，分公司属于总公司的内部分支机构，不具有独立的法人资格，与总公司属于同一法人主体，如果总公司将承接的工程全部交由分公司施工，并不发生合同权利、义务的转移，不属于转包或分包行为，并不违反法律规定。

142. 项目部为分包商农民工代发工资是否合法？如何避免“超付”等风险？

专家解读

2019 年 12 月，国务院颁布的《保障农民工工资支付条例》第 31 条规定：“工程建设领域推行分包单位农民工工资委托施工总承包单位代发制度。分包单位应当按月考核农民工工作量并编制工资支付表，经农民工本人签字确认后，与当月工程进度等情况一并交施工总承包单位。施工总承包单位根据分包单位编制的工资支付表，通过农民工工资专用账户直接将工资支付到农民工本人的银行账户，并向分包单位提供代发工资凭证。用于支付农民工工资的银行账户所绑定的农民工本人社会保障卡或者银行卡，用人单位或者其他人员不得以任何理由扣押或者变相扣押。”因此为分包单位代付农民工工资是合法的，但在实际管理过程中，须加强对分包队伍的监督力度，避免不必要的法律风险。

相关案例：

某施工项目的总承包单位 A 公司将该项目的部分专业分包给了 B 公司，双方签订了“分包协议书”，分包工程暂定价 674 万元。B 公司组织工人于 2019 年 5 月进场施工，至

2020 年 9 月 10 日停工，截至停工时合同约定的工程量尚未全部完成。A 公司已支付 B 公司工程款 443 万余元，其中 388 万元作为民工工资通过 A 公司开设的农民工工资支付专用账户代为发放。

后因该项目农民工投诉欠薪，劳动监察主管部门介入调查。调查中 A 公司和 B 公司双方争论的焦点在于 A 公司表示双方未结清的工程款余款为 15 万元左右，不足以代 B 公司发放拖欠的农民工工资。B 公司则声称无力支付工资，主要原因是项目负责人郭某某以支付工资的名义，通过虚增人头、虚报工资金额、骗取农民工银行卡取现等手段，套取农民工工资专用账户内的款项约 200 万元。2020 年 11 月，某区人力资源和社会保障局依据《保障农民工工资支付条例》第 30 条第三款“工程建设项目转包，拖欠农民工工资的，由施工项目的总承包单位先行清偿，再依法进行追偿”之规定向施工项目的总承包单位 A 公司发出劳动保障监察限期改正指令书，责令先行清偿农民工工资 111 万余元。本案中 A 公司通过农民工工资专用账户代为发放分包单位 B 公司用工所产生的农民工工资，本身是遵守《保障农民工工资支付条例》要求的规范化管理规定，并无不当，但问题在于郭某某作为 B 公司的管理人员，虚报冒领工资，导致专门用于发放农民工工资的资金被挪用，使得项目后期的工程款不足以支付工资。A 公司对此不仅没有引起足够的警惕，也没有任何防范措施，显然没有对分包单位 B 公司的劳动用工和工资发放履行好监督责任，因此依法应予“先行清偿”。

在项目施工过程中，造成对分包单位“超付”的主要原因有以下几点。

（1）因分包单位不守信用而超付。当分包单位认为其工程款的计价方式过低或者自身管理出现问题导致亏损时，大多数分包单位都不会认亏，而是采用各种办法拖延、拒不施工，以达到调增合同价格的目的。项目部迫于业主的工期压力，有时候不得不暂时满足分包单位的现金流需求，造成超付。

（2）因项目过程中管理不当超付，对分包合同承包范围内已经包含的工作量，施工过程中再次给予签认，或对同一事项的重复签认，导致重复计量、重复计价。

（3）分包单位虚报、多报工作量，项目管理人员未严格审查予以批复，或者项目管理人员与分包单位相互串通，签批不实资料。

（4）因分包索赔超付。在当前环境下，很多分包单位是低价中标的。因此在履约过程中，这些分包单位会抓住一切机会向项目部进行索赔，以此扭转自身亏损或者增加自身利益。例如，分包单位拒绝承担亏损，利用停工要求支付农民工工资而产生的恶意索赔。

预防为分包单位“超付”的主要措施如下。

第一，应考察分包单位的诚信度，对诚信度高的分包单位优先选用，且在分包单位进场前必须签订劳务或专业分包合同，杜绝先进场后签合同。先进场后签合同不仅权责不清，而且付款无依据，在已经形成事实合同时，分包价格无法谈判。

第二，项目要按时完成施工图预算，从总体上预防超付现象，向分包单位付款前严格审查其已完成工程量，严禁粗估冒算，付款必须以审核后的工程量作为付款依据，严格控制付款比例，避免造成超比例付款。

第三，持续强化农民工工资实名制管理制度，明确考勤监督、工资单收集、工资支付台账建立以及分包合同相关条款设置等方面的管理责任，并在分包合同中明确约定农民工实名制管理、劳动合同备案等事项。

第四，对分包单位材料供应量要严格审核，严禁分包单位提多少计划就供应多少，与分包单位的材料账必须及时清理，月月核对，做到应扣尽扣。

143. 分供商不开具发票是否可以扣减税款后支付或拒付款项？

专家解读

《发票管理办法》第 19 条规定：“销售商品、提供服务以及从事其他经营活动的单位和个人，对外发生经营业务收取款项，收款方应当向付款方开具发票；特殊情况下，由付款方向收款方开具发票。”《发票管理办法》第 20 条规定：“所有单位和从事生产、经营活动的个人在购买商品、接受服务以及从事其他经营活动支付款项，应当向收款方取得发票。取得发票时，不得要求变更品名和金额。”该规定确定了出卖人和承揽人向买受人和定作人开具发票的从给付义务。依法纳税并开具发票系纳税人负有的强制性法律义务，不受当事人约定的影响。接受增值税发票一方不能约定在支付货款或定做价款时直接扣除发票相应税金。

分供商不开具发票是否可以拒付款项，视具体情况而定。

（1）合同中没有约定开发票和付款的先后次序，属于双务合同，《民法典》第 525 条规定：“当事人互负债务，没有先后履行顺序的，应当同时履行。一方在对方履行之前有权拒绝其履行请求。一方在对方履行债务不符合约定时，有权拒绝其相应的履行请求。”这意味着两项合同义务是相互独立的，或者说是“平行的”，其中一项不能理解为另一项的前提条件。具体来说，不能以对方没有开票为由拒绝付款，否则违约。

（2）合同中明确约定先开票后付款的情况下，开票义务方未开发票即要求付款义务方付款，付款义务方可否以合同约定为由，拒绝履行付款义务，在具体实践中存在截然不同的观点。

观点一：先开票后付款的抗辩被支持。

相关案例：

被告中铁某公司因承建芜湖某项目与原告某混凝土公司签订“混凝土采购合同”。合同约定被告购买原告预拌混凝土，双方对购买预拌混凝土的结算方式及付款方法、违约责任等事项进行了明确约定。同时合同还约定，在被告支付款项前，原告须对所有款项的收取，提供真实有效的商品混凝土增值税专用发票，否则被告有权停止支付任何款项。合同签订后，原告按照合同约定向被告提供商品混凝土，被告却未按合同约定及时支付货款。

法院认为，案涉“混凝土采购合同”明确约定，原告未向被告提供发票前，被告有权停止支付任何款项。虽然开具发票并非原告的主要合同义务，仅是附随义务，但原、被告在合同中明确约定了先开票后付款的履行顺序。因此，在原告未按合同约定出具发票前，原告所主张货款的付款条件尚未成就，故被告未付货款的行为不构成违约。

观点二：先开票后付款的抗辩不能被支持。

相关案例：

被告中铁某有限公司系郑州航空港区基础设施四标段工程的承包人，其承包合同约定质量保修期为两年，质量保修期自工程竣工验收合格之日起算。被告承包该工程后对工程项目进行了分解，并将其中的部分道路工程、桥梁工程、管桩工程以及桩基工程的劳务分包给原告郑州某建筑劳务有限公司。双方在合同中约定：“本项目税费缴纳方式为一般计税，原告结算须提供增值税专用发票，按照先开票后付款的原则，在被告结算日前10个工作日内，原告应开具与本单位名称、收款单位、开票单位相一致的增值税专用发票，原告提供发票时间不得超过发票开具时间30个工作日。”原告未按本条约定的时间出具符合要求的增值税发票的，被告不予支付。

法院认为，被告虽辩称原告未向其开具发票，依据双方合同约定其不应支付该工程款，但从双方合同内容看，原告的主要合同义务是交付完成的施工工程，开具发票仅是其合同附随义务，被告对原告已经完成施工、双方已经对工程款进行结算的事实亦表示认可，且原告亦当庭表示可以随时向被告开具相应发票，故被告以原告未开具发票为由拒绝支付应付的工程款理由不能成立。

具体理由如下。

一是双务合同分为主合同义务和附随义务。

两类义务主要区别在于以下两点。（1）主合同义务，是依据法律的规定、当事人的约定或依据合同的性质而产生的合同义务是事先确定的，直接决定合同关系是否成立；而附随义务则在任何合同关系中均可以发生，不受合同性质的限制。（2）违反主合同义务将构成根本违约，而违反附随义务不构成根本违约。

二是关于主合同义务和附随义务的效力抗辩。

《民法典》第609条规定，出卖人按照约定未交付有关标的物的单证和资料的，不影响标的物毁损、灭失风险的转移。因此，交付的增值税发票属于单证，对主合同义务没有影响，属于从合同义务，增值税发票的开具是出卖人的从合同义务，该从合同义务的履行与否并不影响转移标的物与支付货款这一主合同义务的履行。所以在出卖人已经提供货物给买受人之后，出卖人的主合同义务已经履行完毕，买受人也应履行其主合同义务即支付价款。

综上，项目部在签订合同时，关于先开票后付款的约定有以下建议：首先，在合同涉税条款中，应当尽量对开票以及开票与付款的先后顺序进行明确约定，务必表达清楚开票是付款的前提；其次，如果无法达成“先票后款”的约定，建议可以在合同中明确约束发票提供的具体时间，并设置收款方未按约定时间开票的违约责任。

144. 什么是“小金库”？“小金库”的典型表现形式有哪些？

专家解读

“小金库”其实是民间俗语，始于20世纪70年代末财政部组织清理的“小钱柜”，在1986年开展税收财务物价大检查时开始俗称“小金库”。根据中共中央办公厅、国务院办公厅印发的《关于深入开展“小金库”治理工作的意见》（中办发〔2009〕18号）和中纪委、监察部、财政部、审计署印发的《关于在党政机关和事业单位开展“小金库”专项治理工作的实施办法》（中纪发〔2009〕7号），“小金库”是指违反法律法规及其他有关规定，应列入而未列入符合规定的单位账簿的各项资金（含有价证券）及其形成的资产。

“小金库”的典型表现形式如下。

（1）利用违规收费、罚款等设立“小金库”。个别单位不严格执行收费、罚款等有关规定，使用白条收费或自制票据收费或罚款，逃避监管，不将款项上缴入账管理，形成“小金库”。

（2）利用资产处置、房屋租赁收入设立“小金库”。未建立固定资产详细账目，资产底数不清，资产处置及房屋租赁收入不纳入财务管理，形成“小金库”。

（3）利用虚假发票套取资金设立“小金库”。个别单位采用开具大头小尾、名不副实等虚假发票套取资金，形成“小金库”。

（4）收取下属单位管理费设立“小金库”。个别单位将收取的下属单位管理费，另设账目记载，形成“小金库”。

（5）利用物资采购手续费及回扣收入设立“小金库”。个别单位在大批物资采购中，收取手续费或回扣收入，形成“小金库”。

（6）经营收入未列入符合规定的财务账簿内统一登记核算，形成“小金库”。

（7）签订虚假合同，虚列成本支出转出资金，形成“小金库”

145. 项目部代发分包单位的农民工工资，是否需要代扣代缴个人所得税？

专家解读

《个人所得税法》第9条规定，个人所得税以所得人为纳税人，以支付所得的单位或者个人为扣缴义务人。《国家税务总局关于个人所得税偷税案件查处中有关问题的补充通知》（国税函发〔1996〕602号）第3条规定：“扣缴义务人的认定，按照个人所得税法的规定，向个人支付所得的单位和个人为扣缴义务人。由于支付所得的单位和个人与取得所得的人之间有多重支付的现象，有时难以确定扣缴义务人。为保证全国执行的统一，现将认定标准规定为：凡税务机关认定对所得的支付对象和支付数额有决定权的单位和个人，即为扣缴义务人。”

《保障农民工工资支付条例》第31条规定，工程建设领域推行分包单位农民工工资委托施工总承包单位代发制度。分包单位每月对农民工的工作量进行评估，并编制工资支付表，由其本人签名后，连同本月的工程进度和其他方面的资料，提交给施工总承包单位。施工总承包单位根据分包单位编制的工资支付表，通过农民工工资专用账户直接将工资支付到农民工本人的银行账户，并向分包单位提供代发工资凭证。

综上，项目部代分包单位支付农民工工资时，应由分包单位根据考核情况编制工资支付表，所以分包单位是对所得的支付对象和支付数额有决定权的单位，涉及的个人所得税应当由分包单位扣缴并申报。

146. 项目部在配合征拆过程中如何应对村民故意抬高征地补偿标准漫天要价的情况？

专家解读

拆迁很容易引发矛盾，很难有平和解决的时候，往往要经过数轮谈判才能最终敲定下来。双方的分歧点在于赔偿价格，一场合理的拆迁要聘请评估公司对拆迁房屋进行价值评估，而后根据评估结果给予拆迁户补偿。然而，拆迁户很少能满意第一次给出的补偿价格，甚至有“钉子户”死守房屋，索要高价赔偿。

漫天要价的原因就在于禀赋效应。禀赋效应，指当个人一旦拥有某项物品，那么他对该物品价值的评价要比未拥有之前大大提高。它是由理查德·塞勒（Richard Thaler）于1980提出的。这一现象可以用行为金融学中的“损失厌恶”理论来解释，通俗地讲就是人们为了获得一件商品，愿意为之付出与其价值相对应的价格。如果人们失去一件物品，那么他们想要获得的补偿金额与这个价格也应是一致的（不考虑折旧因素）。因此，人们在决策过程中对利害的权衡是不均衡的，对“避害”的考虑远大于对“趋利”的考虑。出于对损失的畏惧，人们在出卖商品时往往索要过高的价格。

比如，一个人花100元买下了一个东西，当他拥有这个东西时，他会认为这件东西的价值要高过100元，并且如果别人要把这个东西拿走，给他100元的补偿他是无法满足的。显然，索要与物品价值不相符合的价格是一种不理性的行为，哪怕具有交易经验的人知道这是不合乎常理的，他们也不会停止这种行为。围绕与价值相悖的价格进行讨价还价，会增加交易成本，从而降低市场效率。这种情况源于人们安于现状的心理，因此禀赋效应是难以消除的，这是人性所决定的。

项目部在配合征拆过程中，如何应对漫天要价的情况呢？笔者认为要做好几件事情。

（1）要确保拆迁活动事由正当、程序合法。

征收程序存在瑕疵，会对拆迁方征收、征用工作造成影响。部分群体利用项目部赶工期、怕麻烦的心理，极力施压，有些还通过自媒体制造舆情。面对这种情况有些拆迁方想通过提高补偿价格了事，这样做既损害了那些配合拆迁的守法公民的权益，也破坏了基本的公平正义原则。

（2）要有证据意识，在工作中固定书面证据。

在张某等人诉中铁某公司侵权责任一案中，项目部工作人员在村民委员会临时占地拆除包括张某养猪场在内的附着物时，制作了详细的附着物登记表，且表上有乡政府、村民委员会及附着物所有人的签字。这张表是这个案件胜诉的重要证据。在庭审中张某提出除了猪棚、鸡棚、过道外，还有化粪池、苜蓿草等附着物，但是鉴于登记表中没有记载，张某提出的选择性登记的说法法院没有认可。如果没有这份登记表，这个案件中对附着物的陈述将导致双方陷入巨大的争议，会对被告中铁某公司非常不利。

该案中，针对榛子树补偿协议仅签署了一份，由村民小组组长武某代为签署、代为领取补偿款，张某当庭陈述其不同意武某的代理行为。此时被告方又出具了村民委员会的一份会议纪要，虽然只有复印件没有原件，但还是得到了法院的认可，增强了法官的内心确信度，进而对被告的陈诉予以认可。

（3）要敢于向使用违法极端方式阻挠征收征用行为且漫天要价的人说“不”，法不能向违法者让步。

专题五　项目刑事法律风险

依法合规经营，方能行稳致远。施工企业项目涉及的刑事法律风险，可以说贯穿项目招投标、征地拆迁、选择分供商、过程结算到竣工交验全过程，既可能涉及企业，也可能使个人受到刑事处罚。可以说，建设工程领域的相关企业和个人，有可能成为刑事案件的“被害人”，也有可能成为刑事案件的“被告人”。

在建设工程领域，除了常见的《刑法典》，其他“有关法律法规及管理规定”非常庞杂，如《招标投标法》《环境保护法》《建设工程质量管理条例》《安全生产法》《建设工程安全生产管理条例》，还有各种规范。

作为施工企业项目管理者，须常怀敬畏之心，平时就要按规范、按标准、按制度办事，时时提醒自己廉洁自律、爱岗敬业、严守规矩，把对法律威慑之敬畏深植于心，常践于行，以对个人、对家庭、对企业高度负责的态度，管好在建项目，助推企业和谐稳定发展。

147. 项目部如何应对刑事犯罪法律风险？

专家解读

通过在裁判文书网上检索，发现有关建设工程项目部及人员发生的刑事犯罪裁判文书有 17 000 余份。项目部是承包单位在具体项目上临时设立的机构，因为其在项目管理职能上具有复杂性和全面性，所以涉及的刑事犯罪风险也随之增加。

我国刑法分则中规定的罪名有 483 个，国有企业设立的建设工程项目部人员可能会涉及的主要罪名有：重大责任事故罪，交通肇事罪，强令违章冒险作业罪，重大劳动安全事故罪，危险物品肇事罪，工程重大安全事故罪，不报谎报安全事故罪，拒不支付劳动报酬罪，签订、履行合同失职被骗罪，非国家人员受贿罪，非法经营同类营业罪，为亲友非法牟利罪，国有公司、企业、事业单位人员失职罪，国有公司、企业、事业单位人员滥用职权罪，徇私舞弊低价折股、出售国有资产罪，重大环境污染事故罪，滥伐林木罪，非法占用农用地罪，受贿罪，贪污罪，私分国有资产罪，挪用公款罪等，也不排除涉嫌其他罪名。

作为项目部工作人员看到这么多的刑事法律风险可能会有些担心，害怕在工作中一不小心就触犯刑法，面临牢狱之灾。其实，大家也不必太过担心，只要在工作中勤奋、认真、廉洁，就能有效防止犯罪的发生，具体可以从以下几个方面来预防刑事犯罪法律风险。

一要树立规则意识。规则包括法律法规、规章、公司制度、管理职责等。在项目管理上，依法依规管理项目。除了法律法规的规定必须遵守之外，还须要制定详细的可操作性强的规章制度、岗位职责，用制度管事，让制度管用。

二要树立安全意识。应急管理部发布的数据显示，2022 年 7 月，全国共发生各类生产安全事故 1 912 起、死亡 1 609 人。2021 年应急管理部公布的全国生产安全事故十大典型案例，其中江苏苏州四季开源酒店“7・12”重大坍塌事故，造成 17 人死亡、5 人受伤，直接经济损失约 2 615 万元。事故发生的原因就是施工人员在无任何加固及安全措施的情况下，盲目拆除了承重横墙，致使上部结构传力路径中断，导致该辅房自下而上连续坍塌。安全责任是建设工程中容易发生的刑事责任，项目部作为工程施工最直接的组织机构，所有人员只有牢固树立安全生产意识，才能有效杜绝安全事故的发生，避免承担刑事和民事责任。

三要增强质量意识。质量是一切商品的生命线。企业作为质量的主体责任承担者，在日常生产中要加强对质量工作的监管，在各环节、各层次上严格把控质量。“千里之堤，溃于蚁穴”越是细微的不起眼的地方越容易出现质量问题。企业应建立健全质量管理体系，确保涉及生命财产安全的重要工程的质量安全。只有质量安全了，参与施工的项目部和人员才会安全，否则，一旦出现质量问题，轻者赔偿，重者判刑。

四要强化廉洁意识。党的十八大以来，一体推进不敢腐、不能腐、不想腐不仅是反腐败斗争的基本方针，也是新时代全面从严治党的重要方略。建设领域的国有企业人员，也要主动拒腐防变，筑牢廉洁工作的防线。

“徒法不足以自行”单靠法律不能解决所有问题，但没有法律、没有制度就会出现问题，项目部要防范刑事责任风险必须学法、懂法、守法，也要学会运用法治思维处理和协调各项工作，防患于未然，避免发生民事和刑事的法律风险。

148. 职工个人受到刑事处罚一定会被“双开”吗？有法律依据吗？

专家解读

“双开”指开除党籍、开除公职，属于纪律、行政处分，是被处分人员被查明构成刑事犯罪后的处理结果之一。谈及“双开”一词，大多数人都会将它的主体局限于国家工作人员，企业职工是否会被“双开”？实际上，企业职工在满足一定的条件下也会面临着被“双开”的风险。

《劳动合同法》第 39 条规定，劳动者被依法追究刑事责任的，用人单位可以解除劳动合同。“被依法追究刑事责任”包括被人民法院判处刑罚的（包括缓刑）、被人民检察院免予起诉的、被人民法院依据现行《刑法》第 37 条规定免予刑事处罚的。《刑法》第 37 条规定，对于犯罪情节轻微不需要判处刑罚的，可以免予刑事处罚，但是可以根据案件的不同情况，予以训诫或者责令具结悔过、赔礼道歉、赔偿损失，或者由主管部门予以行政处罚或者行政处分。因此，根据《刑法》规定职工受到刑事处罚构成犯罪的是可以开除的，也就是说是否开除由用人单位自行决定。

根据《监察法》第 15 条、《公职人员政务处分法》第 7 条和第 14 条、《中国共产党纪律处分条例》第 27 条、第 31 条和第 32 条的规定，只有同时满足如下条件，职工才会因为刑事处罚被“双开”。

（1）主体方面。

职工必须是国有企业管理人员，法律、法规授权或者受国家机关依法委托管理公共事务的组织中从事公务的人员或者其他依法履行公职的人员，并且是中国共产党党员。

（2）客观方面。

职工犯罪，有下列情形之一的，才会一定被开除党籍和开除公职：①因故意犯罪被判处管制、拘役或者有期徒刑以上刑罚（含宣告缓刑）的；②因过失犯罪被判处有期徒刑，刑期超过三年的；③因犯罪被单处或者并处剥夺政治权利的。

那在什么情形下职工受到刑事处罚不一定被双开呢？法律法规同时也作出了回答。

（1）因过失犯罪被判处三年以下（含三年）有期徒刑或者被判处管制、拘役的，一般应当开除公职并开除党籍。从公职方面来说，案件情况特殊，予以撤职更为适当的，可以不予开除公职，但是应当报请上一级机关批准；从党籍方面来说，对于个别可以不开除党籍的，应当对照处分党员批准权限的规定，报请再上一级党组织批准。

（2）职工犯罪被单处罚金的从公职方面来说应予以撤职，造成不良影响的，予以开除公职；从党籍方面来说应当给予撤销党内职务、留党察看或者开除党籍处分，这些处分具有选择性，并不具备开除党籍唯一性。

（3）党组织在纪律审查中发现党员有贪污贿赂、滥用职权、玩忽职守、权力寻租、利益输送、徇私舞弊、浪费国家资财等违反法律涉嫌犯罪行为的，应当给予撤销党内职务、留党察看或者开除党籍处分。这些处分具有选择性，并不具备开除党籍唯一性。

综上所述，职工在受到刑事处罚时，应该从主体和客观方面分析，只有同时满足条件，才会被开除党籍、开除公职。

相关案例：

太原一国有企业原副总经理杜某因严重违反党的纪律、参与迷信活动，并涉嫌受贿犯罪，情节严重，依照《监察法》《公职人员政务处分法》以及《中国共产党纪律处分条例》给予开除党籍和开除公职处分。但也有个别案例，如某国有企业高管涉嫌犯罪被单处罚金，情节轻微，依照前述法律法规给予撤销党内职务处分，并未被“双开”。

149. 何为签订、履行合同失职被骗罪？项目部哪些人面临此类法律风险？

专家解读

关于何为签订、履行合同失职被骗罪？《刑法》第167条规定：“国有公司、企业、事业单位直接负责的主管人员，在签订、履行合同过程中，因严重不负责任被诈骗，致使国家利益遭受重大损失的，处三年以下有期徒刑或者拘役；致使国家利益遭受特别重大损失的，处三年以上七年以下有期徒刑。”这就是我们所说的“签订、履行合同失职被骗罪”。

对这一规定需要从以下几个方面理解。

（1）签订、履行合同的主体性质必须是国有公司、企业、事业单位。

（2）犯罪主体指的是直接负责的主管人员，既包括国有独资公司、企业中直接负责的主管人员，也包括国有公司、企业委派到国有控股、参股公司从事公务的人员。

（3）本罪的主观方面必须是过失，而不是故意。《刑法》第15条规定："应当预见自己的行为可能发生危害社会的结果，因为疏忽大意而没有预见，或者已经预见而轻信能够避免，以致发生这种结果的，是过失犯罪。"过失分为疏忽大意的过失和过于自行的过失。如果行为人故意和对方串通，而造成国家利益损失，则可能构成诈骗犯罪的共同犯罪，或构成受贿犯罪等其他犯罪。

（4）本罪在客观上要求国有公司、企业、事业单位直接负责的主管人员具有因其严重不负责任被骗，最终致使国家利益遭受重大损失的行为。本罪属结果犯，只有造成国有公司、企业破产或者严重损失，致使国家利益遭受重大损失时，才构成本罪。如果有被骗的行为，但没有出现国家利益遭受重大损失的结果，则不构成本罪。

（5）最高人民检察院、公安部规定的本罪的立案标准：①造成国家直接经济损失数额在五十万元以上的；②造成有关单位破产，停业、停产一年以上，或者被吊销许可证和营业执照、责令关闭、撤销、解散的；③其他致使国家利益遭受重大损失的情形。

关于项目部哪些人面临此类法律风险？结合国有建筑企业的具体情况，项目部在职责上承担着项目履行中涉及的所有合同的签订、履行责任。在职责上直接负责的主管人员一般包括项目经理，负责合同签订前进行磋商、调研的主管人员，以及合同签订时授权签订合同的主管人员，还有后续合同履行过程中直接负责的主管人员。

相关案例：

王某系某国有建筑公司项目部采购部部长，2008年7月，项目需要一批电缆，经财务部部长李某介绍，王某从电缆公司采购价值1 000万元的电缆。在验收过程中王某因系熟人介绍，过于自信质量应该没有问题，遂没有按照公司规定进行验收便出具验收合格文书。后来，采购的电缆被认定为不合格产品，给国家利益造成重大损失。

案发后，通过调查发现该电缆公司犯生产、销售伪劣产品罪，且在签约过程中向财务部部长李某行贿。李某涉嫌受贿罪。而作为国有建筑公司直接负责采购的主管人员，王某在签订、履行合同过程中，碍于熟人介绍，没有尽到起码的验收职责，正是因其过于自信的过失，严重不负责任的失职行为，给该国家利益造成不可挽回的巨额财产损失。其行为已经涉嫌签订、履行合同失职被骗罪。

150. 何为拒不支付劳动报酬罪？项目部能成为该罪的犯罪主体吗？

专家解读

公司拖欠员工的工资可能产生的法律后果不仅限于民事纠纷，如果拖欠工资的行为严重的话还有可能涉嫌刑事犯罪。《刑法》第276条之一规定：“以转移财产、逃匿等方法逃避支付劳动者的劳动报酬或者有能力支付而不支付劳动者的劳动报酬，数额较大，经政府有关部门责令支付仍不支付的，处三年以下有期徒刑或者拘役，并处或者单处罚金；造成严重后果的，处三年以上七年以下有期徒刑，并处罚金。单位犯前款罪的，对单位判处罚金，并对其直接负责的主管人员和其他直接责任人员，依照前款的规定处罚。有前两款行为，尚未造成严重后果，在提起公诉前支付劳动者的劳动报酬，并依法承担相应赔偿责任的，可以减轻或者免除处罚。”最高人民法院也对拒不支付劳动报酬罪的具体情况作出细化，《最高人民法院关于审理拒不支付劳动报酬刑事案件适用法律若干问题的解释》第2条规定：“以逃避支付劳动者的劳动报酬为目的，具有下列情形之一的，应当认定为刑法第二百七十六条之一第一款规定的‘以转移财产、逃匿等方法逃避支付劳动者的劳动报酬’：（一）隐匿财产、恶意清偿、虚构债务、虚假破产、虚假倒闭或者以其他方法转移、处分财产的；（二）逃跑、藏匿的；（三）隐匿、销毁或者篡改账目、职工名册、工资支付记录、考勤记录等与劳动报酬相关的材料的；（四）以其他方法逃避支付劳动报酬的。”

要构成拒不支付劳动报酬罪，除了有拒不支付劳动报酬的行为以外，还须要前置程序合法，即“经政府有关部门责令支付仍不支付的”，因此劳动行政部门未依法履行行政处置程序，或者违反法定程序送达的，不能认定构成本罪。

拒不支付劳动报酬罪的犯罪主体为一般主体，即自然人和单位。《最高人民法院关于审理拒不支付劳动报酬刑事案件适用法律若干问题的解释》第7条规定：“不具备用工主体资格的单位或者个人，违法用工且拒不支付劳动者的劳动报酬，数额较大，经政府有关部门责令支付仍不支付的，应当依照刑法第二百七十六条之一的规定，以拒不支付劳动报酬罪追究刑事责任。”第8条规定：“用人单位的实际控制人实施拒不支付劳动报酬行为，构成犯罪的，应当依照刑法第二百七十六条之一的规定追究刑事责任。”由此可知，该罪名的犯罪主体只能是以下几种情况：与劳动者存在劳动关系的用人单位；不具备用工主体资格的单位或者个人；用人单位的实际控制人。

要判断项目部能否成为拒不支付劳动报酬罪的犯罪主体，首先要明确项目部的法律地位。项目部是临时组建的“一次性”组织，其直接招工、签订劳动合同的行为，只是代表企业法人实施，实际的用人单位仍然是企业。项目部的法律地位类似于企业法人的分支机构，其所发生的与工程管理相关的行为，视为施工单位的行为。其次，也有企业注册为某某项目部的，也就是说，只有在项目部注册为具有独立资格的法人单位，成为符合法律规定的企业法人，具备法律意义上的用工主体资格，如该项目部涉嫌犯罪的，才有可能被追究刑事法律责任。

在司法实务中，项目部的行为也多被视为施工单位的行为。如安徽省高级人民法院在“(2020)皖刑申201号”再审审查与审判监督刑事通知书中就表明，施工单位以项目部的名义将工程劳务转包，经政府有关部门责令支付后，仍没有支付工人的劳动报酬，且数额较大，那么施工单位构成拒不支付劳动报酬罪，直接责任人亦构成本罪。

151. 贪污罪与职务侵占罪有何区别？哪些人的哪些行为可能构成此类犯罪？

专家解读

从《刑法》规定来看，贪污罪是指国家工作人员利用职务上的便利，侵吞、窃取、骗取或者以其他手段非法占有公共财物的行为。而职务侵占罪是指公司、企业或者其他单位的人员，利用职务上的便利，将本单位财物非法占为己有，数额较大的行为。国有公司、企业或者其他国有单位中从事公务的人员和国有公司、企业有前款行为的人员，依照《刑法》第382条、第383条的规定定罪处罚。二者的区别主要表现在以下几个方面。第一，从犯罪主体上看，贪污罪所指向的对象是“国家工作人员”，除国家机关工作人员外，还包括在国有公司、企业、事业单位、人民团体中从事公务的人员，被上述国有单位委派到非国有公司、企业、事业单位、社会团体中从事公务的人员以及其他依照法律从事公务的人员。职务侵占罪所指向的对象是“公司、企业或者其他单位的人员”，并且只能是自然人，单位不能构成职务侵占罪，比如非国有公司、企业或者其他单位中的非国家工作人员，包括董事、监事、经理、负责人、职工，国家机关、国有公司、企业、事业单位中的非国家工作人员。第二，犯罪行为不同。贪污罪是指利用职务上的便利侵吞、盗窃、骗取或者其他非法手段占有公共财物的行为。职务侵占罪是指利用职务之便，侵占本单位财物的行为。第三，犯罪对象不同。贪污罪的犯罪对象通常是公共财物、国有财物。职务侵占罪的犯罪对象既可以是公共财物，也可以是私有财物。第四，犯罪情节要求不同。贪污罪的犯罪情节在法律上没有明确的数额要求。职务侵占罪必须是侵占本单位财物数额较大的行为，若是数额较小则不构成此罪。第五，最高法定刑不同。贪污罪的最高法定刑是死刑，职务侵占罪的最高法定刑只有15年有期徒刑。

哪些人的哪些行为可能构成此类犯罪？

贪污罪的犯罪主体必须是国家工作人员。《刑法》第93条的规定，国家工作人员是指国有公司、企业、事业单位、人民团体中从事公务的人员和国家机关、国有公司、企业、事业单位委派到非国有公司、企业、事业单位、社会团体从事公务的人员，以及其他依照法律从事公务的人员，以国家工作人员论。此外，受国家机关、国有公司、企业、事业单位、人民团体委托管理、经营国有财产的人员，也可以成为本罪的主体。不具有上述特殊身份的一般公民与上述人员勾结，伙同贪污的，以贪污罪的共犯论处。“其他依照法律从事公务的人员”应具备以下两个特征：一是特定条件下行使国家管理职能；二是依照法律规定从事公务的人员。从事公务，是指代表国家机关、国有公司、企业、事业单位、人民团体等履行组织、领导、监督、管理等职责。公务主要表现为与职权相关联的公共事务以及监督、管理国有财产的职务活动，如国家机关工作人员依法履行职责，国有公司的董事、经理、监事、会计、出纳人员等管理、监督国有财产等活动。总之，行为人在从事公务的前提下，在与其职务身份相对应的单位履行职责时，才有成为贪污罪的主体的可能。此外，勾结、伙同国家工作人员贪污的，以贪污共犯论处。

贪污的手段形式多样，但归结起来无外乎以侵吞、窃取、骗取或者其他非法手段占有公共财物。侵吞是指行为人将自己管理或经手的公共财非法转归自己或他人所有的行为。主要表现为：将自己管理或经手的财物加以隐匿、扣留，应上交的不上交，应支付的不支付，应入账的不入账；将自己管理、使用或者经手的公共财物非法转卖或擅自赠送他人等。窃取是指行为人利用职务之便，采取秘密窃取的方式，将自己管理的公共财物非法占有的行为，也就是通常所说的“监守自盗”。骗取是指行为人利用职务之便，采取虚构事实或隐瞒真相的方法，非法占有公共财物的行为。如出差人员伪造单据虚报或者谎报支出冒领公款，工程负责人多报工时或伪造工资表冒领工资，收购人员谎报收购物资等从中骗取公款等。“其他方法”是指除了侵吞、窃取、骗取之外，其他非法占有公共财物的方法，主要包括以下几个方面。（1）内外勾结，“迂回贪污”，即国家工作人员利用职务上的便利，内外勾结，将自己管理、经营的公共或国有财物以“合法”形式转给与其勾结的外部人员，然后再迂回取回，据为己有。（2）公款私存、私贷坐吃利息。（3）利用回扣非法占有公款，即行为人在为本单位采购时，将卖方从购货款中抽取一部分作为回扣的款项占为己有的行为。（4）利用合同非法占有公款，即在与他人签订合同时，恶意串通抬高价格，然后从中赚取差价私分等。

职务侵占罪的主体包括公司、企业或者其他单位的人员，不包括国家工作人员。具体指以下三种身份的自然人。（1）股份有限公司、有限责任公司的董事、监事。（2）上述公司的除董事、监事之外的具有一定的职权或因从事一定的工作，可以利用职权或工作之便侵占公司的财物的经理、部门负责人或者其他一般职员和工人等。（3）上述公司以外的企业或者其他单位的不具有国家工作人员身份的人员。

职务侵占罪必须是利用职务上的便利侵占本单位的财物的行为，必须同时满足“利用自己职务上的便利”和“侵占行为”两个要件。“利用职务上的便利”是指利用职权及与职务有关的便利条件。例如：单位领导利用处置单位财产的权力将公司财物侵占；出纳利用经手、管理财物的权力将财物侵占；一般公司员工利用单位暂时将财物（如房屋等）交给自己使用、保管的权力将财物侵占。而仅仅利用工作上的便利，如熟悉环境、容易混入特定场所、容易接近目标等，即使取得了财物，也不构成本罪，应当以盗窃罪论处。“侵占”是指非法占为己有的行为。例如：将自己所占有的单位房屋、设备财产等谎称为自己所有，从而进行出售或过户到自己名下；隐匿保管的财物，并谎称已被盗窃、遗失、损坏；等等。

建筑工程行业涉及的资金流动较多、项目负责人员复杂，导致该领域成为职务类经济犯罪的重灾区。

相关案例：

张某系某大型建筑企业项目部副总经理，负责施工生产、安全管理、现场技术管控等。被告人李某是该项目部的劳务承包人某劳务公司派驻现场的负责人，负责钢支撑进出场、人工配合装卸车场地内倒运等。2020 年 10 月，被告人张某、李某商议将项目内使用完毕的钢支撑偷运出去变卖牟利。被告人张某遂联系从事废品回收工作的被告人王某，要求王某联系买家，寻找藏匿地点，雇佣货车、工人实施搬运等，并承诺在销售所得中给予分成。2020 年 11 月，被告人王某雇佣的工人与李某安排的人员将堆放在料场和项目围挡内的若干钢支撑和钢支撑部件运至本市一停车场内准备销售。经查，上述钢支撑总重量约为 80 吨，价值约 40 万元。

法院认为，被告人张某、李某伙同王某利用被告人张某作为项目部副总经理和被告人李四负责拆卸、转运涉案钢支撑的便利，将价值约 40 万余元的钢支撑窃取、销赃，数额较大，其行为已构成职务侵占罪。判决被告人张某犯职务侵占罪，判处有期徒刑三年。

152. 受贿罪与非国家工作人员受贿罪有何区别？

专家解读

根据《刑法》规定，受贿罪是指国家工作人员利用职务上的便利，索取他人财物或者非法收受他人财物，为他人谋取利益的行为。非国家工作人员受贿罪是指公司、企业或者其他单位的工作人员，利用职务上的便利，索取他人财物或者非法收受他人财物，为他人谋取利益，或者在经济往来中，违反国家规定收取各种名义的回扣、手续费，归个人所有，数额较大的行为。

区别表现如下。一是主体不同。受贿罪的主体是国家工作人员，包括在国家机关中从事公务的人员，国有公司、企事业单位、人民团体中从事公务的人员和国家机关、国有公司、企事业单位委派到非国有公司、企事业单位、社会团体中从事公务的人员以及其他依照法律从事公务的人员。非国家工作人员受贿罪的主体是公司、企业或者其他单位的工作人员，指在公司、企业、其他单位中从事领导、组织、管理工作的人员，如公司的董事、监事以及公司、企业的经理、厂长、财会人员以及其他受公司、企业聘用从事管理事务的人员。二是侵犯的客体不同。受贿罪所侵犯的是国家机关工作人员的职务廉洁性和国家机关的正常管理活动。非国家工作人员受贿罪侵犯的是国家对公司、企业以及非国有事业单位、其他组织的工作人员职务活动的正常管理制度。三是立案标准不同。受贿罪中数额在5 000元以下，情节较重的，也构成犯罪。非国家工作人员受贿罪必须受贿数额较大才构成犯罪，根据《最高人民法院、最高人民检察院关于办理贪污贿赂刑事案件适用法律若干问题的解释》(法释〔2016〕9号)第11条的规定，对非国家工作人员受贿罪中的“数额较大”的数额起点，按照该解释第一条关于受贿罪的数额标准规定的二倍即6万元执行。四是法定最高刑不同。受贿罪最高可以判处死刑。个人受贿数额在十万元以上的，处十年以上有期徒刑或者无期徒刑，可以并处没收财产；情节特别严重的，处死刑，并处没收财产。而非国家工作人员受贿罪最高处15年有期徒刑。我国《刑法》第163条第一款规定：“公司、企业或者其他单位的工作人员，利用职务上的便利，索取他人财物或者非法收受他人财物，为他人谋取利益，数额较大的，处三年以下有期徒刑或者拘役，并处罚金；数额巨大或者有其他严重情节的，处三年以上十年以下有期徒刑，并处罚金；数额特别巨大或者有其他特别严重情节的，处十年以上有期徒刑或者无期徒刑，并处罚金。”

了解以上非国家工作人员受贿罪的法律规定，结合工程建设实践，建设单位的负责人、施工总负责人、设计责任人、监理责任人等都可能构成非国家工作人员受贿罪。

相关案例：

陈某为某集团有限公司工程总监，2010年下半年，易某、季某所施工的某集团有限公司开发的怡和名门4号楼、5号楼工程竣工，但某集团有限公司迟迟未给该工程决算。2012年4月，易某、季某等人找到负责工程决算工作的某集团有限公司工程总监陈某，请求尽快给4号楼、5号楼工程决算，并承诺事情办成后给陈某感谢费。2012年5月初，陈某将易某、季某等人施工的怡和名门4号楼、5号楼工程决算办理完毕。2012年5月25日，易某在信阳市体彩广场旁边的中国工商银行一分理处向陈某的工商银行账户存入10万元，后陈某将该款取出，用于支付自己的购房款。最终法院判决被告人陈某犯非国家工作人员受贿罪，判处有期徒刑五年。

153. 什么是行贿罪、单位行贿罪与介绍贿赂罪？

专家解读

根据《刑法》规定，行贿罪是指为谋取不正当利益而给予国家工作人员财物的行为。所谓“谋取不正当利益”指的是行贿人谋取的利益违反法律、法规、规章、政策、行业规范的规定，或者要求国家工作人员违反法律、法规、规章、政策、行业规范的规定，为自己提供帮助或者方便条件。违反公平、公正原则，在经济、组织人事管理活动中，谋取竞争优势的，也应当被认定为“谋取不正当利益”。

单位行贿罪是指公司、企业、事业单位、机关、团体，为了谋取不正当利益，给予国家工作人员以财物，数额较大的，或者违反国家规定，给予上述人员以回扣、手续费，情节严重的行为。而商业贿赂中的财物不仅指金钱和实物，还包括可以用金钱计算数额的财产性利益，如提供房屋装修、含有金额的会员卡、代币卡（券）、旅游费用等。

介绍贿赂罪是指向国家工作人员介绍贿赂，情节严重的行为。具体指行为人在行贿人和受贿人之间实施沟通、撮合，促使行贿与受贿得以实现的行为，即为行贿、受贿双方“搭桥牵线”，促使双方相识沟通，代为联络甚至传递贿赂物品，帮助双方完成行贿、受贿的行为。介绍贿赂行为，只有情节严重才构成犯罪，如果只是单纯的口头表明引见，并没有具体实施撮合行为，或者已经使行贿、受贿双方见面，但是由于某种原因，贿赂行为未能实际进行的，均不能构成介绍贿赂罪。

贿赂类犯罪为建设工程领域高发罪名，其中行贿类犯罪又占了贿赂类犯罪案件数的大多数。这说明在建设工程领域，由于竞争激烈，建设工程公司为了能在承揽工程、招投标、工程结算中谋取不正当利益，往往向有关职能部门负责人行贿，使得行贿行为成为建设工程领域一大顽疾。例如：2012—2015 年，广东某建筑工程有限公司股东邓某为感谢王某在中标承建某市看守所迁建项目的“三通一平”工程、基建工程和工程款拨付、工程验收等方面提供的帮助，送给王某贿赂款 285 万元。2021 年 9 月，邓某因犯行贿罪被判处有期徒刑六年，并处罚金 30 万元，与其他犯罪数罪并罚，合并执行有期徒刑六年三个月，并处罚金 30.5 万元。

154. 什么是非国家工作人员受贿罪与对非国家工作人员行贿罪？

专家解读

根据《刑法》第 163 条规定，非国家工作人员受贿罪是指公司、企业或者其他单位的工作人员利用职务上的便利，索取他人财物或者非法收受他人财物，为他人谋取利益，或者在经济往来中，违反国家规定收受各种名义的回扣、手续费，归个人所有，数额较大的行为。首先，本罪的罪名是由“公司、企业人员受贿罪”改为“非国家工作人员受贿罪”，扩大了本罪的主体范围，增加了“其他单位的工作人员”。“其他单位”既包括事业单位、社会团体、村（居）民委员会、村民小组等常设性的组织，也包括为组织体育赛事、文艺演出或者其他正当活动而成立的组委会、筹委会、工程承包队等非常设性的组织。其次，必须利用职务上的便利，即他人有求于行为人的职务行为时，行为人以实施职务行为或者允诺实施或不实施职务行为作为条件，实施受贿行为。再次，索取或收受的财物必须是数额较大的，否则不能构成本罪。根据《最高人民法院、最高人民检察院关于办理贪污贿赂刑事案件适用法律若干问题的解释》的规定，非国家工作人员受贿数额为 6 万元以上的，应当认定为“数额较大”，对多次受贿未经处理的，累计计算受贿数额。最后，不管是索取他人财物，还是收受他人财物，都必须为他人谋取利益。但“为他人谋取利益”的最低限度是允诺为他人谋取利益，不要求行为人实际上为他人谋取了利益。

根据《刑法》第 164 条规定，对非国家工作人员行贿罪是指为谋取不正当利益，给予公司、企业或者其他单位的工作人员以财物，数额较大的行为。首先，单位也可以成为本罪的犯罪主体，个人行贿数额在 6 万元以上不满 200 万元的，单位行贿数额在 20 万元以上的，属于“数额较大”，应予立案追诉。其次，本罪的主观故意同样是以谋取不正当利益为目的，如不是为谋取不正当利益，则不能定本罪。此处的谋利，不同于在经济活动中依法经营获取的正当利益，而是牟取暴利、追求不正当的高额经济利润。再次，本罪客观方面表现为谋取不正当利益，给予公司、企业的工作人员以财物，原则上，只要买卖双方和中间人本着诚实信用、公平交易的原则，在不违反国家政策法律的情况下的支付与收受，对经济发展是有利的，法律上也应予以承认和保护，但是在某些情况下，回扣、手续费的支付与收受会危害市场经济公平竞争机制、破坏市场经济秩序，严重的则可能构成本罪。最后，本罪与日常生活中的礼尚往来的请客送礼容易混为一谈。在现实生活中，礼尚往来的请客送礼一般都以公开的方式进行，且礼品的价值一般较小，行为人没有明显的、直接的谋取不正当利益的动机和目的，这和本罪的行贿行为有本质区别。

相关案例：

2003 年 4 月，被告人 A 建设集团项目经理赵某在其位于北京市石景山区的家中收受 B 集团北京分公司业务经理师某给予的好处费 3 万元。2003 年 6 月 1 日，赵某代表 A 建设集团与 B 集团所属的某电器公司签订购销合同，购买 150.46 万余元的低压配电箱。2003 年 11 月至 2004 年 5 月，被告人赵某以加快结算工程款为条件，向分包某大厦防水工程的河南 C 防腐防水公司项目经理王某要求让利。后王某于 2003 年 11 月及 2004 年 5

月分别送给被告人赵某人民币2万元和3万元。2006年8月18日，被告人赵某以提前返还4万元维修保证金为条件，向王某再次索要2万元，王某对此应允后向检察机关举报此事。2006年8月28日，被告人赵某按照约定与王某见面并收取了2万元现金后，交给王某金额为4万元的支票1张，在其准备离开现场时，被事先接到举报并在此监控的侦查人员抓获，其收取的2万元及随身携带的4万元亦被起获。在案件审理过程中，被告人赵某的家属替其退缴赃款4万元，以上款项现扣押在案。法院认为，被告人赵某身为公司工作人员，利用职务便利，索取并非法收受他人财物，为他人谋取利益，数额较大，其行为已构成非国家工作人员受贿罪，应予惩处。鉴于被告人赵某及其家属积极退缴全部赃款，具有一定的悔罪表现，故法院在对其量刑时酌予从轻处罚。最后，法院依法以非国家工作人员受贿罪判处被告人赵某有期徒刑2年；在案扣押的人民币8万元予以没收。

155. 什么是为亲友非法牟利罪，哪些行为可能会构成此罪?

专家解读

实践中，有的国有建筑施工企业人员将本单位的盈利业务交由自己的亲友进行经营，有的国有建筑施工企业人员以明显高于市场的价格向自己的亲友经营管理的单位采购商品，有的国有建筑施工企业人员以明显低于市场的价格向自己的亲友经营管理的单位销售商品，还有的国有建筑施工企业人员向自己的亲友经营管理的单位采购不合格商品。他们觉得这种做法只是对亲友的帮助行为，有的甚至自己设立了关联业务的上下游企业，所谓“肥水不流外人田”，业务给谁做都一样。殊不知，这种行为有可能已经触犯了《刑法》。根据《刑法》第166条规定，为亲友非法牟利罪是指国有公司、企业、事业单位的工作人员，利用职务便利，将本单位的盈利业务交由自己的亲友进行经营，或者以明显高于市场的价格向自己的亲友经营管理的单位采购商品，或者以明显低于市场的价格向自己的亲友经营管理的单位销售商品，或者向自己的亲友经营管理的单位采购不合格商品，使国家利益遭受重大损失的行为。

该罪的主体并不仅包括国有公司、企业、事业单位的国家工作人员，还泛指国有公司、企业、事业单位的所有工作人员。主观上只能是故意，过失不构成本罪。客观上表现为利用职务便利，为亲友进行经营活动非法提供便利，致使国家利益遭受重大损害的行为。为亲友非法牟利的形式主要表现为：(1)将本单位的盈利业务交给自己的亲友进行经营；(2)以明显高于市场的价格向自己的亲友经营管理的单位采购商品或者以明显低于市场的价格向自己的亲友经营管理的单位销售商品；(3)向自己的亲友经营管理的单位采购不合格商品。行为人的行为必须造成了国家利益的重大损失才能构成本罪。所谓国家利益的重大损失，参照《最高人民检察院、公安部关于公安机关管辖的刑事案件立案追诉标准的规定（二）》的规定，国有公司、企业、事业单位的工作人员，利用职务便利，为亲友非法牟利，涉嫌下列情形之一的，应予立案追诉：（1）造成国家直接经济损失数额在10万元以上的；（2）使其亲友非法获利数额在20万元以上的；（3）造成有关单位破产、停业，停产6个月以上，或者被吊销许可证和营业执照、责令关闭、撤销、解散的；（4）其他致使国家利益遭受重大损失的情形。

相关案例：

某事业单位代理处长李某因在本单位网络系统改造工程招标中隐瞒亲属关系，利用其为工程评标会的评委，负责工程的筹备、招标和投标工作的职务便利，使其亲属担任法定代表人的北京某技术开发中心经营的公司中标，并签订了工程建设合同书，工程价款为169余万元。工程交付使用后，出现诸多问题，严重影响了正常工作。最终经石景山区价格认证中心对该网络系统改造工程作出价格鉴定，工程造价仅为78万余元。

一审法院以为亲友非法牟利罪对被告人李某作出判决。李某以原判认定的事实与实际情况不符，证据不足为由，向北京市第一中级人民法院提出上诉。北京市第一中级人民法院认为：李某身为国家事业单位的工作人员，主观上具有为亲友非法牟利的故意，客观上实施了利用为本单位采购物品的职务便利，以明显高于市场的价格向其亲友经营的单位采购商品的行为，使国家利益遭受重大损失，已构成为亲友非法牟利罪，故驳回李某的上诉，维持原判。

156. 什么是串通投标罪，哪些行为可能会构成此罪?

专家解读

建筑工程行业一直以来都是串通投标的重灾区。近年来，住房城乡建设部等部门持续针对串通投标、以行贿的手段谋取中标、挂靠或借用资质投标等恶意竞标行为进行打击整治，但该类问题依旧严重。串通投标行为不但会造成合同无效等民事风险，还会造成相应行政处罚，严重的将面临刑事风险，如串通投标罪。对于招投标相关各方而言，厘清串通投标罪的主体、入罪标准等问题显得尤为重要。串通投标罪是典型的法定犯，根据《刑法》第223条规定，串通投标罪指投标人相互串通投标报价，损害招标人或者其他投标人利益，或者投标人与招标人串通投标，损害国家、集体、公民的合法权益，情节严重的行为。

《刑法》的条款在该罪的主体、串通投标的行为认定上存在空白，因此必须援引招投标相关法律法规对该罪进行补充。“违反招投标相关法律法规”即串通投标罪不成文的构成要件要素。那么，串通投标罪的主体是法人还是自然人？《招标投标法》第 8 条规定：“招标人是依照本法规定提出招标项目、进行招标的法人或者其他组织。”第 25 条规定：“投标人是响应招标、参加投标竞争的法人或者其他组织。依法招标的科研项目允许个人参加投标的，投标的个人适用本法有关投标人的规定。”结合《刑法》第 223 条和第 231 条的规定及二者的联系，串通投标罪的主体可以是自然人，也可以是单位。

综上所述，无论是法人还是自然人都可以成为串通投标罪的主体，但并非组织参与串通投标一定会构成串通投标罪。某市人民检察院指控原审被告人王某犯贪污罪、受贿罪、串通投标罪，原审被告人王某、姜某犯贪污罪一案，经法院审理判决。在法定期限内，某市人民检察院提起抗诉。某市人民检察院抗诉提出，关于串通投标罪的事实认定错误。王某组织多家单位参与围标，并与这些投标单位签订所谓的“技术咨询”合同，按中标价收取中标费用，实际上充当了投标人的代理人，其身份相当于投标人，符合串通投标罪的主体要件。原判以王某“既不是投标人，也不是招标人，不符合串通投标罪的主体要件”为由，认定王某不构成串通投标罪不当。某省人民检察院认为，王某的行为不构成串通投标罪。

157. 偷项目部或工地财物是构成盗窃罪还是职务侵占罪？

专家解读

建设工程领域因工程周期较长、涉及主体较复杂、建筑市场管理相对不规范等，导致项目部或工地财物经常有被盗窃、侵占的犯罪行为发生。在此背景下梳理此类行为的法律风险非常有必要。关于职务侵占罪与盗窃罪的界限问题，在学术和实务中都有具体的研究和判断标准，在讨论偷项目部或工地财物这一行为是构成盗窃罪还是职务侵占罪时，首先要明确盗窃罪与职务侵占罪的区别与界限。根据《刑法》的规定，职务侵占罪是指公司、企业或者其他单位的人员，利用职务上的便利，将本单位财务非法占为已有，数额较大的行为。而盗窃罪是指以非法占有为目的，盗窃公私财物，数额较大，或者多次盗窃、入户盗窃、携带凶器盗窃、扒窃的行为。按照犯罪构成的要件来分析，职务侵占罪主要包括以下四方面的要件。（1）客体要件：职务侵占罪的犯罪客体是公司、企业或者其他单位的财产所有权，犯罪对象既包括公司的有形财物，也包括公司拥有的无形财物。（2）客观要件：职务侵占罪在客观方面表现为利用职务上的便利，侵占本单位财物，数额较大的行为。（3）主体要件：职务侵占罪的犯罪主体为特殊主体，包括公司、企业或者其他单位的人员。但若是国有公司、企业或者其他国有单位中从事公务的人员，国有公司、企业或者其他国有单位委派到非国有公司、企业以及其他单位从事公务的人员有职务侵占行为的，应当按照贪污罪定罪处罚。（4）主观要件：职务侵占罪在主观方面表现为直接故意，并且要求行为人具有非法占有公司、企业或者其他单位财物的目的。即行为人企图取得本单位财物的占有、处分等权利，至于是否已经取得或者行使了这些权利，并不影响罪名的成立。而盗窃罪的犯罪构成分别为：（1）盗窃罪侵犯的客体为公私财物的所有权；（2）客观方面表现为窃取他人占有的财物，数额较大或者多次窃取；（3）主体为一般主体，凡达到刑事责任年龄且具备刑事责任能力的人均可能构成主体；（4）主观方面表现为直接故意，且具有非法占有的目的。

通过对比可以发现盗窃罪和职务侵占罪的区别主要表现为以下几个方面。（1）在犯罪客体方面，虽然两罪都属于侵犯财产罪，但职务侵占罪要求行为人所侵犯的对象必须是本单位所有的财物，而且是自己主管、保管或经手的单位财物；而盗窃罪的行为人所非法占有的行为对象，可以是任何他人占有的财物。（2）在客观行为方面，职务侵占罪要求行为人实施犯罪行为必须是利用职务上的便利；而盗窃罪对于行为人是利用何种便利窃取财物没有要求。（3）在犯罪主体方面，职务侵占罪要求是特殊主体，即必须是公司、企业或者其他单位的人员；而盗窃罪的犯罪主体为一般主体。因此，偷项目部或工地财物的行为构成职务侵占罪的前提必须是单位工作人员利用职务上的便利侵占本单位所有的财物，而且是自己主管、保管或经手的单位财物，否则可能构成盗窃罪。

偷项目部或工地财物的行为究竟是构成盗窃罪还是职务侵占罪，要从以下方面分析。首先，要明确的是行为的主体，即偷项目部或工地财物的人员是谁。若公司、企业或其他单位的人员，满足职务侵占罪特殊主体的要求，即有可能被认定为职务侵占罪。若偷项目部或工地财物的人员为社会中的一般主体，该行为应当被认定为盗窃罪。但对职务侵占罪主体的认定，也不能机械化地仅凭身份。在实际的案件办理过程中，是否构成犯罪主体的问题错综复杂，但应抓住身份判断的重点，只要行为人事实上在从事公司、企业或者其他单位的员工所从事的事务，原则上就应被认定为本罪的行为主体。例如，某公司法定代表人被逮捕后，其亲属或朋友代为履行法定代表人职责，利用法定表人的职责便利将单位财物据为己有，构成职务侵占罪。其次，明确该行为的行为方式是区分职务侵占罪和盗窃罪的关键，即行为人是否利用职务上的便利从事犯罪。所谓职务上便利，是指行为人因在本单位具有一定的职务所产生的方便条件，即管理、保管、经手本单位财物的便利。职务之便必须体现职权的特征。职权是指某个管理职位具有某种特定的、内在的权力，任职者可以从该职位的等级或头衔中获得这种权力。如果权力对应的职责范围中含有某种事项，那么就可以认定行为人具有相应职权，一般可被认定为具有职务之便。最后，对该行为的对象项目部或工地财物也须进行一个简单的理解。本单位财物不仅指本单位所有的财物，还包括本单位持有的财物，即单位占有、管理之下的属他人所有的财物也应视为本单位财物。

相关案例：

2020 年 10 月，某大型建筑企业项目部副总经理张三、该项目部的劳务承包人某劳务公司派驻现场的负责人李四，二人商议准备将项目内使用完毕的钢支撑偷运出去变卖牟利。张三联系从事废品回收工作的王五，让其联系买家，寻找藏匿地点，雇佣货车、工人实施搬运等，并承诺给予分成。2020 年 11 月，被告人王五雇佣的工人与李四安排的人员将堆放在料场和项目围挡内的若干钢支撑和钢支撑部件运至一停车场内准备销售（总重量约为 80 吨，价值人民币约 40 万元）。张三、王五在联系买家过程中被该项目部发现并报案。区人民检察院提起公诉，认为被告人张三、李四、王五以非法占有为目的，盗窃公私财物，数额特别巨大，应当以盗窃罪追究其刑事责任。

区人民法院认为，被告人张三、李四伙同王五利用被告人张三作为项目部副总经理和被告人李四负责拆卸、转运涉案钢支撑的便利，将钢支撑窃取、销赃，数额较大，已构成职务侵占罪。被告人张三主动投案并如实供述主要犯罪事实，虽在庭审中对行为性质进行辩解，但不影响自首的认定，依法从轻处罚。最终判决如下：被告人张三犯职务侵占罪，判处有期徒刑三年。

158. 什么是故意毁坏财物罪？农民工上门讨薪时损坏项目部财物的属于什么性质？

专家解读

《刑法》第 275 条规定：“故意毁坏公私财物，数额较大或者有其他严重情节的，处三年以下有期徒刑、拘役或者罚金；数额巨大或者有其他特别严重情节的，处三年以上七年以下有期徒刑。”

从本罪的犯罪构成来讲，对故意毁坏财物罪的理解如下。

（1）犯罪嫌疑人主观上具有故意，也就是明知自己的行为会造成公私财物毁坏的情况下，仍希望或者放任这种结果的发生。如果是因自己的过失而造成公私财物毁坏的，则不承担刑事责任，只需要依法承担民事责任。

（2）条文中“毁坏”的含义是指，通过实施一定的行为使某一财物部分丧失或者完全丧失其使用价值和效用。比如将他人的汽车玻璃砸烂，将他人的手机摔坏。需要注意的是，有时候毁坏行为并不会造成财物形体的变化或消灭，但却使其丧失了使用效用。如将他人的戒指丢入河里，将钻石扔进海里，虽然物体本身没有变化和消灭，但是让所有权人丧失了对财物的占有权和使用效用，这也属于毁坏的情形。

（3）如何理解“财物”的含义，财物一般包含动产和不动产。动产，比如汽车、电脑、家具、首饰、字画等；不动产，比如房屋、鱼塘、围墙等。

（4）最高人民检察院、公安部规定的本罪的立案标准：造成公私财物损失 5 000 元以上的；毁坏公私财物三次以上的；纠集三人以上公然毁坏公私财物的；其他情节严重的情形。

相关案例：

张某给某建筑公司工地供应装饰材料，因 3 万元的材料款结账不及时，张某一气之下把项目部财务处的电脑摔坏了。项目部人员报警，张某仓皇逃跑。民警赶到后立案侦查，经评估该笔记本电脑已完全损坏，造成了 5 200 元的损失。公安机关认为张某故意摔坏他人电脑，造成财物损失 5 000 元以上，已经涉嫌故意毁坏财物罪，遂对张某进行网上通缉，最终张某被刑事拘留，并被判处刑罚。

159. 非法集资罪和非法吸收公众存款罪有何区别？

专家解读

《防范和处置非法集资条例》第 2 条规定：“本条例所称非法集资，是指未经国务院金融管理部门依法许可或者违反国家金融管理规定，以许诺还本付息或者给予其他投资回报等方式，向不特定对象吸收资金的行为。”非法集资并不是《刑法》中一个独立的罪名，其包括非法吸收公众存款、集资诈骗等犯罪活动。

根据《刑法》第 176 条的规定，非法吸收公众存款罪是指非法吸收公众存款或者变相吸收公众存款，扰乱金融秩序的行为。《最高人民法院关于审理非法集资刑事案件具体应用法律若干问题的解释》第 1 条规定了非法吸收公众存款或者变相吸收公众存款犯罪的四个条件：“未经有关部门依法许可或者借用合法经营的形式吸收资金；通过网络、媒体、推介会、传单、手机信息等途径向社会公开宣传；承诺在一定期限内以货币、实物、股权等方式还本付息或者给付回报；向社会公众即社会不特定对象吸收资金。”根据《刑法》第 192 条的规定，集资诈骗罪是指以非法占有为目的，使用诈骗方法非法集资，数额较大的行为。《最高人民法院关于审理非法集资刑事案件具体应用法律若干问题的解释》第 7 条中规定：“以非法占有为目的，使用诈骗方法实施本解释第二条规定所列行为的，应当依照刑法第一百九十二条的规定，以集资诈骗罪定罪处罚。”

由此可见，两者的区别主要表现在集资诈骗罪的构成要件比非法吸收公众存款罪多了

“以非法占有目的”，即犯罪的主观故意不同。非法集资罪是行为人采用虚构事实、隐瞒真相的方式意图永久非法占有社会不特定公众的资金，具有非法占有的主观故意。而非法吸收公众存款罪的行为人只是临时占用投资人的资金，行为人承诺而且也意图还本付息。

虽然，集资诈骗罪和非法吸收公共存款罪是有差别的，但这两种犯罪行为本质上都属于非法集资。在集资诈骗案件中，犯罪嫌疑人是为了非法占有受害人的财产，而非法吸收公共存款罪，嫌疑人不一定是为了非法占有受害人钱财。

160. 项目部职工借款给项目部，约定了利息，是否合法合规？

专家解读

企业在生产经营过程中经常会出现资金短缺的问题，企业及其内设机构向企业内部职工借款的现象普遍存在，但企业向员工借款是否合法合规也是企业在法律风险应对中亟须考虑的问题。《最高人民法院关于审理民间借贷案件适用法律若干问题的规定》第 11 条规定：“法人或者非法人组织在本单位内部通过借款形式向职工筹集资金，用于本单位生产、经营，且不存在民法典第一百四十四条、第一百四十六条、第一百五十三条、第一百五十四条以及本规定第十三条规定的情形，当事人主张民间借贷合同有效的，人民法院应予支持。”由此可知，企业向内部职工借款，若合法合规，需要满足以下条件。（1）该借款要用于本单位生产、经营，而非用于其他不正当用途。（2）借款对象为内部职工，不存在非法集资、非法吸收公众存款等非法行为。项目部向职工借款，内部职工属于特定对象，而非不特定的公众，但若公司存在向社会公开宣传行为，或者是明知单位员工向不特定对象吸收资金而予以放任，或是为达到吸收资金目的而将社会人员吸收为单位内部人员，则不属于民间借贷范畴，会涉嫌非法集资。（3）不存在恶意串通、虚假意思表示以及违反强制性法律法规等导致借款行为无效的行为。

企业向内部职工借款在满足前述条件的情况下属于合法的民间借贷关系，根据《最高人民法院关于审理民间借贷案件适用法律若干问题的规定》，该借款是支持利息约定的，但有一定的保护范围。在审判活动中，2020 年 8 月 20 日之后受理的一审民间借贷案件，借贷合同成立于 2020 年 8 月 20 日之前，法院支持适用合同成立时的相关司法解释计算自合同成立到 2020 年 8 月 19 日的利息；对于自 2020 年 8 月 20 日到借款返还之日的利息部分，须满足《最高人民法院关于审理民间借贷案件适用法律若干问题的规定》的相关要求，即不得超过合同成立时一年期贷款市场报价利率的四倍，否则不予支持。借贷合同成立于 2020 年 8 月 20 日之后，借贷双方约定的利率不得超过合同成立时一年期贷款市场报价利率的四倍，否则不予支持。

项目部作为施工单位为完成某项特定施工任务而成立的职能部门，在符合前述条件的情况下向内部职工借款用于本企业生产经营，属于企业和内部职工之间的民间借贷关系，双方自愿达成借款合意，借款目的、形式、用途正当，属于合法合规行为，不属于非法集资等行为。在此情形下双方可以约定利息，未超过规定的界限即受法律保护。

相关案例：

2015 年 3 月 18 日，某建工集团与其分公司员工梁某签订“员工借款合同”，约定某建工集团向梁某借款 20 万元，借期为一年，利率为年利率 24%。借款到期后某建工集团未向梁某归还借款及利息。2017 年，梁某向法院提起诉讼，经一审和二审法院审理，均认定该借款合法有效，性质为民间借贷，因双方约定的利率并未超过当时相关司法解释规定的利率上限，最终的判决依照双方约定的利率支持了梁某的诉讼请求。

161. 什么是工伤诈骗罪？项目部如何预防被骗？

专家解读

工伤诈骗，是指用虚构事实或隐瞒真相等手段，借用工伤事故向施工单位骗取工伤保险赔偿金或医疗费用的行为。

利用工伤事故进行诈骗应承担的法律后果我国法律已有明确的规定。《社会保险法》第 88 条规定：“以欺诈、伪造证明材料或者其他手段骗取社会保险待遇的，由社会保险行政部门责令退回骗取的社会保险金，处骗取金额二倍以上五倍以下的罚款。”《工伤保险条例》第 60 条规定：“用人单位、工伤职工或者其近亲属骗取工伤保险待遇，医疗机构、辅助器具配置机构骗取工伤保险基金支出的，由社会保险行政部门责令退还，处骗取金额 2 倍以上 5 倍以下的罚款；情节严重，构成犯罪的，依法追究刑事责任。”《劳动保障监察条例》第 27 条第二款规定：“骗取社会保险待遇或者骗取社会保险基金支出的，由劳动保障行政部门责令退还，并处骗取金额 1 倍以上 3 倍以下的罚款；构成犯罪的，依法追究刑事责任。”全国人民代表大会常务委员会根据司法实践中遇到的情况，讨论了《刑法》第 266 条的含义及骗取养老、医疗、工伤、失业、生育等社会保险金或其他社会保障待遇的行为如何适用刑法有关规定的问题。具体解释如下：以欺诈、伪造证明材料或者其他手段骗取养老、医疗、工伤、失业、生育等社会保险金或其他社会保障待遇的，属于《刑法》第 266 条规定的诈骗公私财物的行为，所以按照《刑法》第 266 条的规定追究刑事责任。

近年来，工伤诈骗案件频发，不法分子作案手段花哨，对项目部的利益造成严重威胁，因此项目部应加强相关事件的防范能力，具体措施如下。第一，严抓施工安全保障。

日常施工作业中加强安全检查，确保项目工程在安全、高效的施工环境中进行，从根本上杜绝工伤事故的出现；同时在项目招工时可以安排适当的体检，确保施工人员的身体健康情况，谨防不法人员隐瞒旧伤借机进行工伤诈骗。第二，加大普法宣传力度。针对项目部管理人员，宣讲普及相关法律法规对工伤诈骗的相关规定，加大管理层人员对工伤诈骗行为的识别力度和增强防范意识；针对施工人员，应主要科普工伤诈骗行为的相关处罚规定，使其知晓违法犯罪行为的严重后果，从思想源头上减少犯罪意识。第三，组建专业律师团队处理工伤案件。招工时须与每位务工人员签订劳动合同，并且为其缴纳工伤保险；若发生工伤事故，项目部人员应第一时间安排伤员就医检查，并派专人全程陪同，与此同时应及时保护事故现场，为后续调查取证提供便利条件；事故发生后应依法向劳动社会保障部门报告，进行工伤鉴定，并全程由律师跟进，依法合规处理事件。

相关案例：

2021 年 8 月 19 日，某项目施工工人黄某在午休时间外出吃饭，饭后在返回施工现场的途中不慎摔伤，黄某不想支付医药费等费用，在返回施工现场后假装从梯子上跌落，有意伪造一场工伤事故。项目部负责人发现后立即将其送往医院检查治疗，黄某提出由项目部为其支付相关医药费和误工费，项目部因未给黄某缴纳工伤保险，答应与黄某私了为其支付了上述费用。事后某天，项目部一管理人员在调查监控录像时发现，黄某在进入施工现场前就已有受伤痕迹，因此项目部产生了怀疑，同时询问了事故发生时其他在场工人，他们表示当时黄某外出返回后身体状况就有些异样。此时项目部管理人员意识到落入了黄某的工伤诈骗圈套，立刻向公安机关报案，公安机关在调查后，确认黄某此次工伤系伪造。

法院审理后认为，黄某存在非法占有的故意，采用欺诈手段隐瞒事实伪造工伤，将本应自己承担的费用转嫁给项目部，骗取钱款数额较大，符合诈骗罪构成要件，其行为已构成诈骗罪，黄某因此受到了相应的法律制裁。

162. 什么是非法占用农用地罪？项目部哪些行为会被认定为这类犯罪？

专家解读

《刑法》第 342 条规定：“违反土地管理法规，非法占用耕地、林地等农用地，改变被占用土地用途，数量较大，造成耕地、林地等农用地大量毁坏的，处五年以下有期徒刑或者拘役，并处或者单处罚金。”

从本罪的犯罪构成来讲：（1）犯罪嫌疑人主观上具有故意，也就是明知自己的行为是非法占用农用地，而故意实施；（2）犯罪客体是农用地，范围包括耕地、林地、草原以及其他农用地；（3）关于本罪的具体的适用，最高人民法院制定了以下三部司法解释加以详细规定。

《最高人民法院关于审理破坏土地资源刑事案件具体应用法律若干问题的解释》第3条的规定："违反土地管理法规，非法占用耕地改作他用，数量较大，造成耕地大量毁坏的，依照刑法第三百四十二条的规定，以非法占用耕地罪定罪处罚：（一）非法占用耕地'数量较大'，是指非法占用基本农田五亩以上或者非法占用基本农田以外的耕地十亩以上。（二）非法占用耕地'造成耕地大量毁坏'，是指行为人非法占用耕地建窑、建坟、建房、挖沙、采石、采矿、取土、堆放固体废弃物或者进行其他非农业建设，造成基本农田五亩以上或者基本农田以外的耕地十亩以上种植条件严重毁坏或者严重污染。"

《最高人民法院关于审理破坏林地资源刑事案件具体应用法律若干问题的解释》第1条规定："违反土地管理法规，非法占用林地，改变被占用林地用途，在非法占用的林地上实施建窑、建坟、建房、挖沙、采石、采矿、取土、种植农作物、堆放或排泄废弃物等行为或者进行其他非林业生产、建设，造成林地的原有植被或林业种植条件严重毁坏或者严重污染，并具有下列情形之一的，属于《刑法修正案（二）》规定的'数量较大，造成林地大量毁坏'，应当以非法占用农用地罪判处五年以下有期徒刑或者拘役，并处或者单处罚金：（一）非法占用并毁坏防护林地、特种用途林地数量分别或者合计达到五亩以上；（二）非法占用并毁坏其他林地数量达到十亩以上；（三）非法占用并毁坏本条第（一）项、第（二）项规定的林地，数量分别达到相应规定的数量标准的百分之五十以上；（四）非法占用并毁坏本条第（一）项、第（二）项规定的林地，其中一项数量达到相应规定的数量标准的百分之五十以上，且两项数量合计达到该项规定的数量标准。"

《最高人民法院关于审理破坏草原资源刑事案件应用法律若干问题的解释》第2条规定："非法占用草原，改变被占用草原用途，数量在二十亩以上的，或者曾因非法占用草原受过行政处罚，在三年内又非法占用草原，改变被占用草原用途，数量在十亩以上的，应当认定为刑法第三百四十二条规定的'数量较大'。非法占用草原，改变被占用草原用途，数量较大，具有下列情形之一的，应当认定为刑法第三百四十二条规定的'造成耕地、林地等农用地大量毁坏'：（一）开垦草原种植粮食作物、经济作物、林木的；（二）在草原上建窑、建房、修路、挖砂、采石、采矿、取土、剥取草皮的；（三）在草原上堆放或者排放废弃物，造成草原的原有植被严重毁坏或者严重污染的；（四）违反草原保护、建设、利用规划种植牧草和饲料作物，造成草原沙化或者水土严重流失的；（五）其他造成草原严重毁坏的情形。"

相关案例：

江阴市某机械安装有限公司在被告人章某担任法定代表人期间，从2003年开始，陆续向江阴市临港街道某村村民及村民委员会租用集体土地共计22.79亩，用于建设厂房、宿舍、食堂及堆场等。经鉴定，此种行为造成原有耕作层种植功能丧失且难以复原，耕地已被严重破坏。案发后，该公司对部分厂房进行了拆除并复耕，对堆场部分进行了复耕。

江苏省江阴市人民法院经审理认为，江阴市某机械安装有限公司违反《土地管理法》和《城乡规划法》，造成农用地大量毁坏。章某系该公司直接负责的主管人员，在归案后能如实供述罪行，当庭自愿认罪，积极对被占用农用地进行复耕，且无再犯罪危险，适用缓刑对所在社区无重大不良影响，故以非法占用农用地罪分别判处江阴市某机械安装有限公司罚金人民币2万元；章某拘役3个月，缓刑5个月。

163. 什么是非法经营同类营业罪？项目管理人员是否可能构成此罪？

专家解读

根据《刑法》第165条的规定，非法经营同类营业罪是指国有公司、企业的董事、经理利用职务便利，自己经营或者为他人经营与其所任职公司、企业同类的营业，获取非法利益，数额巨大的，处三年以下有期徒刑或者拘役，并处或者单处罚金；数额特别巨大的，处三年以上七年以下有期徒刑，并处罚金。

该罪的常见形态为，国有企业领导干部利用职务便利，单独或伙同他人经营与其任职企业同类营业的腐败案件。从本罪的犯罪构成来讲，对非法经营同类营业罪的理解如下。

（1）本罪的主体比较特殊，仅限于国有公司、企业的董事、经理。《企业国有资产法》第22条规定："履行出资人职责的机构依照法律、行政法规以及企业章程的规定，任免或者建议任免国家出资企业的下列人员：一是任免国有独资企业的经理、副经理、财务负责人和其他高级管理人员；二是任免国有独资公司的董事长、副董事长、董事、监事会主席和监事；三是向国有资本控股公司、国有资本参股公司的股东会、股东大会提出董事、监事人选。国家出资企业中应当由职工代表出任的董事、监事，依照有关法律、行政法规的规定由职工民主选举产生。"国有企业的董事、经理是指由出资人直接任免或通过向公司股东会、股东大会提出建议后，经过选举产生的日常管理公司事务的人员，是公司内部治理的主要力量。

《公司法》要求董事、经理等高级管理人员对公司负有忠诚和勤勉义务。《公司法》第

149条规定:“董事、监事、高级管理人员执行公司职务时违反法律、行政法规或者公司章程的规定，给公司造成损失的，应当承担赔偿责任。”《公司法》第148条规定:“董事、高级管理人员不得有下列行为:(一)挪用公司资金;(二)将公司资金以其个人名义或者以其他个人名义开立账户存储;(三)违反公司章程的规定，未经股东会、股东大会或者董事会同意，将公司资金借贷给他人或者以公司财产为他人提供担保;(四)违反公司章程的规定或者未经股东会、股东大会同意，与本公司订立合同或者进行交易;(五)未经股东会或者股东大会同意，利用职务便利为自己或者他人谋取属于公司的商业机会，自营或者为他人经营与所任职公司同类的业务;(六)接受他人与公司交易的佣金归为己有;(七)擅自披露公司秘密;(八)违反对公司忠实义务的其他行为。”如果董事、经理违反了这些禁止性规定，严重的将会追究刑事责任。

(2)本罪在主观方面具有故意，要求行为人明知自己经营或者为他人经营与其所任职公司、企业同类的营业，获取非法利益，故意实施的行为。过失不能构成本罪。

(3)本罪在客观方面主要表现为以下三点。第一，“利用职务便利”，即董事、经理利用了自己担任的这一职务所形成的便利条件。比如董事、经理掌握企业的重要客户信息，与客户建立了良好的私人关系，掌握着产品的生产技术、成本、市场价格等，并利用这些职务便利来谋取利益。第二，“自己经营或者为他人经营与其所任职公司、企业同类的营业”，其中“自己经营”是指行为人自己注册公司、企业进行经营，包括自己让他人代公司股份，而自己是公司的实际控制人的情形。“为他人经营”是指行为人的行为和目的均是为他人经营的，自己不是该公司的股东、隐名股东或实际控制人，不参与公司分红等，而是为他人的公司、企业提供了经营行为，如经营顾问、营销导师、以朋友名义的推销、从事兼职等。所谓“同类营业”，一般指行为人所任职的公司、企业的生产经营范围与他自己经营或为他人经营的公司、企业的经营范围有相同之处。实践中也有一些企业超出经营范围或者不按照经营范围经营的客观情况，所以在认定同类经营时，应该按照实际经营的种类进行判别。

(4)本罪要求行为人“获取非法利益”，因为本罪主要惩罚的是国有公司、企业的董事、经理因为违反对企业的忠诚义务，具有禁止从事的竞业经营行为，因此通过这一行为获取的利益就被定义为非法利益。实践中需要区分销售数额、经营数额、非法利益等几个概念。因为概念不同所对应的金额计算方式不同，而金额的大小会直接影响定罪和量刑。

(5)根据最高人民检察院、公安部规定的本罪的立案标准：本罪行为人获取非法利益，数额在十万元以上的，应予立案追诉。

相关案例:

A建筑公司是一家国有企业。赵某在担任A建筑公司经理期间，利用职务之便，以他人公司的名义，自己出资15万元收购A建筑公司参股的B公司60%的股权。随后，赵某使用B公司经营与A建筑公司同类的营业。2021年，赵某主动向纪委投案。案发后经审计，赵某在担任A建筑公司经理期间非法经营同类营业行为获取非法利益共计200多万元。

法院审理认为，赵某作为国有公司的经理，经营与其所任职公司同类的营业，且从中获得非法利益达200多万元，数额特别巨大，其行为已构成非法经营同类营业罪。赵某自动投案以后，如实供述了全部犯罪事实，构成自首；其又积极揭发他人犯罪行为，具有立功表现，而且已退缴大部分赃款，自愿认罪认罚，依法可从轻处罚。综合上述情节，法院最终判决：被告人赵某犯非法经营同类营业罪，判处有期徒刑两年，并处罚金人民币15万元。

164. 什么是虚开发票罪？处理无票费用找商家开具发票是不是虚开发票？

专家解读

《刑法》第205条之一规定："虚开本法第二百零五条规定以外的其他发票，情节严重的，处二年以下有期徒刑、拘役或者管制，并处罚金；情节特别严重的，处二年以上七年以下有期徒刑，并处罚金。单位犯前款罪的，对单位判处罚金，并对其直接负责的主管人员和其他直接责任人员，依照前款的规定处罚。"依据法律规定，虚开发票罪，是指为了牟取非法利益，违反国家发票管理规定，虚开增值税专用发票和用于骗取出口退税、抵扣税款发票以外的发票的行为。《发票管理办法》第22条规定："开具发票应当按照规定的时限、顺序、栏目，全部联次一次性如实开具，并加盖发票专用章。任何单位和个人不得有下列虚开发票行为：（一）为他人、为自己开具与实际经营业务情况不符的发票；（二）让他人为自己开具与实际经营业务情况不符的发票；（三）介绍他人开具与实际经营业务情况不符的发票。"这里的三种虚开发票情形，每一项都要求"与实际经营业务情况不符"。实际经营业务情况不仅包括数额，还包括开票人、受票人与业务情况。

《最高人民检察院、公安部关于公安机关管辖的刑事案件立案追诉标准的规定（二）》第57条规定："虚开刑法第二百零五条规定以外的其他发票，涉嫌下列情形之一的，应予立案追诉：（一）虚开发票金额累计在五十万元以上的；（二）虚开发票一百份以上且票面金额在三十万元以上的；（三）五年内因虚开发票受过刑事处罚或者二次以上行政处罚，又虚开发票，数额达到第一、二项标准百分之六十以上的。"

2011年《刑法修正案（八）》将虚开普通发票入刑，罪名为虚开发票罪，在范围上对虚开发票的行为进行了扩大处罚。虚开发票罪系《刑法》第205条之一所述的情形，与《刑法》第205条所述的虚开增值税专用发票、用于骗取出口退税、抵扣税款发票罪有密切联系，但虚开发票罪是否要求有骗取税款的主观目的观点不一。主流观点认为，从法律条文和相关司法解释来看，虚开增值税专用发票罪保护的法益是国家税收，而虚开发票罪保护的法益应该是发票管理制度。且虚开发票的目的是多样的，可以为了赚取手续费，可以通过虚开发票少报收入进而偷税骗税，也可以用于非法经营、贪污贿赂、侵占等违法犯罪活动等，骗取税款不是其唯一的目的。虚开发票罪情节特别严重的，处二年以上七年以下有期徒刑，相较于以骗税为主观目的的虚开增值税专用发票罪的刑罚轻很多，后者最高可判处无期徒刑。

相关案例：

邓某犯贪污罪、王某犯虚开发票罪案。2008年下半年至2013年4月，被告人邓某在担任某市看守所二大队副大队长并负责管理看守所小卖部和小伙房期间，安排被告人王某和刘某等供货商在开具收据或发票时以虚加进货价格或数量的方式向某市看守所开具虚假发票，之后采取将虚加钱款直接扣下或由被告人王某等人将虚加钱款转入被告人邓乙某的银行账户的方式，套取人民币182万余元，被告人邓某将其中112万余元非法占有。

法院认为，被告人邓某作为国家工作人员，利用职务便利，侵吞公共财物，其行为已构成贪污罪。被告人王某虚开发票，其行为已构成虚开发票罪。最终判处邓某有期徒刑十一年；王某有期徒刑一年，缓刑一年，罚金人民币三万元。

虚开发票的行为滋生了贪污、贿赂、侵占、逃税等一系列违法行为，虚开发票罪的设立体现了国家对于该行为的重视，但是要从根源上防控虚开发票的行为，还应当从改革与完善税务征收和财务报销制度着手。虚开发票罪的设立对相关违法犯罪能够起到一定的遏制作用，但是相较于虚开增值税专用发票等罪，其社会危害较小，因此对于本罪的认定与量刑幅度的确定应当客观适度。

165. 重大责任事故罪、重大劳动安全事故罪、工程重大安全事故罪三者有何区别？

专家解读

这三项罪名分别出自《刑法》第134、第135、第137条，因为这三项罪名与施工企业密切相关且容易混淆，现列表对比如下。

罪名	重大责任事故罪	重大劳动安全事故罪	工程重大安全事故罪
概念	在生产、作业中因违反有关安全管理的规定，而发生重大伤亡事故或者造成其他严重后果的行为	因安全生产设施或者安全生产条件不符合国家规定，而发生重大伤亡事故或者造成其他严重后果的行为	因违反国家规定，降低工程质量标准，造成重大安全事故的行为
法律主体	企业、事业单位的职工，包括直接从事生产的工人和生产的直接指挥者或管理者	企业、事业单位中对排除事故隐患，防止事故发生负有责任的主管人员和其他直接责任人员	建设单位、设计单位或者施工单位及工程监理单位中，对建筑工程质量安全负有直接责任的人员
保护法益	保障企业、事业单位的生产安全	保障劳动者的生命、健康和重大公私财产的安全	保障国家和人民生命财产安全
客体行为	生产过程中不按照规范规程操作从而造成事故	应当发现而没有发现，有关部门或职工群众提出后，仍不消除安全隐患，继续生产造成事故	违反国家规定，降低工程质量标准，造成重大安全事故
立案标准	有关司法解释规定：①造成死亡一人以上，或者重伤三人以上的；②造成直接经济损失一百万元以上的；③造成其他严重后果的情形		最高人民检察院规定：①造成死亡一人以上，或者重伤三人以上；②造成直接经济损失五十万元以上的；③其他造成严重后果的情形
法律后果	处三年以下有期徒刑或者拘役；情节特别恶劣的，处三年以上七年以下有期徒刑		处五年以下有期徒刑或者拘役，并处罚金；后果特别严重的，处五年以上十年以下有期徒刑，并处罚金

用三个案例来释明这三项罪名的区别。

相关案例一：

【重大责任事故罪】2022 年 2 月 23 日，中铁某公司承建的某项目发生一起重大伤害事故，事故共造成 1 人死亡。事故的发生过程为，劳务公司进行材料吊装倒运作业时，因物料未捆绑整体滑落，造成正在下方工人夏某严重受伤，后经送医抢救无效死亡。事故调查报告认为：劳动公司木工班组组长，安排无证人员从事起重作业，未按起重吊装专项方案组织起重作业却未阻止，涉嫌重大责任事故罪；现场专职安全员明知无证人员从事特种作业，涉嫌重大责任事故罪；劳务公司负责人，涉嫌重大责任事故罪。建议以上人员由司法机关依法追究其刑事责任。本次事故的其他责任人，建议分别由城乡建设部门给予其暂扣与安全生产有关的资格、应急管理部门给予其罚款的行政处罚。

相关案例二：

【重大劳动安全事故罪】2020 年 4 月 24 日，被告人李某组织带领张某等人到某公司维修厂房，因未采取任何安全生产防范措施，致使张某高空坠落身亡。案发后，某公司和被告人共同对被害人亲属赔偿 92 万元（其中李某赔偿 28.5 万元），取得被害人亲属谅解并达成和解协议。法院认为，被告人李某作为直接负责的主管人员，违反国家规定，在未采取任何安全生产防范措施的情况下安排工人施工，因而发生重大伤亡事故，其行为已构成重大劳动安全事故罪。因李某无前科，案发后有自首情节，积极赔偿被害人亲属并取得谅解，依法可从轻处罚。裁判结果：被告人李某犯重大劳动安全事故罪，判处有期徒刑一年，缓刑一年。

相关案例三：

【工程重大安全事故罪】2019 年 9 月 9 日 17 时 24 分许，被害人常某步行至太原茂业天地办公楼西侧时，该办公楼 20 层外墙的一块铝合金装饰条意外坠落，砸中被害人致其当场死亡。法院经审理查明，这是一起因施工单位违反国家规定，降低工程质量标准，而造成一人死亡的重大安全事故。被告人崔某作为施工单位项目负责人，对事故的发生负有直接责任，其行为构成工程重大安全事故罪。综合被告人崔某案发前后的表现，法院从宽处罚，判决被告人崔某犯工程重大安全事故罪，判处有期徒刑一年六个月，并处罚金三万元。

166. 强令违章冒险作业罪与危险作业罪有何区别?

专家解读

这两项罪名都是《刑法修正案（十一）》（2021 年 3 月 1 日正式施行）修改和新增的罪名，均出自《刑法》第 134 条。

需要说明的是，“强令违章冒险作业罪”已取消，新的罪名为“强令、组织他人违章冒险作业罪”。刑法第 134 条第二款修改为：“强令他人违章冒险作业，或者明知存在重大事故隐患而不排除，仍冒险组织作业，因而发生重大伤亡事故或者造成其他严重后果的，处五年以下有期徒刑或者拘役；情节特别恶劣的，处五年以上有期徒刑。”增加的这一句话当时被很多人理解为“隐患不整改直接入刑”，其实这样说并不准确，准确的说法应是“隐患不整改并导致严重后果的直接入刑”。

该条款中补充的“明知存在重大事故隐患而不排除，仍冒险组织作业”，包括三层意思。一是不需要“拒不整改”，只要有证据证明“明知”，就可判刑了。二是“明知”的标准的是什么？笔者认为，至少上级领导、各级安全检查组发现的事故隐患，通过一定形式已告知责任人的，应当属于“明知”，员工发现事故隐患及时报告的应属于“明知”。三是关于各行业领域“重大事故隐患”的判定标准是什么？目前虽然没有统一的法律规定，但有部门规范文件可供参考，如住房城乡建设部《房屋市政工程生产安全重大事故隐患判定标准（2022 版）》（建质规〔2022〕2 号）等。

关于危险作业罪，《刑法》第 134 条之一规定："在生产、作业中违反有关安全管理的规定，有下列情形之一，具有发生重大伤亡事故或者其他严重后果的现实危险的，处一年以下有期徒刑、拘役或者管制：（一）关闭、破坏直接关系生产安全的监控、报警、防护、救生设备、设施，或者篡改、隐瞒、销毁其相关数据、信息的；（二）因存在重大事故隐患被依法责令停产停业、停止施工、停止使用有关设备、设施、场所或者立即采取排除危险的整改措施，而拒不执行的；（三）涉及安全生产的事项未经依法批准或者许可，擅自从事矿山开采、金属冶炼、建筑施工，以及危险物品生产、经营、储存等高度危险的生产作业活动的。"

简言之，以上条款中规定的这几件事不能做，如果偏要做即使没有出现事故也要追究刑事责任。这就打破了《刑法》中涉及刑事责任的，一般都是因为行为导致了"严重后果"才会被追究刑事责任的思路。例如，在《刑法修正案（十一）》施行之前，《刑法》中涉及安全生产的主要罪名有重大责任事故罪、强令违章冒险作业罪、重大劳动安全事故罪、危险物品肇事罪、工程重大安全事故罪、消防责任事故罪、不报谎报安全事故罪等，要构成这些犯罪有一项共同要求，就是实际造成严重后果。严重后果一般指造成了一人以上死亡或三人以上重伤，或者重大经济损失等。而这次修正首次将生产经营过程中极易导致重大安全生产事故的违法行为纳入《刑法》调整范围。施工企业及项目部负有安全生产管理职责，各级管理人员务必要高度警觉，以前有此类行为一般是对企业、个人进行罚款处理，因为毕竟并未发生事故，但现在这类行为入刑了，将关系到个人、家庭幸福和企业持续健康发展。

167. 什么是不报、谎报安全事故罪？

专家解读

不报、谎报安全事故罪，是《刑法修正案（六）》第 4 条新增设的犯罪。《刑法》第 139 条之一规定："在安全事故发生后，负有报告职责的人员不报或者谎报事故情况，贻误事故抢救，情节严重的，处三年以下有期徒刑或者拘役；情节特别严重的，处三年以上七年以下有期徒刑。"

这里重点解读 4 个关键词："负有报告职责的人员""不报或者谎报""贻误事故抢救""情节特别严重"。

根据最高人民法院和最高人民检察院的解释，"负有报告职责的人员"指负有组织、指挥或者管理职责的负责人、管理人员、实际控制人、投资人，以及其他负有报告职责的人员。

“不报或者谎报”指顾名思义就直接隐瞒不报或者不据实报告。

“贻误事故抢救”是对不报、谎报行为性质的认定，一旦出现情节严重的不报、谎报事故情况的行为，或多或少地都会贻误事故抢救，只是程度不同而已，不存在性质不同的问题。

“情节严重”的第一种情形是指由此导致事故后果扩大，增加死亡一人以上，或者增加重伤三人以上，或者增加直接经济损失一百万元以上的；第二种情形是指由决定不报、迟报、谎报事故情况或者指使、串通有关人员不报、迟报、谎报事故情况的，或在事故抢救期间擅离职守或者逃匿的，或伪造、破坏事故现场，或者转移、藏匿、毁灭遇难人员尸体，或者转移、藏匿受伤人员的，或毁灭、伪造、隐匿与事故有关的图纸、记录、计算机数据等资料以及其他证据的，导致不能及时有效开展事故抢救的情形。

“情节特别严重”指导致事故后果扩大，增加死亡三人以上，或者增加重伤十人以上，或者增加直接经济损失五百万元以上的；采用暴力、胁迫、命令等方式阻止他人报告事故情况，导致事故后果扩大的；其他情节特别严重的情形。

相关案例：

【不报、谎报安全事故罪】2019 年 7 月 29 日 2 时，龙窝煤矿东下山采煤工作面发生一起煤与瓦斯突出事故。经查，被告人郑某为龙窝煤矿实际控制人，被告人杨某为龙窝煤矿矿长，该煤矿在生产、作业中违反有关安全管理规定，因而发生重大安全事故，致 4 人死亡、2 人轻伤，造成直接经济损失 731.72 万元。在发生事故后 2 个被告均不向有关部门报告事故情况，谎称没有死亡事故发生，并封闭事故现场，隐匿、转移遇难者尸体，情节严重，其行为构成不报、谎报安全事故罪，依法应予惩处。

裁判结果，被告人郑某犯不报、谎报安全事故罪数罪并罚，总刑期八年并处罚金；被告人杨某犯不报、谎报安全事故罪等数罪并罚，总刑期六年六个月并处罚金；被告龙窝煤矿犯非法采矿罪，判处罚金人民币二百万元。

168. 什么是交通肇事罪？施工现场发生机动车事故构成交通肇事罪吗？

专家解读

关于交通肇事罪，《刑法》第 133 条规定：“违反交通运输管理法规，因而发生重大事故，致人重伤、死亡或者使公私财产遭受重大损失的，处三年以下有期徒刑或者拘役；交通运输肇事后逃逸或者有其他特别恶劣情节的，处三年以上七年以下有期徒刑；因逃逸致人死亡的，处七年以上有期徒刑。”

在道路上引发的事故可能构成交通肇事罪，在施工现场发生机动车事故也可能构成交通肇事罪吗？首先要明确什么是“道路”，《道路交通安全法》第119条规定：“‘道路’，是指公路、城市道路和虽在单位管辖范围但允许社会机动车通行的地方，包括广场、公共停车场等用于公众通行的场所。”由此可知，在封闭的施工现场发生的机动车事故只能构成安全事故，不属于《刑法》中的交通事故。但如果不是在封闭的施工现场，且施工期间允许或定时允许或未经允许社会车辆也能进出的场内道路，则发生的机动车事故一般属于交通事故，至于责任划分应由交警部门认定。

相关案例一：

施工现场发生机动车事故构成过失致人死亡罪。2021年12月2日下午，在冠县施工现场，被告人李某义驾驶车牌号为鲁P·N××××的绿色重型自卸卡车准备驶离施工现场，转向时因其未注意观察，将在现场施工的被害人王某撞到、碾压，致王某当场死亡。

裁判结果，被告人李某义犯过失致人死亡罪，判处有期徒刑一年二个月，缓刑一年六个月。

相关案例二：

醉汉驾车冲入工地身亡，家属竟索赔50万。2019年3月18日，刘某醉酒后驾车沿郑州市中牟县滨河路由西向东行驶至滨河路与清阳街丁字路口时，驶入路面南侧施工工地发生事故，致使其当场死亡、车辆受损。其家属认为事故造成如此严重的后果，施工单位也有一定的责任，遂将施工单位告上法庭，要求赔偿各项损失共计50余万元。

公安机关交通管理部门认定，案涉事故的直接原因为刘某驾驶机动车违反道路通行规定与施工企业施工不当共同造成，刘某对事故负主要责任，施工单位对事故负次要责任。法院根据查明的事实，结合双方的过错程度，酌定施工单位承担20%的赔偿责任，赔偿各项损失共计24余万元。

169. 醉酒驾车构成危险驾驶罪还是交通肇事罪？

专家解读

危险驾驶罪是《刑法修正案（八）》新增的罪名，《刑法修正案（九）》对其进行了修改和完善。危险驾驶罪是指在道路上醉酒驾驶机动车，或者在道路上驾驶机动车追逐竞驶，情节恶劣的行为。由此可见，醉驾属于构成危险驾驶罪的情形之一，关于醉驾的立案标准，根据有关规定，驾驶人员每100毫升血液酒精含量大于或等于20毫克且小于80毫克的为酒驾；每100毫升血液酒精含量大于或等于80毫克为醉驾。这里要注意的是，醉驾并不是真的要喝醉，据统计一般人喝一杯啤酒可达到酒驾标准，喝3两低度白酒或者2瓶啤酒即可达到醉驾标准，也许大部分人并没有感到醉意却已达到醉驾标准了。

关于交通肇事罪请参阅本书问题159，这里不再重复介绍。醉驾未造成严重的后果的构成危险驾驶罪。饮酒后或者醉酒驾驶机动车发生重大交通事故，构成犯罪的，依法追究刑事责任，并由公安机关交通管理部门吊销机动车驾驶证，终生不得重新取得机动车驾驶证，且一般情况下，构成交通肇事罪。

相关案例：

【危险驾驶罪】2022年7月7日20时56分许，被告人李某饮酒后驾驶车牌号为辽P××××的小型普通客车，沿锦州市解放路由东向西行驶至锦州市古塔区解放路西大桥西桥头时，被查获。经鉴定，被告人李某血液中乙醇含量为142毫克/100毫升血液。法院裁判结果，被告人李某犯危险驾驶罪，判处拘役二个月，缓刑四个月，并处罚金人民币三千元。

【交通肇事罪】2021年9月18日16时许，被告人赵某某驾驶车牌号为鲁H·C××××轻型客车沿嘉祥县共建路由西向东行驶至红旗煤矿路口时，与前方同向行驶的曹某驾驶的电动三轮车相撞后，又与王某停放在路南的电动三轮车发生碰撞，致曹某头颈、胸腹部损伤而死亡。道路交通事故责任认定书认定被告人赵某某对事故负主要责任。案发后，被告人赵某某主动投案，且协议赔偿了被害人曹某亲属及被害人王某的经济损失，并取得谅解。裁判结果，被告人赵某某犯交通肇事罪，判处有期徒刑八个月，缓刑一年。

170. 什么是危险物品肇事罪？项目部火工品管理不当是否构成此罪？

专家解读

根据《刑法》第136条的规定，危险物品肇事罪是指违反爆炸性、易燃性、放射性、毒害性、腐蚀性物品的管理规定，在生产、储存、运输、使用中，由于过失发生重大事故，造成严重后果的行为。从司法实践中来看，犯罪主体主要是从事此类工作的职工，但不排除其他人也可能构成本罪。当然，如果在生产、储存、运输、使用危险物品的过程中，严格遵守管理规定没有任何违规行为，而是由于自然原因意外地引起危险物用爆炸、燃烧、泄漏、污染等重大事故，造成严重后果的，属于自然事故，不构成犯罪。因此，构成本罪必须是行为人的违规行为与重大事故的发生有因果关系。如果行为人在生产、储存、运输、使用危险物品过程中，虽然违反危险物品管理的规定，但未造成任何后果，或者造成的后果不严重的，则不构成本罪，只需按有关部门的行政处罚规定或企业的规章制度进行处罚。

本罪与前述重大责任事故罪的主要区别在于：前者仅违反危险物品管理规定，后者则违反安全生产的所有规章制度。因此，两者的适用范围有所不同。在生产中违反危险物品管理规定，发生重大事故的，与重大责任事故罪存在竞合关系。但是，因为法律专门规定了危险物品肇事罪，所以对生产储存、运输、使用中违反危险物品管理规定，发生重大事故，造成严重后果的，均适用本条。

施工企业项目部从事火工品的储存、运输、使用等工作的人员，若违反火工品有关管理规定，从而导致重大事故发生的，构成危险物品肇事罪。根据最高人民检察院的规定，只要达到以下条件之一，均符合重大事故和严重后果的标准：（1）造成死亡一人以上，或者重伤三人以上的；（2）造成直接经济损失五十万元以上的；（3）其他造成严重后果的情形。后果特别严重是指致多人伤亡或者造成严重的经济损失等。关于刑事处罚，犯本罪的处三年以下有期徒刑或者拘役；后果特别严重的，处三年以上七年以下有期徒刑。

相关案例：

【危险物品肇事罪】2021 年 6 月 1 日，云南某爆破公司安排爆破员和某、安全员培某到某工地实施爆破作业。此二人到达作业现场后，违规将炸药和雷管发放给无相关爆破员资质的现场工人，由现场工人自行填装炸材。爆破区域周边未严格设置路障、摆放安全标识。当日 16 时许，在未进行安全警戒、疏散人员及爆破警报不规范的情况下，和某、培某实施引爆，导致 1 号孔桩工人黄某被炸身亡。法院认为，被告人和某、培某在实施爆破作业过程中，违反爆炸性物品的管理规定，在使用中发生重大事故，造成一人死亡。两个被告人的行为构成危险物品肇事罪。案发后，被告人积极配合调查取证并如实供述自己的犯罪行为，被害人家属与云南某爆破公司达成赔偿协议并向两个被告人出具谅解书，依法可以酌情从轻处罚。法院判决两个被告人均犯危险物品肇事罪，判处有期徒刑六个月，缓刑一年。

专题六　典型案例评析

案例一　欠付工程款利息应从何时开始计算？

【基本案情】

2010年3月23日，H公司（发包人）与Z公司（承包人）签订落款日期为2009年7月11日的"建设工程施工合同"和"补充协议"各一份，约定由Z公司承建H公司大卖场的土建、水电照明工程。该合同签订当日，A公司向Z公司出具担保函一份，愿意对H公司与Z公司签订的大卖场"建设工程施工合同""补充协议"及其他有关文件中约定的H公司的所有责任和义务，承担连带保证责任。该工程开工至2010年5月前为莫某承包施工，后因融资问题导致工程无法继续施工，现由Z公司接手施工。Z公司接手涉案工程后，H公司共向其支付工程款20万元。Z公司与H公司至今未就涉案工程进行交付，亦未进行竣工验收。此外，涉案工程未履行招投标及备案程序，系未取得土地使用权证、未取得建设工程规划许可证、未办理报建手续的"三无"工程。

【法院判决】

（1）案涉工程未取得土地使用权证、建设工程规划许可证，未办理报建手续，故Z公司与H公司就涉案工程订立的"建设工程施工合同"因违反《土地管理法》《城乡规划法》《建筑法》等作出的强制性规定，依法应认定无效。涉案合同虽被认定无效，但工程未经竣工验收并非Z公司单方原因所致，故Z公司关于对已完成工程价款进行结算的请求，依法应予支持。根据该工程开工至2010年5月前为莫某承包施工，后因融资问题导致工程无法继续施工，现由Z公司接手施工，以及"补充协议"中关于工程结算"发包人应将工程余款（即结算后发包人差欠承包人的工程款）在结算后10日内付至结算价的80%"的约定，2010年5月29日前涉案工程的实际施工人是莫某而非Z公司，工程余款须在财务对账及第三人莫某代领的工程款核实确认后进行，故2010年5月29日前由第三人莫某施工部分的工程价款根据"补充协议"的约定，尚不具备结算条件。Z公司主张其接手涉案工程前的工程款结算问题，一审法院不予支持，其可待各方对账明确应付款项后另行主张权利。工程款利息系欠付工程款的法定孳息，从应付工程价款之日计付。因双方对欠付工程款利息并无明确约定，且涉案工程未交付，工程价款亦未结算，故利息损失应从当事人起诉之日起以欠付工程款为本金按中国人民银行发布的同期同类贷款利率计算至实际给付之日。

（2）关于A公司是否应对上述欠付工程款及利息损失承担共同给付责任的问题。一审法院认为，主合同无效而导致担保合同无效，担保人无过错的，担保人不承担民事责任；担保人有过错的，担保人承担民事责任的部分，不应超过债务人不能清偿部分的三分之一。A 公司作为担保方，其在出具担保函前已实际参与涉案项目的前期筹备等工作，故对于涉案工程为“三无”工程、违法建筑系明知的，在此情况下其向 Z 公司出具担保函，并承诺对 H 公司就涉案工程所需承担的责任和义务承担连带保证责任，存有一定过错，故依法应承担 H 公司对涉案工程欠付工程款及利息损失不能清偿部分三分之一的保证责任。一审法院认为，涉案工程虽主体质量已经验收，但并未经竣工验收合格，故 Z 公司关于就涉案工程享有优先受偿权的主张尚不具备条件。此外，依据 Z 公司与 H 公司“补充协议”中“承包人于本协议签订后三日内复工，复工后 100 日内完成承包范围工作内容”以及双方“建设工程施工合同”约定的竣工日期，Z 公司诉至法院主张对涉案工程享有优先受偿权，已超过优先受偿权六个月的行使期限，依法不应予以支持。

【风险防范要点】

（1）合同中对于工程款付款时间要有明确可操作的约定，若没有明确约定，在案涉工程未交付，工程价款也未结算的情况下，通常被认定欠付工程款利息从起诉之日起计算。

（2）承包人行使优先受偿权应具备三个条件：第一，发包人未按合同约定的时间、进度支付工程价款；第二，承包人催告发包人在合理期限内支付价款，发包人逾期仍未支付；第三，须在从工程竣工之日或合同约定的竣工之日起算的六个月的除斥期间内行使。

案例二 发包方承担工伤赔偿后，能否向无资质承包人追偿?

【基本案情】

2018 年 9 月 10 日，某木业公司与文甲签订“水电安装施工承包合同”，将一项目的水电安装工程承包给没有相应资质的文甲施工。合同约定乙方所属人员及设备发生安全事故及费用自行负责，甲方不承担任何责任。合同签订后，文甲雇佣文乙从事焊工施工。2018 年 12 月 7 日，文乙在工作中因脚手架倒塌致双脚受伤，经诊断为双跟骨粉碎性骨折。后文乙被认定为工伤，由某木业公司承担工伤保险主体责任。经调解，某木业公司支付文乙全部工伤费用共计 14.8 万元，文乙放弃其他诉讼请求。某木业公司将款项支付给文乙后，将文甲告上法庭。

【法院判决】

法院审理认为，承担工伤保险责任的单位承担赔偿责任或者社会保险经办机构从工伤保险基金支付工伤保险待遇后，有权向相关组织、单位和个人追偿。建设单位、施工总承包单位或具有用工主体资格的分包单位将工程（业务）发包给不具备用工主体资格的组织或个人，该组织或个人招用的劳动者发生工伤的，发包单位与不具备用工主体资格的组织或个人承担连带赔偿责任。认定发包方承担的工伤保险赔付仅是用工主体责任并非最终责任，某木业公司有权向文甲进行追偿。

某木业公司将涉案工程发包给不具备施工资质的文甲，双方虽签订合同，但合同违反法律的禁止性行为，该合同属于无效合同。双方对于合同的无效均存在过错。依照前述法律规定，应当由某木业公司和文甲分别对该损失承担相应责任。而文甲选用不具备焊工资质的文乙从事电焊工作，且在实际作业中未能提供有效的保障安全措施，致使文乙受伤。某木业公司将水电工程发包给无资质的自然人施工，存在选任过失，同时在监督施工人员合同备案、施工安全方面亦存在一定过失。结合原、被告双方对人身损害发生的过错程度及原因力大小，法院认定某木业公司承担30%的损失，文甲承担70%的损失。现某木业公司已作出赔偿，向文甲追偿文甲应负担的部分，符合法律规定，予以支持，遂作出上述判决。

【风险防范要点】

（1）《建筑法》严格规定只有相应资质的建筑施工企业才可以实施建筑活动，其他无资质的组织及个人均无资格实施建筑活动，否则双方签订的合同会认定为无效合同。对实施活动期间造成的损失，雇主不仅担责，发包方也不免责。

（2）在进行专业分包或者劳务分包时，要严格审核分包单位的相关资质，严禁将工程分包给无资质的企业或个人。同时，在分包合同中应严格约定各方的义务，特别是分包单位对所属工人的管理义务，防止其将工伤等后果转嫁给施工企业。

案例三 同一天签订两份合同，以哪一份为准？

【基本案情】

2012年8月21日，Y村民委员会（发包方）与Z公司（承包方）签订“施工合同”，约定将该村7条道路工程发包给Z公司。该道路工程资金来源为政府补贴，工期为90个日历天，中标价款为197万元。同一天，Y村民委员会与Z公司又签订“承诺协议书”，约定Z公司同意按原设计图纸变更后进行施工且只收取变更后的工程量价款137万元作为结算款。2013年3月，由Z公司、监理单位、Y村民委员会、镇住建局、审计部门等出具的工程结算审批表记载：工程总造价合计206万元，原价197万元，增加9万元。

2019年7月22日，因工程款支付问题，Z公司起诉Y村民委员会，称该道路工程以“施工合同”载明的设计标准施工，之所以签订减少30%工程价款的“承诺协议书”是为了顺利进场施工，主张以“施工合同”中记载的合同价款197万元及增加价款9万元共206万元为最终结算工程造价并支付欠款利息；Y村民委员会主张以双方签订的“承诺协议书”承诺的137万元为基数支付欠付工程价款，但未能提供有效的工程量变更资料。

该案历经了中山市第二人民法院一审、中山市中级人民法院二审，广东省高级人民法院再审。其中争议的焦点是：案涉工程造价是多少？

【法院判决】

广东省高级人民法院认为：案涉工程结算审批表、单位工程竣工验收证明、中介结算书等均证明涉案工程造价为206万元。一、二审法院认定涉案工程造价206万元并无不当，驳回Y村民委员会再审申请。

【案例解析及风险防范要点】

（1）竣工结算价由哪些部分组成？

《建设工程工程量清单计价规范》规定，竣工结算价（合同价格）是发、承包双方依据国家有关法律、法规和标准规定，按照合同约定确定的，包括在履行合同过程中按合同约定进行的工程变更、索赔和价款调整，是承包人按合同约定完成了全部承包工作后，发包人应付给承包人的合同总金额。简单理解即为：竣工结算价款=签约合同价 ± 变更索赔款-质量保证金。

确定欠付工程款的前提是确定竣工结算价。本案中，发承包双方在同一天签订两份关于工程价款的合同，发生争议时应以哪一份为准？该工程采用政府补贴资金，属于《招投标法》第3条规定的必须招标的项目。《招投标法》第46条规定，招标人和中标人应当自中标通知书发出之日起三十日内，按照招标文件和投标文件订立书面合同。招标人和投标人不得再行订立背离合同实质性内容的其他协议。《最高人民法院关于审理建设工程施工合同纠纷案件适用法律问题的解释（一）》（法释〔2020〕25号）规定：招标人和中标人另行签订的建设工程施工合同约定的工程范围、建设工期、工程质量、工程价款等实质性内容，与中标合同不一致，一方当事人请求按照中标合同确定权利、义务的，人民法院应予支持。据此，发、承包双方依据中标价款签订的“施工合同”应为符合法律规定的合法有效的合同，“施工合同”约定价款应为计算竣工结算价的依据之一。

（2）签订工程造价整体下浮协议是否有效？

《最高人民法院关于审理建设工程施工合同纠纷案件适用法律问题的解释（一）》（法释〔2020〕25号）规定：招标人和中标人在中标合同之外就明显高于市场价格购买承建房产、无偿建设住房配套设施、让利、向建设单位捐赠财物等另行签订合同，变相降低工程价款，一方当事人以该合同背离中标合同实质性内容为由请求确认无效的，人民法院应予支持。本案中，“承诺协议书”承诺按原合同价减少30%收取价款，在无确实工程量变更的前提下，属于明显的让利行为。

《建设工程工程量清单计价规范》规定：全部使用国有资金投资或以国有资金投资为主的建设工程施工发承包，必须采用工程量清单计价。本案项目资金来源为政府补贴款，所以应采用工程量清单计价。实行工程量清单计价的工程，如须调整价款，应调整至每个清单项目。工程造价整体下浮从形式及内容实质上看，属于背离中标合同另行签订其他合同的违法行为，且不符合单价合同计价原则，实践中一般不予支持。

（3）什么样的工程变更合法有效？

首先要做到程序合规。出现合同价款调增事项（包含工程量偏差、计日工、现场签证、施工索赔等）后，根据合同约定的期限（合同未约定期限的，以《建设工程工程量清单计价规范》为准），承包人应向发包人提交合同价款调增报告并附上相关资料，若承包人未在约定期限内提交合同价款调增报告，视为承包人对该事项不存在调整。若索赔事件具有连续影响的，承包人应继续提交延续索赔通知，说明连续影响的实际情况和记录。《民法典》规定，诉讼时效期限自权利人知道或者应当知道权利受到损害以及义务人之日起计算。一旦发生纠纷，须要启动诉讼程序，提交延续索赔通知的目的，就在于延长“知道”权利受到损害的日期。

其次要做到内容合规。签证、变更、索赔等调增事项发生后，要尽可能详尽地将发生时间、事由、计算方法、结算金额等主要内容罗列清楚，并尽快履行监理单位、建设单位等相关方的签认手续。同时要注意各方签认人员是否为有权签认人员，所盖印章是否为各方日常施工管理行为中的常用印章，确定该签认是否足具备证明力，是否能够发生法律效力。本案中，Y村民委员会在二审中提交的变更通知书因证明力不足，未被法院采纳。合法有效的工程变更，应满足程序合规、内容合规两项基本要素。

案例四　实际施工人的工程款应该向谁主张？

【基本案情】

2008年7月20日，Y公司与H公司签订“建设工程施工合同”，约定由Y公司承担H公司4栋商住楼工程。徐某在Y公司落款处以委托代理人的身份签字。7月21日，骆某、H公司董事长、徐某签订“协议书”约定付骆某工程造价金额1%的中介费。8月7日，徐某通过Y公司分公司向H公司缴纳履约保证金。9月5日，徐某与Y公司分公司签订“内部承包合同”，约定以结算价的2%缴纳管理费，若因徐某原因导致Y公司被冻结账户，徐某应支付资金占用费等。2012年8月4栋商住楼交付使用。

2019 年，徐某向法院提起诉讼，主张其与 Y 公司为转包关系，要求 H 公司、Y 公司、Y 公司分公司共同支付其工程款 2 621 万元及利息，支付履约保证金 680 万元及利息等费用，不认可管理费扣款。该案历经青海省高级人民法院一审、最高人民法院二审。其中争议的焦点是：欠付工程款怎么付，由谁付？“内部承包合同”被认定无效后，承包人是否有权收取管理费？发包人是否应支付实际施工人履约保证金？

【法院判决】

最高人民法院判决：H 公司在欠付 Y 公司工程款范围内向徐某承担责任，对徐某主张 H 公司、Y 公司、Y 公司分公司承担共同给付责任不予支持。徐某以“内部承包合同”无效不认可挂靠管理费无法律依据不予支持。履约保证金款项非案涉工程款，请求 H 公司承担责任无法律依据，不予支持。

【案例解析及风险防范要点】

（1）共同给付责任与补充给付责任有什么区别？

共同给付责任的前提是共同侵权行为。《民法典》第 1168 条规定：“二人以上共同实施侵权行为，造成他人损害的，应承担连带责任。”连带责任是一种比较严重的责任承担方式，对外是一个整体责任，连带责任中的每个人都要对被侵权人承担全部责任，不得以自己的过错程度为理由只承担自己的责任。《最高人民法院关于审理建设工程施工合同纠纷案件适用法律问题的解释（一）》（法释〔2020〕25 号）第 43 条规定，发包人在欠付建设工程价款范围内对实际施工人承担责任。发包人基于“建设工程施工合同”对承包人负担工程款给付责任，在欠付承包人工程款范围内对实际施工人承担的实际上是一种补充给付责任。发包人得以在过错范围内承担相应的责任，而不是与承包人共同承担连带责任。

承担连带责任一般是基于法律规定或者当事人约定。在建设工程施工中，承担连带责任的法定情形，主要出现在建设工程质量不合格的情形下。发包人得以就工程质量不合格主张承包人、实际施工人承担连带责任。虽然住房城乡建设部《关于加快培育新时代建筑产业工人队伍的指导意见》倡导承包人发展自有施工队伍，但具备该条件的施工企业仍然较少，多数工程项目尚采用合法分包方式完成工程建设。如何利用分包合同有效降低建设工程施工合同风险，尤为重要。除了在合同中约定分包方对工程质量承担责任外，还应根据不同工程项目并结合其特殊条件，进一步细化责任承担范围、具体工程部位、不同期限、承担方式等内容，合理分配各方在建设工程施工过程中的权利、义务及风险。

（2）“内部承包合同”无效，承包人能否主张管理费？

本案中徐某与 Y 公司分公司签订的“内部承包合同”被法院认定无效，徐某因此主张管理费约定属于 Y 公司因违法挂靠行为取得利益，不认可挂靠费。法院经查明，认可

Y 公司按“内部承包合同”约定履行管理职责，其付出的劳动成果已经物化到案涉工程施工合同履行中，徐某应承当相应补偿义务。《民法典》第 157 条规定：民事法律行为无效后，行为人因该行为取得的财产应当予以返还；不能返还或者没有必要返还的应当折价补偿；有过错的一方应当承担赔偿对方由此所受到的损失；各方都有过错的，应当各自承担相应的责任。徐某与 Y 公司名为内部承包实为挂靠的行为，属于双方均有过错的法律行为，承包人基于其实际履行的管理行为，获得部分管理费补偿，但双方约定的风险抵押金、保证金等条款，因合同无效而无效。

除转包、挂靠等因违反法律强制性规定合同无效外，实践中也存在一些合同效力瑕疵或者效力待定的问题。各施工主体在管理过程中每年签订的合同数量繁多，应定期开展合同管理自查工作，对于瑕疵合同，应积极协商完善合同要素或签订补充合同，对于效力待定合同应积极履行生效条件，实现合同效力。合同是双方当事人履约的重要凭证和依据，一旦合同被认定无效，合同中约定的大部分违约条款也将失去约束力，合同订立之初平衡双方权利、义务的目的就不能实现。

（3）建设工程活动中哪些情形能够突破合同相对性原则？

相对性原则即只有合同一方当事人能够向合同另一方当事人基于合同提出请求或提起诉讼。但也存在例外情形，根据《最高人民法院关于审理建设工程施工合同纠纷案件适用法律问题的解释（一）》（法释〔2020〕25 号）第 7 条、第 15 条、第 43 条规定来看，可以突破合同相对性原则的情形主要有两类：一是实际施工人可基于发包人欠付承包人建设工程价款导致自身被拖欠建设工程款为由按照法律规定，突破合同相对性原则向发包人主张权利；二是发包人可基于工程质量不合格为由按照法律规定，突破合同相对性原则向实施施工人主张权利。

本案中徐某主张 H 公司对其履约保证金承担给付责任，法院认为履约保证金并非案涉工程款，不符合相关司法解释规定，不予支持。《招标投标法》《招标投标法实施条例》等规定，履约保证金以合同额为基数收取。履约保证金本质上属于担保性质，其作为对招标人的损失补偿，具有独立性，独立于工程造价，不是可以突破合同相对性原则的“建设工程价款”的组成部分。工程款是一个宽泛的概念，但不是与工程项目有关的所有支出都属于工程款，实践中要根据具体情况加以区分。

案例五 因发包人违约导致合同解除的，承包人能否请求未完工程利润？

【基本案情】

2011 年 11 月，A 公司（发包方）与 B 公司（承包方）签订“总承包合同书”，主要工程内容为汽拖工程设计、供货、施工总承包工程。合同约定 A 公司每月支付工程进度款。2013 年因资金问题，项目终止，B 公司诉至法院，请求解除合同，并要求 A 公司支付工程欠款、利息以及未完工程的可得利润。

该案历经一审、二审、再审。其中争议的焦点是：发包人违约导致合同解除的，承包人能否请求其承担未完工程利润？

【法院判决】

最高人民法院认为：如果有确实依据，则应支付未完工程利润。理由有三：一是违约方应赔偿可得利益损失，二是建设工程可得利益有很强的不确定性，三是可依据鉴定结论确定可得利益数额。判决支持解除合同，支持二审法院依据工程造价鉴定意见判令支付 B 公司的可得利益。

【案例解析及风险防范要点】

（1）可得利益补偿是守约方的权利。

发包人违约导致合同解除的情况常有发生，承包人往往只主张工程欠款、利息以及违约金，而遗漏了预期利润。《民法典》第 584 条规定：“当事人一方不履行合同义务或者履行合同义务不符合约定，造成对方损失的，损失赔偿额应当相当于因违约所造成的损失，包括合同履行后可以获得的利益；但是，不得超过违约一方订立合同时预见到或者应当预见到的因违约可能造成的损失。”

由此可知，索赔未完工程利润的前提是该部分利润应当是可预见的，同时该损失应按过错程度由双方分担，受减损规则约束。建设工程造价包括人工费、材料费、机械费、管理费、利润、规费、税金，利润为其当然组成部分，即利润为合同签订时明确的可预见部分。

（2）可得利益主张须有充分证据支持。

利润是否超过预见，须根据合同中约定的工程造价金额结合合同履行情况进行全面考虑。建设工程领域的预期利益，具有很强的不确定性，守约方主张可得利益损失时，在合同无明确约定且双方无法达成一致意见的情况下，采用鉴定方式按照双方均认可的计量计价依据确定造价进而确定利润损失，是相对公平的一种方法。

施工单位从事施工管理，应妥善保存验工计价过程中双方认可的各类规范、标准、双方协商一致确定的过程结算等基础资料，当外部条件发生变化，计量计价方式须调整或重新确定时，应及时履行完善手续，将相关计算依据有效固定下来，作为二次经营活动的有效支撑。

案例六　施工过程中发生质量问题，竣工验收后可否主张修复赔偿责任?

【基本案情】

2010年2月6日，Z公司项目部（甲方）与B公司（乙方）以总价承包的方式签订了“隧道专业分包合同”。合同约定：Z公司对施工进度、质量有管理职责，当B公司不能满足隧道业主提出的工期、质量安全、环保要求时，B公司应按照甲方Z公司的要求立即采取补救措施。在缺陷责任期内出现的质量问题，B公司无条件负责修复并承担维修费用。

2012年11月6日，B公司施工的隧道衬砌工程经业主委托的第三方机构检测出钢筋间距不合格，衬砌厚度不合格。2013年1月22日，Z公司与B公司签订《外协队工程决算协议》，B公司退场，Z公司接手剩余工程量。Z公司2013年针对部分二衬、仰拱进行了修复和整治，2013年11月修复验收合格。2014年6月11日，隧道工程通过验收。2016年6月27日，Z公司起诉B公司要求其承担因隧道工程质量不合格而产生的Z公司代为修复发生的修复费1.2亿元。

该案历经青海省高级人民法院一审、最高人民法院二审。其中争议的焦点是：本案是否超过诉讼时效？Z公司主张B公司支付修复费用是否成立？

【法院判决】

最高人民法院认为：2012年11月案涉二衬、仰拱存在质量问题已被检测发现，2013年11月3日修复完成，Z公司此时已经明知或者应知其权利受到侵害，其于2016年6月27日提起诉讼已超过法定诉讼时效期限（该案2017年9月28日判决，《民法通则》规定诉讼时效期间为2年），驳回其诉讼请求。Z公司认为本案的诉讼时效期间应从通过验收日2014年6月11日起算，缺乏事实依据及法律依据，不予采纳。

【案例解析及风险防范要点】

（1）工程质量不合格诉讼时效何时起算？

《民法典》第 188 条规定，诉讼时效期限自权利人知道或者应当知道权利受到损害以及义务人之日起计算。本案中，B 公司在施工过程中已发生质量不合格事件，Z 公司在业主方发布隧道检测存在问题报告后，就属于已经“明知”权利受到损害，并且能够认定该损害来自隧道专业分包方。Z 公司在未能获得分包方质量修复的情况下，因未能及时采取诉讼方式主张修复费用赔偿，超过诉讼时效起诉，丧失了法律上的胜诉权。

实践中，质量问题既可能发生在工程施工前期，也可能发生在竣工验收后的缺陷责任期、质量保修期内。无论发生在哪个施工节点，均应在第一时间向专业分包方发出修复通知，当可索赔事项持续影响并未消除时，应再次发出通知书予以延续期限，在对方不能及时修复或修复不能满足合同约定时，积极采取诉讼手段维护自身权益。《民法典》规定，民事权利的诉讼时效期间为三年。工程建设期限较长，工期五年及以上的大型基础设施建设项目十分普遍，实践中也存在各种原因造成的竣工验收难、无法办理竣工验收手续的实际情形。如果施工前期发生的质量问题未能有效处理，等到竣工验收后再主张权利，则容易导致权利失效而造成损失。

（2）建设工程缺陷责任期、质量保修期的相关规定。

缺陷责任期为约定期间，自建设工程竣工验收合格后起算，一般不超过 24 个月，由发、承包双方协商一致确定。缺陷责任期期限、范围、修复方式等均由双方议定。缺陷责任期与质量保修期存在一定程度上的竞合。在缺陷责任期内发生的质量问题，可主张缺陷修复，也可主张扣除质量保证金。

质量保修期为法定期间，自建设工程竣工验收合格后起算。《建设工程质量管理条例》规定，在正常使用条件下，建设工程的最低保修期限为：基础设施工程、房屋建筑的地基基础工程和主体结构工程，为设计文件规定的该工程的合理使用年限；屋面防水工程、有防水要求的卫生间、房间和外墙面的防渗漏，为 5 年；供热与供冷系统，为 2 个采暖期、供冷期；电气管线、给排水管道、设备安装和装修工程，为 2 年；其他保修期限由发包方与承包方约定。《铁路建设工程质量监督管理规定》明确，在正常使用条件下，铁路建设工程的最低保修期限应满足国家及行业标准和设计文件的要求，保修期自竣工验收合格之日起计算。

实践中，施工单位在竣工验收通过后，仍因缺陷整治发现问题修复而产生高额费用的情况比较普遍。建议各施工主体在签订专业分包合同时，全面考虑工程质量风险隐患，充分利用合同条款隔离风险。专业分包作业完成后应及时组织竣工验收，对专业分包工程质量作出全面、准确的评估。施工过程中，应及时对施工企业权利、义务清单进行梳理，必要时积极采用诉讼方式维护施工企业权益。

案例七 提供盖章或签字的空白合同有什么后果?

【基本案情】

2019年，C公司因其与S公司房屋买卖合同纠纷一案，不服甘肃省高级人民法院“(2019)甘民终373号”民事判决，向最高人民法院申请再审。C公司提出的事实和理由：原判决认定的基本事实错误。涉案合同中的“出卖人在本合同签订之日起30日内未到房产局备案，所有合同协议解除，退还全部房屋价款并承担利息年24%”系S公司取走合同样本后私自填写的。S公司伪造证据，对C公司没有法律约束力。此外，C公司还提出了原判决适用法律错误、原审违反法律规定剥夺C公司的辩论权利、原判决认定的违约金数额明显过高等问题。

【法院判决】

最高人民法院以“(2020)最高法民申206号”民事裁定驳回了C公司的再审申请。最高人民法院认为：涉案合同加盖了双方当事人印章和C公司法定代表人私章，形式要件完备。C公司主张涉案合同系样本，且S公司私自填写合同解除条件内容，对其不应有约束力。C公司在本案一审时认可涉案合同，二审时却提出了所谓合同样本及私自填写内容的问题，C公司作为从事房地产开发的商事主体，理应知晓提供加盖公司印章及法定代表人私章之空白合同所产生的法律后果，而所谓的合同样本主张亦不能从合同文本上得到印证。因此，原判决确认涉案合同的效力并无不当，C公司关于原判决认定基本事实不清的申请再审理由不成立。

【风险防范要点】

(1)要了解在空白合同上盖章的法律后果，严格各级各类公章管理，坚决避免公章被私用、盗用。

(2)严禁在各类空白纸张、空白内容的合同等内容不明确的纸张上盖章。

案例八　发包人是否可以突破合同相对性原则直接向实际施工人付款?

【基本案情】

发包人T公司将工程发包给P公司。但实际上整个施工是由R公司借用P公司的名义完成的。

施工过程中，发包人T公司将一部分工程款支付给P公司，一部分工程款直接支付给R公司。

工程竣工后，P公司将T公司诉至法院，其主要的诉求是：P公司是案涉工程承包人，发包人T公司无权将工程款直接支付给R公司，因此，该部分款项仍应由发包人T公司支付给P公司。

该案历经一审、二审，并由T公司向最高人民法院申请再审。其中争议焦点是：在挂靠施工的情况下发包人是否可以突破合同相对性原则直接向实际施工人付款?

【法院判决】

最高人民法院认为：有关“发包人只在欠付工程价款范围内对实际施工人承担责任”的规定，从文义解释来看，该条款直接适用于实际施工人以诉讼方式向发包人主张权利的情形。而对于实际施工人非以诉讼方式向发包人主张权利的情形，并不能直接适用。另外，在挂靠施工的情况下，承包人对建设施工合同的履行具有法律利益。如容许发包人随意突破合同相对性原则，直接向实际施工人付款，则可能会损害承包人的权益。故在缺乏正当理由的情况下，发包人不能未经承包人同意，违反合同约定直接向实际施工人支付工程款。因此，T公司未经P公司同意直接向R公司或其指定第三人的付款不属于对本案工程款的有效支付，其应当继续向P公司履行原支付给R公司部分工程款的履行义务。

【案例解析及风险防范要点】

（1）《最高人民法院关于审理建设工程施工合同纠纷案件适用法律问题的解释（一）》（法释〔2020〕25号）第43规定：“实际施工人以转包人、违法分包人为被告起诉的，人民法院应当依法受理。实际施工人以发包人为被告主张权利的，人民法院应当追加转包人或者违法分包人为本案第三人，在查明发包人欠付转包人或者违法分包人建设工程价款的数额后，判决发包人在欠付建设工程价款范围内对实际施工人承担责任。”从文义解释来看，该条款直接适用于实际施工人以诉讼方式向发包人主张权利的情形。而对于实际施工人非以诉讼方式向发包人主张权利的情形，并不能直接适用。

（2）在挂靠施工的情况下，虽然实际施工人直接组织施工，但对外仍然是以承包人的名义，承包人可能会因实际施工人的行为对外承担法律责任，即承包人对建设施工合同的履行具有法律利益。如容许发包人随意突破合同相对性原则，直接向实际施工人付款，则可能会损害承包人的权益。故在缺乏正当理由的情况下，发包人不能未经承包人同意，违反合同约定直接向实际施工人支付工程款。

（3）在施工企业作为发包人的情况下，应当对工程款的支付尤其重视，特别是在分包方有可能是被挂靠的情况下，要严格履行付款的核查义务，严禁将工程款支付给实际施工人。

案例九　合同可否约定“先开发票后付款”？

【基本案情】

T 公司与 Z 公司签订“购销合同”，约定 Z 公司向 T 公司购买焦炭，并约定了焦炭的交付时间和交付方式。出卖人 T 公司按照“购销合同”中的约定向买受人 Z 公司交付货物后，买受人并未按期付款。后因货款结算产生纠纷，T 公司将 Z 公司诉至法院。

审理中，Z 公司抗辩称，其未向 T 公司付款的原因是 T 公司没有向其开具增值税发票。在 T 公司开具增值税发票前，其不应当支付购货款。

法院另查明，双方未在“购销合同”约定出卖人应先开具增值税发票，买受人再支付购货款。

【法院判决】

该案先后经一审、二审，Z 公司均败诉。后 Z 公司向最高人民法院申请再审。最高人民法院认为，本案系买卖合同纠纷案件，作为出卖人的 T 公司的主要合同义务是交付货物，作为买受人的 Z 公司的主要合同义务是支付货款。在 T 公司已经向 Z 公司交付了货物的情况下，Z 公司理应按照合同约定支付货款。开具增值税发票并非出卖人 T 公司的主要合同义务，仅是附随义务，除非合同明确约定了先后履行顺序。据此，Z 公司主张付款条件未成就的理由不成立，驳回 Z 公司的再审申请。

【案例解析及风险防范要点】

（1）《发票管理办法》第 19 条规定：“销售商品、提供服务以及从事其他经营活动的单位和个人，对外发生经营业务收取款项，收款方应当向付款方开具发票；特殊情况下，由付款方向收款方开具发票。”《增值税暂行条例》第 21 条规定，纳税人发生应税销售行为，应当向索取增值税专用发票的购买方开具增值税专用发票，并在增值税专用发票上分别注明销售额和销项税额。由此可见，我国税收管理制度要求，进行经营活动应当开具发票毫无争议，不开发票违反法律规定。

（2）法律对于当事人之间付款和开票的先后顺序并无明确规定，实践中也对此存在不同理解，一些较为强势的买方，往往要求卖方先开具发票再进行付款，甚至以未开具发票为由拒绝付款。本判例对上述认识予以了纠正和明确：税务发票体现的是国家与纳税人的纳税关系，是一种行政管理行为而非原《合同法》规定的先履行抗辩事项。如果双方没有约定“先开票后付款”，则付款人不得以未开票为由对抗付款义务。

（3）项目部在从事施工管理签订各项合同的行为中，要将双方主要权利、义务在合同中明确约定；在买卖合同中，特别要将付款条件、付款期限、违约金计算方式等内容作详细约定。在施工企业作为买方的情况下，可以在合同中约定“先开票后付款”，以减轻付款压力，为资金周转赢得时间。

案例十　法人的分支机构未经法人授权加入债务的行为是否有效？

【基本案情】

A 分公司是 B 公司于 2013 年 6 月 7 日成立的，其负责人为苏某某。2012 年 1 月 5 日至 2013 年 8 月 5 日，杨某杰及其委托的付款人先后向杨某文银行账户及其担任法定代表人的 C 公司账户转款 7 408 万元。

2012 年 1 月 5 日至 2014 年 6 月 30 日，就杨某杰所转款项，杨某文作为借款人先后向杨某杰出具 5 张借条，载明借款金额及利息等内容。借条形成后，苏某某在其中 4 张借条的借款人签名处签名按手印。以上款项进入杨某文账户后，杨某文先后多次向苏某某银行账户转款 4 000 余万元。苏某某收到款项后，先后向 B 公司法定代表人杨某明银行账户转款 1 000 余万元。

2015 年 1 月 23 日、2015 年 12 月 31 日，苏某某以 A 分公司名义就杨某杰向杨某文出借的前述数项及累计利息出具 3 张借条，苏某某在借条上签名并加盖了 A 分公司印章。

2015 年 6 月 25 日，经工商变更登记，苏某某不再担任 A 分公司负责人。款项出借后，杨某文向杨某杰偿还 240 万元，苏某某向杨某杰偿还 1 455.2 万元。因借款未获清偿，杨某杰遂起诉要求 A 分公司与 B 公司归还借款本金及利息。

【法院判决】

本案的焦点问题是：如何认定法人分支机构未经法人授权加入债务的效力与责任？

最高人民法院认为，法人分支机构不具有独立的民事主体地位，虽然可以自己名义从事民事活动，但所实施的民事法律行为后果最终归属于法人。法人分支机构系法人基于特定经营目的而设立的，其可从事的民事活动范围源于法人概括授权。通常情况下，债务加入不属于法人分支机构的日常经营活动范围，法人分支机构实施此种行为会使法人陷于为他人债务承担责任的风险之中，可能损害法人利益。根据《最高人民法院关于适用〈担保法〉若干问题的解释》的规定，法人分支机构提供具有法定追偿权的保证尚需法人特别授权，举轻以明重，债务加入作为责任更重的债务承担行为，更要有法人授权。由于债务加入与连带责任保证在功能、责任性质上具有高度相似性，故在法律未作明确规定的情形下，对法人分支机构加入债务的效力、责任承担等问题，可类推适用担保法及其司法解释关于连带责任保证的相关规定处理。参照《最高人民法院关于适用〈中华人民共和国担保法〉若干问题的解释》第 17 条的规定，企业法人分支机构未经法人授权加入债务的行为无效，因此给债权人造成损失的，法人分支机构根据其过错承担相应的民事责任。

【风险防范要点】

对施工企业集团公司而言，施工项目部是不具备法人资格的分支机构。在项目数量逐渐增多的情况下，应对施工项目进行有效管理，防止项目部未经授权对外开展活动从而导致施工企业集团公司风险扩大的情况。为此，可在成立分公司、设立项目部等环节，明确分支机构的日常经营范围、权责范围等内容，防止分支机构对外提供担保、债务加入等高风险行为的发生。

案例十一　合同中约定的建设工程人工费低于工程所在地最低工资标准，是否导致约定无效？

【基本案情】

R 公司承包 W 公司商业街建设工程，后将部分水电安装工程交由吴某施工。R 公司 2015 年 3 月 14 日与吴某签订"班组集体劳务承包协议"，约定合同价款以当年实际完成工程量为依据套用江苏省 2004 年安装工程预算定额，以定额总工日乘以综合单价 60 元/工日为结算总价。一审、二审过程中，吴某均以"综合单价 60 元/工日"不是双方真实意思表示、显失公平为由，主张按照工程所在地广东省定额 130 元/工日为结算单价。检察院抗诉认为，劳动者工资结算标准不得低于当地最低工资标准，按照综合单价 60 元/工日结算，低于广州 2015 年 1 895 元/月的最低工资标准，该约定违反劳动法规定应属无效；"班组集体劳务承包协议"是 R 公司提供的格式合同，其中关于工人日工资与月工资结算标准，远低于法定标准，且并未以足以引起对方注意的文字、符号、字体等特别标识，该条款应属无效。

【法院判决】

该案争议的焦点是：工程价款是否应该按照“班组集体劳务承包协议”约定的 60 元/工日标准结算？

广东省高级人民法院认为：R 公司与吴某签订的“班组集体劳务承包协议”约定套用 2004 年安装工程预算定额，以定额总工日乘以综合单价 60 元/工日作为结算总价，属于当事人自愿将含有结算标准和依据的地方性政府文件内容转化为合同内容的情形，该约定不违反法律、行政法规的禁止性规定。该案系建设工程合同纠纷，与劳动合同分属不同法律关系，否定“班组集体劳务承包协议”结算方式为格式条款，驳回吴某诉讼请求的判决。

【案例解析及风险防范要点】

（1）在建设工程活动中是否必须以工程所在地定额标准为计价依据？

《建设工程工程量清单计价规范》规定，在招标过程中，编制招标控制价一般需要以国家、行业或省级建设主管部门发布的定额为准。投标过程中，投标人有较大的自主选择权，可以采用行业或省级建设主管部门发布的定额，也可以采用企业定额，对此无特别限制。实践中，投标定额多采用工程所在地定额，目的是最大限度符合工程所在地市场行情，合理报价。在竣工结算中，采用何种方式计价计量，法律、行政法规、规范性文件对此均无特殊规定，应以双方当事人协商一致为前提。

本案中，吴某与 R 公司产生纠纷是在工程结算阶段，且产生争议的部分并非因设计变更导致工程量或质量标准发生变化，不适用《最高人民法院关于审理建设工程施工合同纠纷案件适用法律问题的解释》（法释〔2004〕14 号）第 19 条的规定，在当事人对变更部分价款不能协商一致的，可以参照签订合同时当地建设行政主管部门计价方法或计价标准结算工程款，即不能采用广东省定额站发布的计价标准结算。吴某与 R 公司签订《班组集体劳务承包协议》因吴某欠缺资质而无效，应根据《最高人民法院关于审理建设工程施工合同纠纷案件适用法律问题的解释》（法释〔2004〕14 号）第 24 条合同无效参照合同中关于价款的约定折价补偿的规定，按照综合单价 60 元/工日进行结算。

（2）综合工日结算价款低于当地最低工资标准怎么办？

综合工日是定额计价中的一个专有概念，包括基本用工、辅助用工、人工幅度差等内容，包括完成该项工作的所有用工，是完成定额规定的施工内容的数量所需要的工日数，一个自然日完成的工程量通常会超出定额工日工程量。自然日的工资，即通常理解的日工资。本案中检察院以综合单价 60 元/工日为由抗诉该约定低于最低工资标准而无效。定额单价是对工程造价结算标准的约定，其用途是计算工程价款，而不是对工人工资的约定。R公司与吴某之间是建设工程合同纠纷，吴某与班组工人之间是雇佣关系，吴某与班组工人之间的关于工人工资的约定，并不能约束R公司与吴某之间的工程款结算约定。R公司与吴某之间的关系不涉及《劳动法》，也不涉及最低工资标准，不能以《劳动法》的相关规定主张“班组集体劳务承包协议”条款无效。

实践中，在与分包人签订分包合同约定价款结算方式时应注意对人工费部分的表述方式，严格区分工程款结算依据与工人工资支付方式，避免在合同语言表述中将建设工程人工费等同或者混淆于工人工资，同时要求分包人严格履行分包职责，在遵守《劳动合同法》《保障农民工工资支付条例》等法律法规的前提下与工人签订用工合同并及时足额支付工人工资。

（3）在普遍使用合同范本签订合同的前提下如何避免“格式条款”之争？

《民法典》第496条的规定，格式条款是当事人为了重复使用而预先拟定，并在订立合同时未与对方协商的条款。提供格式条款的一方未履行提示或者说明义务，致使对方没有注意或者理解与其有重大利害关系的条款的，对方可以主张该条款不成为合同的内容。本案中检察院抗诉的第二个理由为“班组集体劳务承包协议”中涉及格式条款。

各施工主体在签订合同过程中应注意以下事项：首先，对合同重要条款应进行字体加粗、增加下划线、增加特殊提示字符等，以起到充分的提示作用；其次，可在合同中增加一条由合同相对方手写签署的承诺，在签署合同时应承诺其已完全理解合同中的全部内容，已清楚合同主要权利、义务，对全部合同条款无异议等，充分履行施工企业提示、说明的义务。

案例十二　建设工程发、承包活动中双方约定的“背靠背”付款条款是否有效？

【基本案情】

2008年11月，P区基建办将莲花大道工程通过招投标程序发包给J公司。2009年5月，P区基建办与J公司签订“工程施工合同”，约定竣工结算款经P区财政局基建评审机构审定后付至95%。2009年7月，J公司与简某签订“工程承包协议”，约定简某按照工程结算价的2%向J公司缴纳承包费，付款方式为甲方收到业主工程款后，扣除相应承包费及税费后按实际进度支付给简某。2011年11月，莲花大道工程建设完成并取得市政基础工程竣工验收备案表。2014年11月，P区财政局评审确定工程造价为3 342万元。2014年12月，简某向P区法院起诉，要求J公司支付、截留工程款及利息1 300余万元。

J公司认为付款条件未达到而拒绝付款。

该案历经一审、二审、再审。其中争议的焦点是："工程承包协议"约定J公司根据总合同收到业主工程款后，扣除相应承包费及税费后按实际进度支付工程款给简某是否属于约定不明？

【法院判决】

该案一审法院认为"工程承包协议"中对工程款付款时间约定不明，应按竣工验收时间2011年11月为欠付工程价款利息起算时间；二审法院认为"工程承包协议"无效，对双方当事人无约束力，简某请求支付工程款是基于无效合同的折价补偿，J公司以协议约定的付款条件未成就拒绝付款依据不足，不予采纳；再审法院认为"工程承包协议"无效，但简某对J公司根据总合同约定收到款项再付款的方式是认可的，应认为双方已明确付款时间，涉案工程款应按2014年11月28日P区财政局评审出具造价结果后起算欠付款利息。

【案例解析及风险防范要点】

（1）工程价款应何时支付？

工程价款支付比例在《建设工程价款结算暂行办法》中有具体要求，工程预付款的支付比例一般为10%~30%，进度款的支付比例一般为60%~90%。对于工程价款应当在什么时间点支付，法律无强制性规定，通常按照当事人在合同中约定的支付时间点支付。如果合同没有约定，或者约定不明，应参照《最高人民法院关于审理建设工程施工合同纠纷案件适用法律问题的解释（一）》（法释〔2020〕25号）第27条的规定，即当事人对付款时间没有约定或者约定不明的，下列时间视为应付款时间：①建设工程已实际交付的，为交付之日；②建设工程没有交付的，为提交竣工结算文件之日；③建设工程未交付，工程价款也未结算的，为当事人起诉之日。

当出现合同约定不明而须适用法律强制性规定时，协议双方签订合同时对价款支付的可期待利益就会受到不同程度的影响。本案中一审、二审法院在将"收到业主款项后按实际进度支付"的付款方式判定为约定不明后，判决按竣工验收时间为支付工程款及利息的起算时间。虽然再审法院认为合同无效但双方已通过实际行动对收到业主款项后支付分包费的付款条件予以认可而改判一、二审判决，但并不能认为该约定在其他案例中也会得到支持。付款方式是否属于约定不明，须要结合具体案件的具体情况综合考虑。各施工主体在合同签订过程中在合同语言的选择上，应仔细斟酌，在切实维护各方利益的前提下尽量避免语言含义模糊、存在歧义等有可能影响条款效力的情形。

（2）施工合同无效参照合同约定支付价款的范围包括哪些？

本案中简某与J公司所签合同因简某缺乏资质而无效。在合同无效的前提下，相关司法解释规定，当事人就同一建设工程订立的数份建设工程施工合同均无效，但建设工程质量合格，一方当事人请求参照实际履行的合同关于工程价款的约定折价补偿承包人的，人民法院应予支持。实际履行的合同难以确定，当事人请求参照最后签订的合同关于工程价款的约定折价补偿承包人的，人民法院应予支持。“工程价款的约定”，通常理解为包括工程量计算方法、工程计价依据和工程款支付方式。

实际判例中，无效合同约定的计量方法、计价依据经常会被法院支持，因一旦否定了合同约定的工程价款计算方式，就意味着须要采用工程造价鉴定的方式计算工程价款。工程造价鉴定所依据的计价依据在双方无法达成一致的情况下，通常采用省级造价主管部门发布的计价标准。该标准计算出来的价款通常会高于中标合同价，这就意味着违约者会从违约行为中获得利益，这是法律所不允许的。所以无效合同的计量方法、计价依据多数情况下会被支持，但付款时间是否会被支持，不能一概而论，法院一般会根据无效合同双方的过错程度确定付款时间。

（3）“背靠背”条款能否起到拒付款的有效抗辩作用?

本案中约定收到业主付款后支付工程款的付款方式，通常称之为“背靠背”条款。究其本质，“背靠背”条款可认为是附条件的合同条款。附条件是指当事人出于对未来发生情况的不确定性，在订立合同时将某一事实的发生作为合同生效或者解除的条件。从本案判决观点来看，法院对“背靠背”条款效力持认可态度。但“背靠背”条款也存在以下几个风险：一是“背靠背”条款过于笼统模糊，当被认定为约定不明时，债权人可随时要求债务人履行债务；二是“背靠背”条款与其他条款存在矛盾，一般按照特别条款优于普通条款的规定适用；三是在“背靠背”条款下承包人是否怠于履行到期债权，承包人的举证责任较大，在不能达到证明目的的前提下，仍可能要求分包人承担违约责任。

签订“背靠背”条款并不能完全起到防火墙作用。实践中在与分包人签订协议时，要注意以下几点：一是如果该分包方为业主指定分包方，则尽量以三方协议的方式签订分包合同，此时因业主为合同相对方之一，分包人未收到款项时可直接向业主主张付款；二是如果业主不同意签署三方协议，则承包人可向分包人及时披露业主的付款能力和付款情况，使分包人在签订合同之初就对付款风险有一定的认识，并承担一部分风险，同时在合同文本中对该类分包人须注意的风险条款作出特殊标识；三是在合同中明确约定非因承包人原因造成的付款延期或者未支付，承包人不承担任何责任，包括但不限于应付垫付资金利息及与此相关的其他任何损失，同时在合同中约定承包人向发包人催款的方式。

案例十三 承包人与“包工头”，谁是“实际施工人”？

【基本案情】

2013年，S公司与N公司签订“建设工程施工合同”，由N公司负责S公司开发的城中村改造项目。N公司与黄某签订“内部经济责任承包协议”，要求黄某充分了解N公司与业主方S公司签订的“建设工程施工合同”全部条款，包括严格按照该合同施工、上交的净利润为工程总造价的1.5%、承担工程总造价0.5%的统筹金等。2017年，三方因严重分歧诉诸法院，N公司主张与黄某之间是内部承包关系，黄某系N公司职工，非该工程实际施工主体，无权直接与S公司结算并取得工程款；S公司主张N公司对该工程无人、材、物的投入，案涉项目的项目经理、管理人员均由黄某聘任，S与黄某系挂靠关系；黄某主张其在招投标之前就已进场施工，并实际投资了该项目，S公司未参与招投标，仅派员加盖印章，且投标书上载明的项目经理及其他管理人员从未参与现场管理。三方就谁是案涉项目实际施工人，有权与S公司结算获得案涉项目工程款发生纠纷。

【法院裁判观点】

本案争议焦点主要集中在以下两方面：（1）N公司、黄某、S公司之间的法律关系如何认定？（2）S公司支付工程款的对象是谁？

最高人民法院经审理认为：N公司出具授权委托书，授权黄某对项目实行管理，将银行账户供黄某使用，为黄某履行其与S公司之间合同权利、义务提供条件，未能提供与黄某之间的劳动合同及社会保险证明，且项目历次会议纪要均显示黄某及其聘用的管理人员参与项目施工，黄某为借用N公司资质的案涉工程实际施工人。

【案件解读及风险防范要点】

（1）实际施工人应具备什么特征？

关于实际施工人的概念，现行法律法规尚无明确的规定。根据《最高人民法院关于审理建设工程施工合同纠纷案件适用法律问题的解释（一）》（法释〔2020〕25号）对实际施工人权利的描述可间接推知，实际施工人主要发生在转包、违法分包、借用资质等前提下。根据《最高人民法院关于审理建设工程施工合同纠纷案件适用法律问题的解释（一）》（法释〔2020〕25号）及相关判例，实际施工人至少须具备以下几个特点：一是合同无效，包括转包、违法分包、挂靠等情形，在建设工程施工合同、分包合同均有效的情形下，不存在实际施工人；二是实际施工人同与其签订转包合同、违法分包合同的承包人或者出借资质的建筑施工企业之间不存在劳动人事关系或劳务关系；三是实际施工人是实际履行承包义务的人，对承包工程投入了资金、人力、物力。除此之外，项目上的施工班组、农民工等均不属于实际施工人。

（2）发包人对实际施工人承担责任的范围。

实际施工人与发包人在一般情形下并无直接的合同关系，但其实际投入的人工、材料、机械等已经物化为建设工程的一部分，实际施工人与发包人之间已经形成了事实上的权利、义务关系。《最高人民法院关于审理建设工程施工合同纠纷案件适用法律问题的解释（一）》（法释〔2020〕25号）第43条和第44条分别赋予实际施工人突破合同相对性原则直接起诉发包人主张工程款的权利及转包人、违法分包人怠于主张债权时对发包人的债权代位权。

虽然实际施工人可以突破合同相对性原则起诉发包人，但发包人并非对实际施工人的全部未付工程款承担责任，实际施工人向发包人主张债权须具备三个条件：一是实际施工人对转包人或者违法分包人享有债权；二是发包人欠付转包人或者违法分包人建设工程价款；三是实际施工人只能在发包人欠付转包人或者违法分包人建设工程价款的范围内主张权利。同时，因实际施工人替代名义承包人实际承包了工程，实际施工人也享受《最高人民法院关于审理建设工程施工合同纠纷案件适用法律问题的解释（一）》（法释〔2020〕25号）第35条赋予承包人的优先受偿权。在司法实践中承包人将对发包人的建设工程优先受偿权转移至实际承包工程的实际施工人。

（3）承包人对实际施工人承担责任的范围。

承包人对实际施工人承担责任的范围根据不同的前提条件而有所不同。一般而言，存在承包人以外的其他实际施工人的情形分为以下两种。一是因工程项目转包、违法分包、借用资质等，此种情况下，发、承包双方是违法行为链条中的关键环节，双方主动追求违法行为事实，发包人与承包人签订的“建设工程施工合同”因意思表示不真实而无效，承包人与分包人签订的“分包合同”因分包人不具备资质而无效，最后一手承担施工任务的承包人为实际施工人。二是发、承包双方签订的“建设工程施工合同”有效，承包人与分包人签订的“分包合同”有效，但分包人将工程再次转包或违法分包后产生的实际施工人。

在第一种情形下，承包人对转包、违法分包、借用资质等的违法行为负有过错责任的，应对实际施工人主张的欠付工程款与发包人承担连带责任。《最高人民法院关于审理建设工程施工合同纠纷案件适用法律问题的解释（一）》（法释〔2020〕25号）仅列明实际施工人以发包人为被告主张权利的，人民法院应当追加转包人或者违法分包人为本案第三人，在查明发包人欠付转包人或者违法分包人建设工程价款的数额后，判决发包人在欠付建设工程价款范围内对实际施工人承担责任。未明确承包人应承担的责任，但违法行为中承包人与实际施工人之间具有事实上的合同关系，承包人支付工程款的义务并不因实际施工人向发包人主张权利而消失，在司法实践中对于承包人有过错的情形，按照与发包人承担连带责任的法律关系处理。

在第二种情形下，合法承包人与第一手合法分包人签订的“分包合同”有效，第一手的分包人未实际实施工程建设，又将工程分包的，最后一手“实际施工人”主张建设工程承包人承担付款责任的，法院不予支持。此时承包人对实际承揽工程的最后一手承包人不具有合同上的支付义务，也不存在突破合同相对性的强制性规定，承包人无须对实际施工人承担工程款支付责任。在实践中，各施工主体要严格管理分包队伍，杜绝分包方继续分包，避免出现多个实际施工队伍向施工企业提起诉讼和扰乱项目正常管理秩序的现象，严控项目法律风险。

案例十四　承包人与分包人如何共同承担财审核减风险？

【基本案情】

2005年，S公司中标某沉管隧道项目，并与发包方签订“总包合同”。“总包合同”约定基槽开挖分项（不区分土石方）开挖量17.4万立方米，每立方米基槽开挖综合单价为35.31元，承包价为614.5万元，最终结算工程量以财政评审报告为准。2006年，S公司作为总包方与分包方签订“分包合同”，约定基槽土方开挖14.8万立方米，单价为19元，石方开挖2.6万立方米，综合单价为143元，水下爆破705立方米，综合单价为160元，分包总价为704.3万元。该工程2009年竣工验收，施工过程中S公司共向分包人签署8期验工计价，累积签认基槽土方开挖量7.8万立方米，石方量12.2万立方米。

2012年，S公司与分包人签订“预决算说明”，暂定基槽开挖7.8万立方米，石方爆破12.25万立方米，土方、石方工程量以业主最终确定量为准。

2020年4月，本工程财政评审报告出具，报告中确认基槽开挖项审核量为6.3万立方米，石方爆破量为9.8万立方米。

2021年4月，分包人向法院提起诉讼，要求与S公司按照2012年签订的“预决算说明”暂定量基槽开挖7.8万立方米、石方爆破12.25万立方米结算，并按“预决算说明”中的暂定金额支付工程款及其他措施费、回淤费等。

【法院判决】

本案的焦点问题是：分包方施工的土方量和石方量应该依据什么来认定？

法院审理后认为：财政评审报告中基槽开挖6.3万立方米，其备注栏注明“基槽整平，综合各类土质（包括土石方及水下爆破）”，基槽浚挖炸礁工程量9.8万立方米，合计

16.2 万立方米。财政评审报告中基槽开挖的备注栏与分包合同中石方的备注栏相同，应认定财政评审报告中的基槽开挖 6.3 万立方米中含部分石方爆破，石方开挖总量结合 8 期验工计价及预结算中的暂定量以 12.2 万立方米为宜，土方以 3.9 万立方米计量。

【案例分析及风险防范要点】

（1）财审项目要在“总包合同”中约定具体的财审依据。

实践中，多数政府投资项目都会约定以财审结论作为结算依据。财审并不以公平为前提，当财审风险不可避免时，要将财审审核标准和依据作为总包合同内容的重要部分予以明确。例如在财审过程中，工程量主要依据什么计算，计价文件执行什么标准、套用哪一版定额，合同外变更是否计入审核，地方政府发布的规范性文件是否纳入结算依据等。本案的财审机构在审核过程中仅将竣工图纸及总包合同作为计量的唯一依据，业主及监理在施工过程中签署的签证单及验工计价只作为可用可不用的参考，合同外变更及一些仅在施工过程签证单中显示而竣工图中并不显示的工程量未被计入财审计量范围，这样财审结果与实际工程量就会产生较大差异。财审的计量计价依据与业主和承包人之间的计量计价依据之间不能画等号，如果仅在总包合同中约定“本合同项目的结算造价以财政局审核后的工程结算价作为本合同的最终结算造价”，而对财审依据一无所知，就会给后续工作埋下较大隐患，出现财审核减工程款超出预期的结果。各施工主体在签订“总包合同”之初，除了要重视与业主之间的计量计价依据，还要明确知悉财审计量计价依据，尽可能完善财审条款，将财审依据与业主结算依据统筹考虑，完善财审审价条款，控制核减风险。

（2）分包人要与总包人共同承担财审核减风险。

如果“总包合同”中约定了财审核减风险，则分包合同条款须谨慎对待，否则无法达到共担风险的目的。一是要在“分包合同”中明确约定本工程最终结算工程量不得突破财审核定工程量，分包人已全面知悉本工程可能面临的财审核减风险。二是特别关注分包合同工程量清单中计价项目列项、工作内容、项目特征描述与总包合同中的对应清单列项中的具体内容是否一致。在实践中，存在总包合同清单项为一个综合项，分包合同中清单项与该综合项存在差异，财审报告中的列项以总包合同清单列项为准，此时就出现了财审报告列项与分包合同列项不一致无法适用财审工程量的情形。三是在每次验工计价表中均须列明，过程计量仅作为工程进度款支付依据之一，不作为竣工结算依据，避免当过程计量与最终结算计量出现差异而分包合同条款又存在缺陷的情形下，过程计量成为最终结算依据。四是部分项目虽然在分包合同中约定了财审，但与分包人的最终结算时点设置并未考虑财审核减，将分包竣工结算约定在工程竣工验收后 28 天内，此时财审工作尚未开始，财审结果出具前分包工程款已支付完毕，如果财审核减了工程量，分包人已取得全部工程款，与分包人共担风险的合同目的就无法实现。建议将与分包人的最终结算时点推迟至财审结束后。五是在分包合同中明确附上竣工结算所需提供资料清单，多数分包合同会约定分包人竣工结算文件提交后一定期限内总包方完成结算，但未附具体清单，附清单的作用在于进一步核定分包工程造价，将总价控制权掌握在总包方手中。六是要在分包合同中固定分包人取得工程款的依据，除分包合同列明的清单项目及竣工结算中明确的增加项以外，分包人不得以任何理由提出分包合同约定之外的支付请求。七是将可能存在的缺陷责任整治作为分包合同内容之一。缺陷责任整治仍属质量责任的一部分，隧道工程项目后期缺陷责任整治问题十分突出，整治范围大、费用高，属于原施工风险的质量责任仍应由分包人与承包人共担。

（3）要在合同履约的各个关键节点防范化解财审核减风险。

要从合同签订、履行、封账等各个环节控制风险。一是合同签订之初，须以财审为结算依据的项目必须签订“背靠背”分包合同，“背靠背”合同本身并不违法，但能否起到共担风险的作用，要从内容及形式两个方面考虑：内容方面要做到不违反法律、法规强制性规定，同时要尽量避免约定不明的情形；形式方面要结合总包合同对分包工程的要求，对须履行报批手续和备案手续的分包合同，及时向业主履行相关手续，如果发生了分包合同主体变更，也要向业主重新履行报批或备案手续，保证分包合同不因违法、违规或者违反总包合同约定而出现合同无效情形。二是合同履行过程中要重视授权管理，对项目部及分包方有权签认工程量的现场管理人员的授权范围和授权期限进行动态监控，避免出现无权签认人签认工程量的情形；要重视签证单据规范管理，以项目为单位统一制定计量计价表单格式，所有与计量计价有关的内容均采用固定格式，避免出现计量计价单格式、内容不统一，签证单真伪难辨的情形；要重视会议纪要签发内容，如果业主签发的会议纪要与事实不符，要及时复函提出异议，否则有承包人签到但并未及时提出异议的会议纪要内容将成为对承包人不利的证据，同时尽量避免在会议纪要上向分包人直接确认工程量，所有验工计价均须通过验工计价手续办理。三是合同履行完毕要及时封账固定债权债务；财审项目结算周期普遍较长，从分包工程竣工验收合格到财审结算完毕、业主最后付款之间的时间间隔承包人难以有效掌控，除将分包合同末次结算时点推迟至财审工作完成后之外，还应在分包工程竣工验收通过后及时签订补充协议，对财审期间的延迟付款利息问题进行约定。财审过程中如发生核减事项，要及时发文通知分包人，财审结束后及时通知分包人提交最终结算资料，做到从合同签订到竣工结算各个关键节点严控分包风险。

案例十五　法定代表人签名并加盖公司公章的担保合同是否必然有效?

【基本案情】

2011 年至 2015 年，X 公司与 R 公司逐年签订“厦工道路机械产品经销协议”，该协议约定 X 公司授权 R 公司当年度在规定的区域经销 X 公司道路机械产品，并针对资金占用费进行了约定：R 公司逾期付款的，从逾期之日起以每日万分之四向 X 公司支付资金占用费。该协议同时约定，协议期满后，若双方未签订新的协议且本协议所述的相关业务尚在继续，则视为双方同意延长该协议有效期并按该协议的条款继续履行；同时不影响 X 公司对 R 公司及相关担保人的债权追索权。

在“厦工道路机械产品经销协议”履行过程中，X 公司每年都向 R 公司发出厦工应收账款确认函，载明截至当年 12 月 31 日，R 公司（含 R 公司承诺承担连带还款责任的下属分公司、子公司、直销客户等与 X 公司的往来业务）应付 X 公司货款，R 公司在“数据证明无误签章”处盖章确认。

2011 年，Z 公司向 X 公司出具第三方单位担保书，承诺为 R 公司在与 X 公司业务往来中对 X 公司所承担的一切责任与义务承担连带责任保证担保。保证范围包含但不限于：出具本担保书之前 R 公司所欠 X 公司的货款；出具本担保书之后 R 公司在经销 X 公司的铲运机械、挖掘机、道路机械、工业车辆、配件等产品业务中所欠 X 公司的货款。保证责任期间为自 R 公司对 X 公司所负债务的履行期限届满之日起三年。

X 公司分别于 2013 年 11 月 28 日、2015 年 10 月 19 日通过 EMS 向 Z 公司法定代表人沈某霞寄送律师函，要求 Z 公司按照第三方单位担保书的约定，对 X 公司承担保证责任。

2016 年，因 R 公司欠付 X 公司货款，X 公司将 R 公司诉至法院，要求其支付货款 14 592 万元及相应的资金占用费，并要求 Z 公司承担连带保证责任。

【法院判决】

本案的其中一个争议焦点是：Z 公司 2011 年出具的第三方单位担保书有沈某霞在法定代表人处签名，并盖有 Z 公司的公章，该担保书是否有效？Z 公司是否应承担担保责任？

最高人民法院审理后认为：Z 公司 2011 年出具的第三方单位担保书虽然有沈某霞在法定代表人处签名，并盖有 Z 公司的公章，但是《公司法》第 16 条规定：“公司向其他企业投资或者为他人提供担保，依照公司章程的规定，由董事会或者股东会、股东大会决议；公司章程对投资或者担保的总额及单项投资或者担保的数额有限额规定的，不得超过规定的限额。”根据该条规定，担保行为不是法定代表人所能单独决定的事项，而必须以公司股东（大）会、董事会等公司机关的决议作为授权的基础和来源。法定代表人未经授权擅自为他人提供担保的，构成越权代表，现X公司并未提供证据证明以Z公司名义为本案提供的担保经过了Z公司董事会或者股东（大）会的同意，故该担保属于法定代表人未经授权擅自为他人提供担保。因此，第三方单位担保书应当认定无效。

《最高人民法院关于适用〈中华人民共和国担保法〉若干问题的解释》第7条规定："主合同有效而担保合同无效，债权人无过错的，担保人与债务人对主合同债权人的经济损失，承担连带赔偿责任；债权人、担保人有过错的，担保人承担民事责任的部分，不应超过债务人不能清偿部分的二分之一。”本案中，X公司未审查Z公司的董事会或者股东（大）会决议，对案涉第三方单位担保书无效负有过错。同时，Z公司法定代表人未经董事会决议或股东（大）会决议擅自以公司名义出具案涉第三方单位担保书且加盖公司公章，存在内部管理不规范等问题，对于案涉第三方单位担保书无效亦存在过错。第三方单位担保书出具之后，X公司及时主张了担保权利，并未超出Z公司的保证期间及诉讼时效，现因第三方单位担保书无效，Z公司应赔偿相应损失。故Z公司对X公司的货款损失，应承担债务人R公司不能清偿部分二分之一的赔偿责任。

【案例解析及风险防范要点】

《公司法》第16条规定："公司向其他企业投资或者为他人提供担保，依照公司章程的规定，由董事会或者股东会、股东大会决议；公司章程对投资或者担保的总额及单项投资或者担保的数额有限额规定的，不得超过规定的限额。”在以往最高人民法院的裁判规则中，该条规定被视为管理性规范，而非强制性规范。公司对外担保只要加盖公司公章，原则上均认为有效。例如，在招商银行股份有限公司大连东港支行与大连振邦氟涂料股份有限公司、大连振邦集团有限公司借款合同纠纷案中最高人民法院就认为，上述《公司法》的规定已然明确了其立法本意在于限制公司主体行为，防止公司的实际控制人或者高级管理人员损害公司、小股东或其他债权人的利益，故其实质是内部控制程序，不能以此约束交易相对人。故此上述规定宜理解为管理性强制性规范。对违反该规范的，原则上不宜认定合同无效。

但是，2019年《全国法院民商事审判工作会议纪要》实施后，最高人民法院对于公司对外担保的裁判规则发生重大变化。例如，本案中最高人民法院就认为，担保行为不是法定代表人所能单独决定的事项，而必须以公司股东（大）会、董事会等公司机关的决议作为授权的基础和来源，法定代表人未经授权擅自为他人提供担保的，构成越权代表，担保合同应当认定无效。这就把《公司法》第 16 条的管理性规范变成了强制性规范。

因此，施工企业各单位、各项目在日常管理中，凡是涉及第三方公司提供担保的，在提供担保的同时，必须要求其同时提供在市场监督管理部门备案的公司章程，并根据公司章程的规定进一步让担保方提供股东决议或董事会决议，以防范担保无效的法律风险。

案例十六　“签字盖章后生效”应当怎么理解？

【基本案情】

2016 年 5 月 30 日，黄某以 B 公司海南分公司名义与明光旅游公司和明光酒店公司签订“停工前工程款结算协议”，确认停工前工程款为 1 846.07 万元。“停工前工程款结算协议”第 5 条约定：“本协议自三方签字盖章之日起生效”，但 B 公司海南分公司并未在该协议上签章，只有黄某在协议上以 B 公司海南分公司授权代表名义签字。

后因工程款未能按时支付，黄某将有关各方诉至法院，要求支付工程欠款。

【法院判决】

本案的争议焦点是“停工前工程款结算协议”是否已生效。

庭审中，被告 B 公司及其海南分公司辩称：《合同法》第 45 条第一款规定，当事人对合同的效力可以约定附条件。附生效条件的合同，自条件成就时生效。“停工前工程款结算协议”第 5 条明确约定协议自三方签字盖章之日起生效。协议书中“签字盖章”之间没有标点符号，可以认定所述“签字”和“盖章”是并列关系，签字并盖章为协议生效的必备条件。从黄某提供的其他证据看，签字并盖章也是交易习惯。“停工前工程款结算协议”约定的生效日期是三方签章之日，但该协议只有黄某签名而 B 公司海南分公司并未签章，故“停工前工程款结算协议”生效条件未成就，停工前工程欠款数额未定。

最高人民法院认为，“停工前工程款结算协议”第 5 条约定的“本协议自三方签字盖章之日起生效”一般可以理解为签字或盖章后协议即属生效，而非必须同时具备签字与盖章两个条件后协议方能生效。因此，原审判决基于黄某当时的身份及其签字行为认定“停工前工程款结算协议”已经生效，并无不当。B 公司仅从前述协议条款表述的词语文字组合关系，即分析主张协议必须签字并加盖公章后方能生效，并由此主张“停工前工程款结算协议”尚未生效，协议确认的工程欠款数额故而不足采信，理据不足。在缺乏充分证据证明前述协议确认的工程欠款数额存有错误的情况下，原审判决据以认定停工前工程欠款数额，符合法律规定。

【案例解析及风险防范要点】

通过此案例可以看出，“签字盖章后生效”应当理解为签字或盖章后协议即属生效，而非必须同时具备签字与盖章两个条件后协议才发生效力。

合同是否生效、何时生效问题至关重要，甚至对债权有决定性影响。因此，各单位在签订合同时，应当注意到因签字、盖章可能给合同带来的生效风险，对于需要同时签字、盖章的合同，应当在合同中明文约定“本合同自各方签字且盖章后生效”。

还应当注意的是，在对外签订合同时，不要想当然地认为只签字没有盖章合同就不生效。如果合同约定了类似此案的“签字盖章后生效”，那么即使具有签订合同的权限人员只在合同上签字，合同也已经发生法律效力。

案例十七　合同解除是否通知对方即生效?

【基本案情】

2013 年 10 月 8 日，H 公司与 J 公司就合作开发“J 新能源创新园”项目签订“合作开发合同”。该合同中约定的违约责任条款包括以下两个方面。（1）本合同履行过程中，如 J 公司违约及单方要求解除本合同，除承担支付 H 公司已投入部分及相关赔偿费用外，还需按合作项目销售总金额（暂定 5 亿元人民币）的 20%向 H 公司承担支付违约金。（2）本合同履行过程中，如 H 公司未按约定期限和数额支付合作费用超过 20 天的，J 公司有权解除本合同，并要求 H 公司按合作项目销售总金额（暂定 5 亿元人民币）的 20%承担违约金。

2017 年 9 月 22 日，因合同履行中发生纠纷，J 公司向 H 公司送达了解除合同通知书，主要内容为：“双方于 2013 年 10 月 8 日签订的合作开发合同及后续签订的补充协议，约定合作开发‘J 新能源创新园’项目……针对 H 公司怠于履行合同义务的行为，J 公司于 4 月 15 日致函、8 月下旬多次与 H 公司商谈妥善解决的途径和方案，均未果。H 公司的行为严重违反了双方签订的合作开发合同的约定，根据本合同第 7 条第 2 款‘如 H 公司未按约定期限和数额支付合作费用超过 20 天的，J 公司有权解除本合同，并要求 H 公司按合作项目销售总金额（暂定 5 亿元人民币）的 20%承担违约金’。现 J 公司特通知 H 公司解除合作开发合同。若 H 公司对本通知有异议，请在收到或该通知送达之日起至 2017 年 10 月 8 日前向 J 公司提出书面异议，处理合同解除后续事宜。否则，视为认可本通知，J 公司将自行处理解除事宜。”

2017 年 9 月 26 日，H 公司给 J 公司寄送了异议回复函，内容为：“J 公司寄发给 H 公司的关于‘J 新能源创新园’项目解除合同通知书，H 公司认为 J 公司单方要求解除合同属违约……解除合同J公司没有理由，H公司不同意。”

2018年1月22日，J公司致函H公司，主要内容为：“因H公司严重违约，2017年9月22日送达了解除合同通知书，通知解除合同、处理合同解除后续事宜，但H公司未前来处理后续事宜，解除合同通知书已依法生效，双方合作关系已经解除……合同解除前应支付J公司的违约金、分摊费，与上述事宜一并处理。”

后因合同解除及违约金计算问题，H公司将J公司诉至法院。

【法院判决】

庭审中的核心争议焦点是：涉案解除合同通知书是否已经产生解除合同的后果，H公司2017年9月26日寄送给J公司的异议回复函是不是对涉案解除合同通知书提出的异议。

最高人民法院认为，《最高人民法院关于适用〈中华人民共和国合同法〉若干问题的解释（二）》第24条规定：“当事人对合同法第九十六条、第九十九条规定的合同解除或者债务抵销虽有异议，但在约定的异议期限届满后才提出异议并向人民法院起诉的，人民法院不予支持；当事人没有约定异议期间，在解除合同或者债务抵销通知到达之日起三个月以后才向人民法院起诉的，人民法院不予支持。”根据该条规定，只有享有法定或者约定解除权的当事人才能以通知方式解除合同。不享有解除权的一方向另一方发出解除通知，另一方即便未在异议期限内提起诉讼，也不发生合同解除的效果。人民法院在审理案件时，应当审查发出解除通知的一方是否享有约定或者法定的解除权，不能仅以受通知一方在约定或者法定的异议期限内未向人民法院起诉这一事实就认定合同已经解除。因此，最高人民法院判决：确认J公司2017年9月22日向H公司送达的解除合同通知书不产生解除合同的效力。

【案例解析及风险防范要点】

（1）合同解除权必须在法律规定的期间内行使。

因H公司未按约支付第三笔合作费用1 000万元，J公司依据涉案“合作开发合同”第7条第二款的约定，在2014年7月已享有约定解除权。《民法典》第564条规定：“法律规定或者当事人约定解除权行使期限，期限届满当事人不行使的，该权利消灭。法律没有规定或者当事人没有约定解除权行使期限，自解除权人知道或者应当知道解除事由之日起一年内不行使，或者经对方催告后在合理期限内不行使的，该权利消灭。”《民法典》第565条规定：“当事人一方依法主张解除合同的，应当通知对方。合同自通知到达对方时解除；通知载明债务人在一定期限内不履行债务则合同自动解除，债务人在该期限内未履行债务的，合同自通知载明的期限届满时解除。对方对解除合同有异议的，任何一方当事人均可以请求人民法院或者仲裁机构确认解除行为的效力。当事人一方未通知对方，直接以提起诉讼或者申请仲裁的方式依法主张解除合同，人民法院或者仲裁机构确认该主张的，合同自起诉状副本或者仲裁申请书副本送达对方时解除。”

从该规定可以看出，解除权的行使是法律赋予当事人保护自己合法权益的手段，但该权利的行使并非毫无限制。解除权应在法律规定或者当事人约定的解除权行使期限内行使。法律没有规定或者当事人没有约定解除权行使期限的，解除权人应当基于诚实信用原则在合理期限内行使，未在合理期限内行使的，解除权消灭。本案中，从涉案“合作开发合同”的约定内容看，H公司不仅负有向J公司支付合作开发费用的义务，还负有指定施工单位、投资参与涉案项目开发建设等义务。从维护市场经济秩序考量，J公司应在合同约定的解除权形成后的一定期限内及时行使合同解除权，避免其与H公司之间的合同关系处于长期不确定状态，影响经济秩序稳定和交易安全。但J公司自2014年7月起至2017年9月22日发出解除合同通知书止，长达3年多的时间内，并未行使合同解除权，反而于2014年8月1日为H公司办理了涉案项目A座建设工程规划许可证，于2015年9月11日为H公司办理了涉案项目A座建筑工程施工许可证，于2015年9月28日办理了商品房预售许可证。J公司上述履行行为已使H公司产生了信赖利益，H公司也正是基于对涉案“合作开发合同”的约定以及J公司上述行为的信任，才对涉案项目A座办公楼实施建设行为。在涉案项目A座办公楼已经封顶的情况下，J公司才提出解除涉案合同，显然已经超出了合理期限。

（2）只有守约方才有权解除合同。

《民法典》第563条规定：“有下列情形之一的，当事人可以解除合同：（一）因不可抗力致使不能实现合同目的；（二）在履行期限届满前，当事人一方明确表示或者以自己的行为表明不履行主要债务；（三）当事人一方迟延履行主要债务，经催告后在合理期限内仍未履行；（四）当事人一方迟延履行债务或者有其他违约行为致使不能实现合同目的；（五）法律规定的其他情形。以持续履行的债务为内容的不定期合同，当事人可以随时解除合同，但是应当在合理期限之前通知对方。”

根据该规定和司法实践，解除合同的情形除了因不可抗力致使合同目的无法实现和法律规定的其他情形，只有在违约方不履行合同主要义务，或者导致合同目的不能实现时，守约方方可行使解除权。对于约定解除权的行使亦应遵循相同原则。本案中，J公司在涉案合同履行中本身也存在将涉案国有土地使用权对外办理抵押等违约行为。且H公司已支付了9 000万元合作费用中的8 000万元，履行了大部分义务，对于剩余的1 000万元合作费用，J公司虽称其曾向H公司进行过催收，但对此也未提供充分证据予以佐证。此外，鉴于H公司在收到涉案解除合同通知书后，在该份通知书约定的异议期内即回函表示不同意解除合同，本案也不存在合同解除权异议超期的问题。因此，“合作开发合同”

并未因J公司发出解除合同通知书而解除，H公司要求继续履行合同，具有事实依据。

（3）施工企业解除合同的注意事项。

一是施工企业若收到对方解除合同的通知，对解除合同持有异议，则应当在约定期限或法定期限内诉请确认解除合同的效力；二是如果要单方通知解除合同，则要明确单方解除合同的依据，并综合涉案的所有资料准确判断是否具有约定的单方解除权或法定的单方解除权；三是单方通知解除函件发出后，合同相对方如果回复不同意解除，为最终确定合同的法律状态，须通过司法途径请求确认合同解除；四是须特别注意单方解除权的行使期限，尤其是合同相对方催告后“合理期限”的判断，避免在催告后未及时行使解除权而失去权利，某些合同如已有法规规定了解除权催告后的“合理期限”则严格遵守规定行使。

案例十八　未约定付款顺序，已付款算作本金还是利息？

【基本案情】

2012年，G公司因提交履约保证金，与分包商签订协议，约定由分包商指定第三方代为该项目提交履约保证金2 000万元，并于项目中标后由G公司返还给第三方。如逾期返款，须按月息2.5%的标准支付利息。

2013年10月30日，协议约定的本金和利息付款时间到期。但G公司未一次性支付2 000万元给第三方，而是分多笔对款项进行了支付，最后一笔付款时间为2014年7月。之后，G公司以为2 000万元本金已支付完毕，协议约定的付款义务已经完成，与分包商办理了结算。

2019年，第三方向仲裁机构申请仲裁，要求G公司支付本金及利息共约2 900余万元。其理由是：G公司之前未按约定时间支付2 000万元，已产生逾期付款利息，因此后面支付的金额应当先支付已经产生的利息，剩余金额才算作偿还本金。照此方法计算，G公司之前支付的2 000万元尚剩余977余万本金未支付，而按照约定的月息2.5%的利息标准，截至2019年已又产生近2 000万元的利息。

【案例解析】

《民法典》第561条规定：“债务人在履行主债务外还应当支付利息和实现债权的有关费用，其给付不足以清偿全部债务的，除当事人另有约定外，应当按照下列顺序履行：（一）实现债权的有关费用；（二）利息；（三）主债务。”由此可见，法律关于这个问题的规定是十分清晰明确的，如果已经产生实现债权的费用或者利息，那么支付的款项默认先支付实现债权费用，然后再支付利息，最后才支付本金。通俗地说就是“先息后本”。

再回到上述案例，《民法典》是2021年1月1日才施行的，而上述案例发生在2012年，那么应该按什么规定计算利息和本金的支付顺序呢？

“法不溯及既往”是法律适用的一般原则。《民法典》生效以前产生的行为无法适用《民法典》的有关规定，应当适用当时的法律法规规定。事实上，《民法典》关于本金和利息偿付顺序的规定并非新规定，早在2009年，《最高人民法院关于适用〈中华人民共和国合同法〉若干问题的解释（二）》第21条就已经明确规定：“债务人除主债务之外还应当支付利息和费用，当其给付不足以清偿全部债务时，并且当事人没有约定的，人民法院应当按照下列顺序抵充：（一）实现债权的有关费用；（二）利息；（三）主债务。”因此，不管是适用新法还是旧法，项目支付分包商的款项，都应当在支付完有关利息之后才支付主债务。

从这个案例可以看出，如果合同没有约定款项偿付顺序，且未按合同约定按时付款，那么由此产生的法律后果是十分严重的，一旦款项未能按时支付，则面临债务不断扩大的法律风险。

【风险防范要点】

（1）要在合同中对付款顺序作出明确约定。

《民法典》和相关司法解释规定的债务清偿顺序都有一个前提，那就是当事人没有约定。如果当事人对债务清偿顺序进行了约定且该约定不违法，那么债务清偿顺序就以当事人的约定为准。特别是涉及借款、代付款性质的各类合同，应当在合同中明确约定：“本合同项下债务方的所有付款，均优先用于偿付主债务本金，所有主债务本金清偿完毕后，才清偿利息等其他债务。”这样便可以尽早把本金锁定，防止债务无限扩大。

（2）及时签订封账协议。

对于各类合同，在主债务本金支付完毕后，应及时签订封账协议，或者让收款方出具书面收据，并在其中载明类似“合同项下所有款项均已支付完毕，合同各方对合同所有款项均无任何争议”或者“已收到该合同项下所有款项，包括但不限于货款（工程款）、逾期付款利息、违约金等，不再就该合同向债务方主张任何款项”等内容，防止相关方在后期另行主张各项损失。

（3）禁止约定高额利息或违约金。

关于各类合同的利息和违约金的标准，施工企业仍须予以高度重视。上述案例中约定月息2.5%的利息标准极高，折合年化利率高达30%，三年多就可让本金翻一番，由此造成的损失极大。施工企业应尽量使用合同范本签订合同，对于施工方有付款义务的各类合同，统一按照同期银行活期存款利率约定违约金，特殊情况下也绝不能超过全国银行间同业拆借中心公布的贷款市场报价利率，杜绝约定高额违约金，以防产生巨大损失。

案例十九 劳务班组要求总承包单位和分包单位连带承担工程款支付义务，总承包单位应如何应对？

【基本案情】

虔州某工程公司为某项目总承包单位，2020 年 3 月其将总承包范围内的部分工程劳务分包给了鹏城某建筑公司，双方签订了“劳务分包合同”，约定每月按实际完成工程量的 80%支付工程款，双方结算完成后支付至 95%，剩余为农民工工资保证金和质保金，到期退还。2020 年 7 月 15 日，鹏城某建筑公司将其中的模板搭建工程交由其木工班组余某施工，并和余某签订“模板班组内部承包合同”，余某按鹏城某建筑公司项目负责人的指示完成施工任务。2021 年 1 月 19 日，余某和鹏城某建筑公司项目负责人签署了“费用验工计价累计确认表”，确认余某已完成全部工程量金额为 7 824 253.8 元，并确定相关款项应于 2021 年 7 月前分批付清，但最终鹏城某建筑公司未按该约定履行付款义务。2021 年 4 月，因鹏城某建筑公司施工进度未满足虔州某工程公司进度，鹏城某建筑公司被清退，虔州某工程公司已按双方签认工程量的 90%进行了支付，但双方对结算金额有争议，一直未进行结算。

2021 年 11 月，余某得知虔州某工程公司尚有部分工程款未向鹏城某建筑公司支付，遂将虔州某工程公司和鹏城某建筑公司列为共同被告诉至当地人民法院。一审法院作出判决：确认鹏城某建筑公司应付余某工程款 610 203.8 元及截至 2021 年 10 月 30 日的逾期付款利息 5 873.21 元，并以应付的工程款 610 203.8 元为基数自 2021 年 11 月 1 日起按年利率 3.85%向余某支付逾期付款利息至付清工程款之日止。虔州某工程公司应在欠付鹏城某建筑公司工程款范围内承担清偿责任。

虔州某工程公司和鹏城某建筑公司不服判决上诉至当地中级人民法院。最终二审法院改判，虔州某工程公司不承担责任；鹏城某建筑公司应付余某工程款 610 203.8 元及截至 2021 年 10 月 30 日的逾期付款利息 2 033.85 元并自 2021 年 11 月 1 日起以实际欠付的全部工程款金额为基数按年利率 3.85%向余某支付逾期付款利息至工程款付清之日止。

【争议焦点】

（1）虔州某工程公司作为总承包单位已按与鹏城某建筑公司合同约定比例支付了相关工程款，但在鹏城某建筑公司已被清退的情况下，双方合同约定的支付比例是否有效。

（2）在双方未结算的情况下，剩余工程款是否可以被认定为虔州某工程公司欠付鹏城某建筑公司的工程款，要求余某承担连带清偿责任。

【法院裁判要旨】

因虔州某工程公司和鹏城某建筑公司均陈述双方未就涉案工程进行结算，余某也未对虔州某工程公司欠付鹏城某建筑公司工程款的事实进行举证，依现有证据无法查清虔州某工程公司欠付鹏城某建筑公司工程款的数额、确认虔州某工程公司的责任范围，也就无法适用相关司法解释的规定，不能对虔州某工程公司在欠付多少工程款的范围内对余某承担责任作出判定。故对一审法院作出虔州某工程公司在欠付鹏城某建筑公司工程款的范围内承担清偿责任的判决予以撤销。

【案件点评】

近年来，随着《最高人民法院关于审理建设工程施工合同纠纷案件适用法律问题的解释（一）》的发布，越来越多建设工程的基层劳务或专业班组（以下简称“班组”）以实际施工人的身份，在劳务分包单位（专业分包单位）（以下简称“分包单位”）欠付工程款的情况下，依据《最高人民法院关于审理建设工程施工合同纠纷案件适用法律问题的解释（一）》第 43 条相关规定，突破合同相对性，同时起诉分包单位、总承包单位、建设单位，要求相关单位对欠付的工程款承担连带清偿责任。

对于该类案件，法院采取的是宽进严出的处理方式：相关案件在立案过程中，不会被严格审查，班组只要证明其与分包单位之间存在合同关系即可立案，即便班组错列总承包单位或建设单位也丝毫不影响法院立案开庭，笔者就曾多次处理过此类案件。但法院对判决各单位对欠付工程款承担连带责任则较为慎重：一般会先审查分包单位是否欠付班组工程费用，再审查总承包单位是否欠付分包单位工程费用，最后审查建设单位是否欠付总承包单位工程费用。只有在认定上述单位都相互欠付工程款的情况下，才会根据各单位具体的欠付金额判决各单位承担连带支付责任。在建设单位、总承包单位已按合同约定支付比例支付工程款且未结算的情况下，一般不会将剩余未结工程款认定为欠付工程款。若班组坚持主张，则不但要对建设单位、总承包单位欠付工程款的情况进行举证，还要查清欠付工程款的具体金额，以便可以对建设单位和总承包单位须承担的具体连带支付金额进行确定。本案例中，一审法院虽然在未满足上述条件的情况下，判决总承包单位承担连带责任，但实际就同一案情在同一法院不同法官作出判决的观点是和本案例二审法院的观点是一致的。

另外还要说明的是法院对《最高人民法院关于审理建设工程施工合同纠纷案件适用法律问题的解释（一）》第 43 条中的“发包人”进行文义解释，即将总承包单位作为相对分包单位的“发包人”进行认定。

案例二十　“包工头”携款逃匿，不支付农民工工资，构成什么罪?

【基本案情】

2012年2月25日，被告人李某设与某市建筑安装有限公司（以下简称建安公司）签订了某项目3号楼、4号楼建筑的二次结构装饰工程。在实际施工过程中，被告人李某设将2012年3月至6月工资如期支付给了其雇佣的农民工。后因其与建安公司在给付款及工程安全赔偿等方面产生矛盾，被告人李某设将同年7月至10月应付工资中的296万余元支付给68名农民工后，为逃避支付剩余农民工工资，逃离该市。李某设逃匿后，由建安公司代其支付应付的农民工工资314万余元。2013年1月22日，某市人力资源和社会保障局通过邮寄、在其生产经营场所等处张贴公告的方式，向被告人李某设发出了责令支付决定书，但被告人李某设拒不支付，至今仍有16万余元工资尚未向农民工支付。

【争议焦点】

（1）李某设不具有用人单位的主体资格，其与本案被害人之间不是劳动关系，拖欠的劳务费不能够定性为“工资”，能否追究李某设的刑事责任?

（2）某市人力资源和劳动社会保障局并没有合法有效地将责令支付决定书送达被告人李某设，本案是否构成“经政府有关部门责令支付”的前置条件?

（3）本案是否构成刑事犯罪?

【法院裁判要旨】

关于被告人李某设及其辩护人当庭所持被告人李某设未实际收到责令支付决定书，且其不具备用人单位主体资格，故不符合拒不支付劳动报酬罪的犯罪构成要件，其行为不构成本罪之辩护观点，经当庭举证、质证，被告人李某设采用逃匿方式逃避支付劳动者的劳动报酬，经劳动者举报后，某市人力资源和社会保障局经过调查核实了被告人李某设拒不支付劳动报酬的行为后，作出责令支付决定书，并通过邮寄至被告人李某设户籍所在地、张贴在其生产经营场所等方式送达了责令支付决定书，并对张贴方式采用拍照形式进行记录，故应当视上述情节为“经政府有关部门责令支付”；按照《最高人民法院关于审理拒不支付劳动报酬刑事案件适用法律若干问题的解释》第7条的规定，虽被告人李某设不具有合法的用工资格，又属没有相应建筑工程施工资质而承包建筑工程施工项目，且违法招用民工进行施工，但上述情况不影响对被告人李某设以拒不支付劳动报酬罪追究其刑事责任，故对被告人李某设的辩解及其辩护人当庭所持之辩护意见均依法不予采纳。

法院认为，被告人李某设采用逃匿方式逃避支付劳动者的劳动报酬达 47 万余元，数额较大，且在政府有关部门责令支付后仍拒不支付，核其行为已构成拒不支付劳动报酬罪，依法应予惩处。公诉机关指控被告人李某设犯拒不支付劳动报酬罪事实清楚，证据确定充分，指控罪名成立，依法应予支持。本案中，建安公司虽清偿了被告人李某设拖欠的农民工工资，但其清偿拖欠农民工工资的行为属于为被告人李某设垫付，故被告人李某设拖欠农民工工资总额应为 47 万余元。鉴于被告人李某设在案发后能如实坦白其所犯罪行，故依法对其从轻处罚。依照《刑法》第 276 条之一第一款、第 67 条第三款，《最高人民法院关于审理拒不支付劳动报酬刑事案件适用法律若干问题的解释》第 2 条、第 3 条、第 4 条、第 7 条的规定，判决如下：被告人李某设犯拒不支付劳动报酬罪，判处有期徒刑一年又六个月，并处罚金 20 000 元。

【律师解析】

《刑法修正案（八）》于 2011 年 5 月 1 日起施行，这是我国《刑法》自 1997 年后规模最大的一次修改。拒不支付劳动报酬等严重危害群众利益的行为也被正式列入《刑法修正案（八）》法条，进一步强化了《刑法》对劳动者的保护。传统观点认为，欠薪仅仅为欠债，是否支付劳动报酬本质上是民事行为，没有必要将其上升为刑事犯罪，为此，是否应将部分拒不支付劳动报酬行为入罪，如何合理界定拒不支付劳动报酬行为的罪名，使之更具科学性、可行性，使其发挥应有的作用，成为法学理论上和司法实践中热议的话题。《刑法修正案（八）》对该问题予以了明确。

为统一司法适用，最高人民法院、最高人民检察院联合发布了《最高人民法院、最高人民检察院关于执行〈中华人民共和国刑法〉确定罪名的补充规定（五）》。该司法解释将恶意欠薪的罪名正式确定为“拒不支付劳动报酬罪”。2013 年 1 月，最高人民法院出台了《关于审理拒不支付劳动报酬刑事案件适用法律若干问题的解释》（法释〔2013〕3 号），对该罪名的法律适用问题进行了明确的解释。

拒不支付劳动报酬罪犯罪主体要件为一般主体，即企业和自然人。

本罪在主观方面表现为故意，包括直接故意和间接故意。即主观上明知自己的“不支付劳动劳动报酬”的不作为行为会产生劳动者不能及时实际得到劳动报酬的社会危害后果，却希望或放任这种后果发生。

本罪犯罪客体是双重客体，既侵犯了劳动者的财产权，又妨碍正常的劳动用工关系，侵犯了社会主义市场经济秩序。

本罪在犯罪客观方面表现为：（1）隐匿财产、恶意清偿、虚构债务、虚假破产、虚假倒闭或者以其他方法转移、处分财产的；（2）逃跑、藏匿的；（3）隐匿、销毁或者篡改账目、职工名册、工资支付记录、考勤记录等与劳动报酬相关的材料的；（4）以其他方法逃避支付劳动报酬的。

数额较大的认定。根据《关于审理拒不支付劳动报酬刑事案件适用法律若干问题的解释》（法释〔2013〕3号）第3条的规定，数额较大的认定标准为："（一）拒不支付一名劳动者三个月以上的劳动报酬且数额在五千元至二万元以上的；（二）拒不支付十名以上劳动者的劳动报酬且数额累计在三万元至十万元以上的。"

经政府有关部门责令支付仍不支付的认定。根据《关于审理拒不支付劳动报酬刑事案件适用法律若干问题的解释》（法释〔2013〕3号）第4条的规定："经人力资源和社会保障部门或者政府其他有关部门依法以限期整改指令书、行政处理决定书等文书责令支付劳动者的劳动报酬后，在指定的期限内仍不支付的，应当认定为刑法第二百七十六条之一第一款规定的'经政府有关部门责令支付仍不支付'，但有证据证明行为人有正当理由未知悉责令支付或者未及时支付劳动报酬的除外。"

行为人逃匿，无法将责令支付文书送交其本人、同住成年家属或者所在单位负责收件的人的，如果有关部门已通过在行为人的住所地、生产经营场所等地张贴责令支付文书等方式责令支付，并采用拍照、录像等方式记录的，应当视为"经政府有关部门责令支付"。

在此提醒建筑工地的"包工头"，农民工工资要依法支付，当遇到拖欠农民工工资的情况时，要积极配合有关部门和劳动行政部门进行处理，不要存在侥幸心理，如果恶意拖欠或躲避，必将受到法律制裁，直至追究刑事责任。

案例二十一　企业拉拢党政机关领导，获取非法利益，构成什么罪？

【基本案情】

尹某为双环公司的法定代表人。双环公司的经营范围为房地产开发，建筑材料、五金、水暖器材零售。2009年，下陆区人民政府决定筹建干部团购小区。尹某通过李某了解到该信息，并通过李某的帮助顺利承接了下陆区人民政府干部团购小区的项目。在项目开发过程中，李某向下陆区团购房筹建指挥部组长曾某提议以蜂烈山还建小区名义立项、以网下挂牌的方式招标取得开发地块、实行主附工程分离（双环公司仅负责主体建筑的建设，其他附属工程由下陆区人民政府负责），曾某均给予支持和帮助。为表示感谢，尹某送给曾某人民币11.6万元。

2009年，双环公司取得蜂烈山还建小区项目开发权。2010年3月，下建公司董事长王某欲承接蜂烈山还建小区项目，遂多次找双环公司法定代表人尹某协商，最终商定下建公司承建蜂烈山还建小区（110 号楼）中的 4 栋楼房，黄某、陈某、鲁某以下建公司的名义承建另 6 栋楼房。下建公司、黄某、陈某、鲁某分别向双环公司出具工程施工承诺书。2011 年 3 月 5 日，双环公司与下建公司签订黄石市蜂烈山还建小区（110 号楼）施工合同第一部分协议书，约定双环公司将黄石市蜂烈山还建小区（110 号楼）发包给下建公司。之后，蜂烈山还建小区项目进行邀请招标。为确保下建公司中标，尹某以下建公司作出的工程预算作为投标报价，安排双环公司负责招投标事务的卫某负责此次招标事宜。下建公司按照双环公司的授意，分别借得黄石市住宅建筑公司、大冶市新冶建筑工程有限公司资质一起参与投标。2011 年 3 月 26 日，下建公司中标，中标价为 98 948 343 元。

【法院认为】

被告单位双环公司及该公司直接负责的主管人员尹某为谋取不正当利益，向党政领导行贿 11.6 万元，其行为构成单位行贿罪。被告单位双环公司及该公司直接负责的主管人员尹某作为招标人与投标人串通投标报价，损害其他投标人利益，情节严重，其行为构成串通投标罪。公诉机关指控被告单位双环公司及该公司直接负责的主管人员尹某犯单位行贿罪、串通投标罪的事实清楚，证据确实、充分，指控的罪名成立，应予数罪并罚。尹某在单位行贿被追诉前，主动交代单位行贿行为，根据刑法的从旧兼从轻原则，可以对尹某所犯单位行贿罪减轻处罚或免除处罚。尹某因涉嫌串通投标罪到案后，如实供述自己所犯罪行，可以对尹某所犯串通投标罪从轻处罚。根据尹某的犯罪情节及到案后的认罪态度、悔罪表现，结合黄石市下陆区司法局调查评估意见，依法对尹某适用非监禁刑。

【法院裁判】

被告单位双环公司犯单位行贿罪，判处罚金人民币十万元；犯串通投标罪，判处罚金人民币二十万元，决定执行罚金三十万元（罚金已缴纳）。被告人尹某犯单位行贿罪，免予刑事处罚；犯串通投标罪，判处有期徒刑一年，缓刑一年，并处罚金人民币十万元，决定执行有期徒刑一年，缓刑一年，并处罚金人民币十万元。

【法官后语】

单位负责人为中标行贿单位党政领导可构成单位行贿罪、串通投标罪。实践中某些企业为谋取不法利益腐蚀、拉拢党政机关领导，分享利益，严重干扰了招投标秩序，同时滋生了腐败的温床。公司、企业的集体行贿行为较之个人破坏力更大。

案例二十二　国家工作人员利用职务便利索取项目工程设备采购权及采购款，法院判了。

【基本案情】

某县人民检察院指控张某犯受贿罪。被告人张某在担任该县水利局党组成员、纪检组组长时，与他人在负责本单位与某工程建设监理公司的对接业务中，先后三次收受某工程建设监理公司给付扣费共计 7 万元；伙同他人与本单位的工程承建方某建筑安装公司等施工方要回设备项目采购权，收取施工方给付的购货款后，购买设备给施工方，从中赚取差价 18 万元。法院经审理后认定张某构成受贿犯罪并作出有罪判决。张某不服，提起上诉，辩称其受贿情节较轻且具有自首情节，应只对分赃所得金额负责。二审法院经审理后，作出驳回上诉，维持原判的判决。

【法院认为】

法院认为上诉人张某身为国家工作人员，利用职务上的便利，为他人谋取利益，伙同他人多次非法收受他人财物共计 31 万元，数额巨大，其行为已构成受贿罪。上诉人张某有索贿情节，应当从重处罚。

【律师评析】

在本案中，对张某收受某工程建设监理公司的贿赂款 7 万元构成受贿罪没有异议，但对张某从工程承建方拿回采购权并收受工程承建方采购设备款自行采购设备从中赚取差价的行为构成何种犯罪有异议。

一种观点是张某构成受贿罪，且是索贿，应从重处罚。理由为张某向工程承建方索要采购权及相应的采购设备款，为工程承建方谋取利益，因此构成受贿罪。另一种观点是张某构成贪污罪，应与受贿罪进行数罪并罚。理由为张某从工程承建方拿回采购权及收受采购设备款，但没有为工程承建方谋取利益，其赚取的差价应为单位所得收入，该差价应定性为单位公款性质，其将经手的公款归为已有，应定性为贪污。

鉴于存在不同观点，应先分析受贿罪与贪污罪区别。受贿罪与贪污罪都是国家工作人员利用职务之便实施的谋利犯罪，都具有渎职性与贪利性的双重特色。其主要区别如下。（1）犯罪主体的范围不同。受贿罪仅限国家工作人员，贪污罪还包括受委托管理、经营国有财产的人员。（2）犯罪目的不同。贪污罪在主观上以非法占有自己主管、管理、经手的公共财物为目的；受贿罪在主观上则表现为以非法占有他人或者其他单位的公私财物为目的。（3）行为对象不同。贪污罪的行为对象是公共财物；受贿罪的对象既包括公共财物，也包括公民私有的财物。（4）行为方式不同。贪污罪使用侵吞、窃取、骗取等方法，非法占有自己主管、管理、经手的公共财物；受贿罪则是利用职务之便向他人索取财物，或者非法收受他人财物，为他人谋取利益。

结合本案，张某索要的是工程承建方的采购权及采购款，占有的是承建方应得的利益，也就是变相地收受工程承建方的好处，因此法院认定张某构成受贿罪是正确的。

案例二十三　14 名不法分子伪造工伤骗取 300 多万元赔偿款，法院判了。

【案情概况】

2019 年 4 月，李某与钱某、钱某 1（系父子关系）经商议决定，到扬州以假装工伤的方式实施诈骗，由钱某装摔伤，然后李某电话通知其父钱某 1 到现场，并与钱某 1 一起向公司索要赔偿。2019 年 5 月初，李某和钱某经事先踩点后，入职峰明公司。几天后，钱某在工作中突然摔倒，颈部受到严重损伤。见此情景，李某赶紧叫人来帮忙。钱某被送至医院急救，从身体反应来看，伤情不容乐观，有高位截瘫的可能，甚至会危及生命。因钱某伪造的伤情严重，钱某的父亲接到李某电话后赶至医院。此时，峰明公司的负责人慌了，因为二人刚入职，社会保险还没来得及上，而且李某及钱某 1 又以钱某伤情严重为由，立即向峰明公司提出赔偿，经谈判双方达成工伤一次性了断协议，峰明公司赔偿钱某人民币 80 万元，协议签订后峰明公司先期赔付了 20 万元。之后钱某要求回其老家治疗，当晚钱某被救护车送至安徽省阜南县人民医院，李某与钱某 1 陪同。待到达阜南县人民医院救护车离开后，钱某遂停止伪装。2019 年 5 月 17 日，峰明公司按照协议约定，再次转账人民币 20 万元至钱某银行账户。上述 40 万元赔偿款被三人平分。过了一段时间，钱某 1 再次找到峰明公司负责人，索要余下的 40 万元赔偿款。峰明公司同意支付，但要求提供钱某近期的医疗凭证。钱某 1 始终无法提供。期间峰明公司派人去钱某提供的医院探望，发现医院并没有钱某的就诊记录，与此同时，峰明公司负责人得到一个信息，数月前，另一家企业也遭遇了类似情况，同样是摔倒导致的颈椎受伤，该公司赔偿了 50 多万元。峰明公司负责人感到事有蹊跷，遂报警。2020 年 9 月 9 日，李某因涉嫌犯诈骗罪被刑事拘留，同年 10 月 16 日经检察院批准逮捕。

警方对该案立案侦查后发现，本案系团伙系列作案，团伙其他成员也通过类似作案手段在各地疯狂作案，该团伙成员达 14 人，皆为同乡，他们中有父子、有兄弟或伪装成亲人关系，有时合作、有时分别作案，多次得手，累骗钱款超 300 万元。

【法院裁判要旨】

本案被告人李某与他人以非法占有为目的，采用虚构事实、隐瞒真相的方式骗取他人财物，其行为已构成诈骗罪，且系共同犯罪。其中诈骗既遂部分，数额巨大。其部分犯罪已经着手实行，由于意志以外的原因而未得逞，系犯罪未遂，对该部分犯罪可以比照既遂犯从轻或者减轻处罚。

【裁判结果】

被告人李某犯诈骗罪，判处有期徒刑八年九个月，并处罚金人民币十五万元。责令被告人李某在参与共同诈骗既遂人民币四十万元的范围内承担共同退赔责任，依法发还被害单位峰明公司。另案处理的其他 13 名成员，法院依法以诈骗罪分别判处 8 个月至 11 年 9 个月不等的有期徒刑，并处相应罚金。

【专家点评】

通过上述案例，发现此类案件的特点：一是工人出事时一般进场时间不久，通常在一周以内；二是工人受伤后，都会坚持回老家治疗；三是在处理赔偿时会主动或暗示“私了”；四是能接受低于正常标准的赔偿费用；五是进场时不会主动要求签订劳动合同，出事后以举报相威胁，但不会真举报，迫使企业“私了”。发生此类工伤事故，项目部要特别注意，能通过法律途径解决的，不要轻易“私了”。建议企业在处理职工受伤事故时，一定要安排自己的职工带伤者去正规医院及时救治，并注意保留送医、治疗的证据，随时掌握情况。企业要规范劳动用工管理，项目部要加强劳务工实名制管理，对已建立劳动关系的要及时、足额地购买保险，对采用其他形式用工的，要敦促用人单位完善相关手续，提供相关凭证，这既是法律的要求，更是合规管理的需要。

案例二十四 用法治思维和法治方式破解拆迁难题。

【基本案情】

2020 年 3 月 20 日，中铁某公司项目部在清点张某所有的地面附着物后进行拆除，建立项目生活区。2020 年 10 月 22 日，张某、村民委员会与项目部签订“临时用地协议”，明确约定用地面积、用地期限、补偿金额、支付方式等，附着物补偿另签协议。2020 年 11 月 9 日，市行政审批服务管理局批复，同意项目部临时使用 ×× 村土地建设生产生活区，土地使用期限为二年。2020 年 12 月 29 日，项目部与附着物权属人村民小组长，在村民委员会、乡政府的见证下签订了“树木等地上附着物拆迁补偿协议（临时用地）”，约定补偿数量及金额。2021 年 3 月 23 日，村民小组长领取地面附着物补偿款，除张某之外其他村民均已领取。2021 年 1 月 18 日，项目部将前述协议定款项分别转给相关政府部门由其代发。上述款项中不包括张某养猪场及附着物的赔偿。

2021 年 8 月 5 日，张某等人向法院提起诉讼，诉称中铁某公司强拆猪场、强占土地、毁坏果树严重侵犯其合法权益，请求法院判令中铁某公司赔偿其损失 320 余万元。

【争议焦点】

本案争议焦点：一是中铁某公司征用张某养猪场的行为是否构成侵权；二是张某主张的赔偿数额是否有法律依据和事实依据。

【法院裁判要旨】

一审法院认为，关于本案案由，原告按照侵权责任纠纷起诉并无不当，但应就承担侵权责任成立承担举证责任。关于侵权责任的成立应以行为人有过错为前提，案涉项目是省重点工程，国家因公共利益的需要，可以依法对土地等实行征用并给予补偿。案涉土地已经批复同意，并签订了“临时用地协议”，土地补偿金已支付，所以中铁某公司项目部的行为并无过错，不存在侵权行为，张某要求赔偿的诉求于法无据，本院不予支持，申请鉴定损失及预期收益损失的申请，亦不予准许。虽然中铁某公司不承担侵权责任，但仍应承担补偿责任，根据被告认可和原告所主张的，法院经审核认定补偿面积为 258 平方米。补偿标准参照《某市棚户区改造安置项目征收补偿方案》相关标准，经计算补偿金额为 7.74 万元。

二审法院认为，国家为了公共利益的需要，可以依法对土地等实行征用并给予补偿。案涉项目系省重点工程，涉诉土地已办理手续、签订协议并支付款项，故中铁某公司占用土地及建设相关设施的行为并无过错，不存在侵权行为。至于果树的补偿款已经发放，上诉人因故至今未领取。

【裁判结果】

一审：中铁某公司支付补偿款 7.74 万元；驳回其他诉求；诉讼费 3.25 万元由中铁某公司承担 0.17 万元、张某负担 3.08 万元。

二审：驳回上诉，维持原判。

【专家点评】

本案得以胜诉的关键：一是法院把临时占用土地行为定性为公共利益，相关责任方承担补偿义务；二是项目部完善了地面附着物清点、相关用地手续和协议并及时与各方签字确认；三是项目部及时将相关款项交由有关部门代发，至诉前仅张某一人未领取。此外，各方的正确引导将这起纠纷通过诉讼解决，也为解决类似争端提供了思路。

关于本案养猪场的补偿标准，一审法院参照《某市城区棚户区改造征收补偿方案》的标准计算，未考虑成新率和涉案猪场未办理手续等因素，笔者认为一审法院是出于案件的社会效果考虑。

该建设项目的征拆补偿标准对案涉养猪场的补偿标准不够具体、明确，笔者认为相关标准适用养猪场欠妥，养猪场的猪棚和老百姓家中的猪棚应有所区分。此外，张某的养猪场已废弃多年，且无任何审批手续。根据某市有关文件精神，涉及拆迁的企业，无合法手续的，原则上不予补偿。地方政府其他文件也有类似规定“对于非法经营的企业，原则上不予补偿”。

一审法院判决后，中铁某公司从尽快解决矛盾的角度出发，息诉服判没有上诉。但张某等不服一审判决提起上诉，二审依法驳回其上诉，判决生效后，张某等人拒绝接受中铁某公司项目部的补偿，中铁某公司主动联系法院履行了生效法律文本，将款项转入法院账户并通知张某等人。

本案张某盲目听信律师，在无法律依据和事实根据的前提下，提出巨额诉讼请求，导致双方无法达成调解，错失一审和解的机会，最终其诉讼费用与其获得的补偿相差不大，案件没有获胜方。

案例二十五　事故中“包工头”已被刑事追责，还应对所雇工人的工伤负责吗？

【案件概况】

2018 年 5 月，某燃气公司将天然气工程承包给中晨公司施工，双方签订“建设工程施工合同”；中晨公司将该工程的劳务服务分包给劳务公司，双方签订“建设工程施工劳务分包合同”；劳务公司将该劳务工程交由葛某军负责施工，双方签订“内部承包经营合同”；葛某军为赚取差价又将劳务工程转包给李某春负责施工，双方有口头约定。本案中某燃气公司是建设单位，中晨公司是施工单位，劳务公司是劳务分包单位，葛某军是“大包工头”，李某春是“小包工头”。

2018 年 12 月 12 日，李某春通过电话联系宫某基，让宫某基联系人员到现场干活，约定每人每天报酬 100 元。次日早晨宫某基等 8 人来到施工现场。李某春安排宫某基、宫某宽等 8 人开挖沟槽，未提供安全防护装备。当日上午 9 时 30 分左右，因开挖沟槽对围墙地基产生影响，致使围墙倒塌，造成 1 人当场死亡，2 人经送医抢救无效死亡，宫某宽全身多处受伤。

【事故调查】

事故发生后，市政府成立事故调查组，认定了事故性质和责任并提出处理建议，认定事故直接原因：李某春违章指挥，擅自改变设计施工，安排施工人员冒险作业，对围墙地基产生影响，致使围墙倒塌。处理建议：依法追究李某春刑事责任，其他人员及单位分别给予政务处分、组织处理、行政处罚、行政问责等。

2019 年 11 月 28 日，法院判决李某春犯重大责任事故罪，判处有期徒刑三年。

【法院认为】

本案中，葛某军将涉案劳务工程转包给李某春后，李某春通过宫某基联系到宫某宽等人到施工现场开挖沟槽，并由其支付报酬的事实，有事故调查报告、询问笔录及当事人陈述等证据在卷证实，足以认定。李某春与宫某基、宫某宽等人之间属于劳务关系，宫某基与宫某宽等人并非劳务关系，李某春对宫某宽在提供劳务过程中受伤，应承担相应赔偿责任。庭审中，李某春抗辩称其是职务行为，其抗辩与本案查明事实不符，且未提供劳动合同、工资表或者社会保险缴费证明等证据予以证明，本院不予采信。李某春还抗辩称，其已经构成刑事犯罪，不应再承担民事责任，该抗辩没有法律依据，本院亦不予采信。

《最高人民法院关于审理人身损害赔偿案件适用法律若干问题的解释》第 11 条（2022 年修正后已删除，但仍适用）规定，雇员在从事雇佣活动中因安全生产事故遭受人身损害，发包人、分包人知道或者应当知道接受发包或者分包业务的雇主没有相应资质或者安全生产条件的，应当与雇主承担连带赔偿责任。本案中，某燃气公司将工程承包给中晨公司，中晨公司将劳务工程分包给劳务公司，劳务公司将劳务工程分包给葛某军，葛某军又将涉案劳务工程转包给李某春，但葛某军、李某春均不具备相应资质或者安全生产条件，且李某春未向宫某基、宫某宽等人提供安全帽等防护装备，上述事实有事故调查报告、“建设工程施工合同”、“建设工程施工劳务分包合同”、“内部承包经营合同”及葛某军、李某春、宫某基、宫某宽的询问笔录等证据在卷证实，足以认定。某燃气公司、中晨公司、劳务公司、葛某军均属于知道或者应当知道接受分包业务的雇主没有相应资质或者安全生产条件的法定情形，根据上述法律规定，对宫某宽所遭受的损害后果，应与李某春承担连带赔偿责任。

原《侵权责任法》第 13 条（现对应《民法典》第 178 条）规定，法律规定承担连带责任的，权利人有权请求部分或者全部连带责任人承担责任。本案中，宫某宽系受雇于李某春在工地工作时受伤，李某春作为雇主应承担赔偿责任，某燃气公司、中晨公司、劳务公司、葛某军应与李某春承担连带赔偿责任，但宫某宽起诉时仅主张中晨公司、劳务公司承担赔偿责任，并在案件审理中主张李某春、葛某军承担赔偿责任，并未主张某燃气公司承担赔偿责任，是对自己民事权利和诉讼权利的处分，符合《民事诉讼法》第 13 条及上述法律规定，本院对此予以确认。

原《侵权责任法》第 14 条规定，连带责任人根据各自责任大小确定相应的赔偿数额；难以确定责任大小的，平均承担赔偿责任。支付超出自己赔偿数额的连带责任人，有权向其他连带责任人追偿。本案中，应如何确定中晨公司、劳务公司、葛某军、李某春及某燃气公司等连带责任人的赔偿数额，是根据各自责任大小确定赔偿数额，还是平均承担赔偿责任，因某燃气公司未作为被告参加诉讼，未行使相关抗辩权利，故本案不宜直接确定各连带责任人应承担的赔偿数额。对此连带责任人的内部责任划分问题，各连带责任人可另行协商或者另案诉讼解决，本案中支付超出自己赔偿数额的连带责任人，有权向其他连带责任人追偿。

原《侵权责任法》第 26 条规定，被侵权人对损害的发生也有过错的，可以减轻侵权人的责任。本案中，李某春违章指挥，擅自改变设计施工，安排施工人员冒险作业，是造成事故发生的直接原因。宫某宽作为完全民事行为能力人，在李某春未提供安全帽等防护装备的情况下作业，对自身安全未尽审慎注意义务，对自身受伤也具有一定过错，可以减轻侵权人的责任。综合分析判断事故发生的原因、过程、损害后果及当事人的过错行为、过错程度、经济能力等因素，本院酌情确定李某春对宫某宽的各项损失承担 90%责任，宫某宽自行承担 10%责任。其中，李某春所承担的 90%责任，中晨公司、劳务公司、葛某军应承担连带责任。

关于宫某宽主张的各项损失数额，法院确认的各项损失合计 46.2 万元，中晨公司、劳务公司、葛某军应与李某春连带承担其中 90%的责任，即 41.57 万元，扣除中晨公司已垫付的医疗费等费用 347 869.13 元，还应赔偿 67 924.54 元。对宫某宽超出部分诉请，本院不予支持。

【裁判结果】

（1）被告劳务公司、中晨公司、李某春、葛某军于本判决生效之日起十日内一次性连带赔偿原告宫某宽医疗费、后续治疗费、住院伙食补助费、误工费、护理费、营养费、交通费、伤残赔偿金、鉴定费、精神损害抚慰金等各项损失共计 6.79 万元。

（2）驳回原告宫某宽的其他诉讼请求。

一审判决后，各方均未上诉，判决书生效后，因负有履行义务的各方均未按期履行，宫某宽向法院申请强制执行。经法院立案执行，全部款项包括本息、诉讼费、执行费等执行到位，均由被执行人中晨公司履行。2020 年 6 月 23 日，法院发出结案通知书。

参考文献

[1] 最高人民法院民事审判第一庭. 民事审判指导与参考（总第 48 辑）[M]. 北京：人民法院出版社，2012：118.

[2] 最高人民法院民事审判第二庭.《全国法院民商事审判工作会议纪要》理解与适用[M]. 北京：人民法院出版社，2019：17.

[3] 最高人民法院民事审判第一庭. 最高人民法院新建设工程施工合同司法解释（一）理解与适用[M]. 北京：人民法院出版社，2021：76，84.

[4] 马勇，邢星. 小印章藏着法律大乾坤[N]. 人民法院报，2019-02-18（03 A）.

[5] 最高人民法院民事审判第一庭. 民事审判前沿（第 1 辑）[M]. 北京：人民法院出版社，2014：328-331.